La Ciencia Sufí de la

Auto-Realización

La Ciencia Sufí

De la Auto-Realización

Una Guía a
los Diecisiete Rasgos Destructivos,
los Diez Pasos al Discipulado
y
las Seis Realidades del Corazón

Sheik Muhammad Hisham Kabbani

Prólogo por
Sheik Muhammad Nazim Adil al-Haqqani

INSTITUTO PARA LA ESPIRITUALIDAD Y EL AVANCE
CULTURAL

Traducido al Español por Mahmud Cevasco Crifasi
Traductor y Editor: Ibrahim Rodriguez Ribas
Editores: Abdul Shakur Bravo y Abdul Matin Vicente Cruz
San Esteban. Córdoba, Argentina. Enero 2011

Publicado por primera vez (en inglés) en 2006 por
FonsVitae
49 Mockingbird Valley Drive
Louisville, KY 40207
http://www.fonsvitae.com

Copyright Fons Vitae 2011

Número de Control de la Biblioteca del Congreso: 2006921245
Original ISBN (Inglés): 1-930409-29-X1
ISBN: 978-1-930409-95-8

Prohibida la reproducción de cualquier parte de este libro,
en cualquier forma, sin previa autorización
de los editores. Todos los derechos reservados.

Editado en asociación con
Instituto para la Espiritualidad y el Avance Cultural

Información sobre Catálogos en Publicación de la Biblioteca del Congreso

Kabbani, Sheik Muhammad Hisham.
 La ciencia Sufí de la auto-realización: guía sobre los diecisiete rasgos destructivos, los diez pasos al discipulado y las seis realidades del corazón / por Sheik Muhammad Hisham Kabbani.
 p. cm.
ISBN 1-930409-29-X1. Sufismo. 2. Realización personal—Aspectos religiosos—Islam. 3. Ascetismo—Islam. 4. Vida religiosa—Islam. I. Título.
 BP189.6.K24 2005
 297.4'4—dc22

Contenidos

NOTAS DEL EDITOR xi
SOBRE EL AUTOR xv
Prefacio 19
Prólogo 25
LOS DIECISIETE RASGOS DESTRUCTIVOS (*AL-AKHLAQU 'DH-
    DHAMIMAH*) 63
1. Ira (*al-Ghadab*) 71
2. Amor por Este Mundo (*Hubbu 'd-Dunya*) 79
3. Malicia (*al-Hiqd*) 83
4. Celos (*al-Hasad*) 89
5. Vanidad (*al-'Ujb*) 97
6. Mezquindad (*al-Bukhl*) 101
7. Avaricia (*al-Tama*) 107
8. Cobardía (*al-Jubn*) 111
9. Indolencia (*al-Batalah*) 117
10. Arrogancia (*al-Kibr*) 121
11. Ostentación (*al-Riya'*) 127
12. Apego (*al-Hirs*) 131
13. Superioridad (*al-'Azamah*) 133
14. Distracción y Pereza (*al-Ghabawah wa 'l-Kasalah*) 139
15. Ansiedad (*al-Hamm*) 141
16. Depresión (*al-Ghamm*) 145
17. Los ochocientos actos prohibidos (*al-Manhiyat*) 147
LOS DIEZ PASOS AL DISCIPULADO
    (*AL-KHUTUWATU 'L-'ASHAR*) 149
Meditando y Migrando (*al-Hijrah wa 'l-Muraqabah*) 151
El Foco del Corazón 167
1. Pararse por la verdad (*al-Istiqamah*) 171
2. Arrepentirse a través del Profeta (*at-Tawbah*) 175
3. Auditarse a sí mismo (*al-Muhasabah*) 179

4. Tornarse humildemente hacia el señor, sometido
    (*al-Inabah*) 187
Once Defectos que Deben Ser Eliminados 189
1. Arrogancia (*al-Kibr*) 189
2. Envidia (*al-Hasad*) 190
3. Avaricia (*at-Tama'*) 190
4. Ira (*al-Ghadab*) 190
5. Rencor (*al-Ghill*) 190
6. Amor por la fama y la alabanza (*Talabu 'l-'Uluw*) 191
7. Ostentación (*ar-Riya'*) 192
8. mezquindad (*al-Bukhl*) 192
9. Alabando al rico (*Madhu 'l-Aghniya'*) 192
10. Despreciando al Pobre (*Ihtiqaru 'l-Fuqara'*) 193
11. engaño (*al-Ghishsh*) 193
El Punto de quiebre: Los Ocho Niveles de la
    Verdad 193
1. Fe en la verdad 194
2. Decisión verdadera (*Qararu 'l-Haqq*) 195
3. palabra verdadera (*Kalamu 'l-Haqq*) 196
4. Comportamiento verdadero (*Suluku 'l-Haqq*) 196
5. Acción verdadera (*'Amalu 'l-Haqq*) 197
6. La lucha por la verdad (*Juhdu 'l-Haqq*) 198
7. La meditación de la verdad (*Ta'amulu 'l-Haqq*) 198
8. Concentración en la verdad (*Tarkizu 'l-Haqq*) 199
5. Contemplando profundamente (*at-Tafakkur*) 201
6. Recordando tu Subconsciente (*at-Tadhakkur*) 205
7. aferrándose (*al-'Itisam*) 207
8. Corriendo hacia Dios (*al-Firaru il-Allah*) 211
9. Entrenando (*at-Tamrinu wa 't-Tadbir*) 217
10. Escuchando (*al-Istima'*) 223
Los Seis Poderes del Corazón
    (AL-HAQA'IQ AL-QALBIYYAH AS-SITT) 227
La Apertura del Corazón 229
Decodificando las Realidades 235
1. La Realidad de Atracción (*Haqiqatu 'l-Jadhbah*) 239
2. La Realidad del derramamiento (*Haqiqatu 'l-Fayd*) 243

3. La Realidad de Enfocar (*Haqiqatu 't-Tawajjuh*) 245
4. La Realidad de la Intercesión (*Haqiqatu 't-Tawassul*) ... 249
5. La Realidad del Plegamiento (*Haqiqatu 't-Tayy*)........... 253
6. La Realidad de la Guía (*Haqiqatu 'l-Irshad*) 271
Notas Finales 273

NOTAS DEL EDITOR

Este libro está diseñado específicamente para personas laicas y lectores no familiarizados con los términos Sufis. Así, seguidamente hemos reemplazado terminología árabe con traducciones al inglés, excepto en instancias en donde términos árabes son cruciales para el tono y la sustancia del texto. En dichas instancias, hemos incluido transliteraciones o explicaciones a pie de página.

Como la fuente material es una transmisión oral, su lenguaje fue revisado para un formato escrito, y referencias han sido agregadas apropiadamente; de todas maneras, hemos hecho lo mejor que pudimos para retener la esencia de las charlas originales dadas por el autor. Pedimos el perdón de los lectores por cualquier omisión en este texto final.

Para aquellos que son familiares con las enseñanzas Árabes e Islámicas, pedimos disculpas por las transliteraciones simplificadas. Nuestra experiencia es que símbolos no familiares y marcas diacríticas hacen difícil la lectura para personas laicas; así, por favor sean indulgentes con este compromiso entre precisión y accesibilidad.

Las Notas Coránicas están centradas, resaltando en itálica y con notas a pie de página, citando el nombre del Capítulo, número y verso. Las Sagradas Tradiciones del Profeta Muhammad ﷺ (conocidas como Tradición Profética) están offset, con itálicas y referencias a pie de página remitiendo a los libros de los cuales han sido citadas, mientras que explicaciones extensivas o comentarios están ubicados en notas al final.

NOTAS DEL EDITOR

Cuando se aplican pronombres de género específicos tales como "él" en un sentido general, ha sido sólo por el fluir del texto, y no hay intenciones de discriminación para las lectoras femeninas.

SÍMBOLOS RECONOCIDOS UNIVERSALMENTE

Los siguientes símbolos Árabes connotan sacralidad y son reconocidos universalmente por los Musulmanes Sufis:

El símbolo (swt) representa *subhanahu wa ta'ala*, una alta forma de alabanza reservada para Dios solamente, que es costumbre recitar después de leer o pronunciar el nombre común Allah, y cualquiera de los noventa y nueve Santos Nombres Islámicos de Dios.

El símbolo ﷺ representa *sall-Allahu 'alayhi wa sallam* (Las bendiciones y saludos de paz de Dios sean sobre el Profeta), que es costumbre recitar después de leer o pronunciar el santo nombre del Profeta Muhammad.

El símbolo ؑ representa *'alayhi 's-salam* (paz sea sobre él/ella), que es costumbre recitar después de leer o pronunciar los santificados nombres de profetas, miembros de la familia del Profeta Muhammad, y los ángeles.

El símbolo ؓ representa *radi-allahu 'anh/'anha* (quiera Allah estar complacido con él/ella), que es costumbre recitar después de leer o pronunciar los santos nombres de los Compañeros del Profeta Muhammad.

El símbolo ق representa *qaddas-allahu sirrah* (quiera Allah santificar su secreto), lo cual es costumbre recitar después de leer o pronunciar el nombre de un santo.

El honorífico *Sayyidina/Sayyida* (nuestro maestro/nuestra maestra), precede el nombre de profetas, Compañeros y santos y maestros Sufis.

Sheik Muhammad Nazim Adil al-Qubrusi

SOBRE EL AUTOR

Sheik Muhammad Hisham Kabbani es un autor y escolar religioso mundialmente renombrado. Ha dedicado su vida a la promoción de los principios Islámicos de paz, tolerancia, amor, compasión y hermandad; oponiéndose mientras al extremismo en todas sus formas. El sheik es miembro de una respetada familia de escolares tradicionales islámicos, e incluye al pasado director de la Asociación de Escolares Musulmanes del Líbano y al corriente Grand Mufti[1] del Líbano.

En los Estados Unidos, Sheik Kabbani sirve como: Presidente, Supremo del Concejo Islámico de América; Fundador, Orden Sufi Naqshbandi-Haqqani de America; Consejero, Organización Mundial para Recursos, Desarrollo y Educación; Presidente, Fundación As-Sunnah de América; Presidente, Organización de Mujeres Musulmanas Kamilat; y, Fundador y Presidente de la Revista Musulmana.

Sheik Kabbani está altamente entrenado, tanto como un científico Occidental como un clásico escolar Islámico. Recibió el grado de bachiller en química y estudió medicina. Además, tiene un grado en Ley Divina Islámica, y bajo el tutelaje del Sheik 'Abd Allah Daghestani ق, licencia para enseñar, guiar y dar consejo religioso a estudiantes religiosos de espiritualidad Islámica como también de Sheik Muhammad Nazim Adil al-Qubrusi al-Haqqani an-Naqshbandi ق, líder mundial de la Orden Sufi Naqshbandi-Haqqani.

---

[1] La más alta autoridad religiosa Islámica en el país.

Sus libros incluyen: *Pearls and Coral* (2005); *Keys to the Divine Kingdom* (2005); *Classical Islam and the Naqshbandi Sufi Order* (2004); *The Naqshbandi Sufi Tradition Guidebook* (2004); *The Approach of Armageddon? An Islamic Perspective* (2003); *Encyclopedia of Muhammad's Women Companions and the Traditions They Related* (1998, con el Dr. Laleh Bakhtiar); *Encyclopedia of Islamic Doctrine* (7 vols. 1998); *Angels Unveiled* (1996); *The Naqshbandi Sufi Way* (1995); *Remembrance of God Liturgy of the Sufi Naqshbandi Masters* (1994).

En su largo esfuerzo para promover un mejor entendimiento del Islam clásico, Sheik Kabbani ha sido anfitrión de dos conferencias internacionales en los Estados Unidos, ambas atrayendo escolares del mundo Musulmán. Como voz resonante del Islam tradicional, su consejo es buscado por periodistas, académicos y líderes gubernamentales.

Sheik Muhammad Hisham Kabbani
con Sheik Muhammad Nazim.

Prefacio
Acerca de la Ciencia Sufí de la Auto-Realización

Les haremos ver Nuestros signos en el horizonte y en ellos mismos, hasta que se les haga evidente que es la verdad.[2]

EL uso de la palabra "ciencia" en el título de esta colección es perfectamente apropiado, ya que la ciencia pertenece al conocimiento, pero es solamente la ciencia moderna la que desarrolla conocimiento a expensas del alma humana. Esto es remarcable porque los fundamentos de la ciencia moderna descansan sobre un entendimiento de la interrelación del alma y el mundo. El ícono de la ciencia moderna, Sir Isaac Newton, fue un devoto estudiante de alquimia, una ciencia tradicional a la que le interesaba por sobre todas las cosas la correspondencia entre el mundo, o macrocosmos, y el microcosmos humano. De hecho, todas las ciencias tradicionales dependen de esta relación.

Sheik Muhammad Hisham Kabbani, un maestro educado tanto en ciencias tradicionales como modernas, comienza esta colección con la idea de que "todo en este mundo tiene importancia para la vida de los seres humanos." El auto-conocimiento es inseparable de la historia de la ciencia, aún cuando la ciencia moderna prefiera negarlo.

La Ciencia Sufi de la Auto-Realización arriba en una era de manipulación científica sin par del aspecto material de la existencia. Para equilibrar de algún modo estos desarrollos materiales, las enseñanzas presentadas aquí bosquejan un curso hacia la realización espiritual que nunca antes ha sido accesible a

---

[2] Sura Fussilat [Se han Expresado con Claridad], 41:53.

nivel masivo. En este libro, él revela que esa misma tecnología "imita las facultades de los maestros espirituales."

Toda ciencia es formulada en términos numéricos. La ciencia aquí presentada no es diferente, con sus tres secciones que contienen números específicos de elementos. Precisamente en relación con los números es posible percibir una diferencia entre las ciencias tradicionales y las modernas. Mientras la ciencia moderna usa los números solamente en sus aspectos cuantitativos, las ciencias tradicionales proceden sobre la base de una comprensión cualitativa de los mismos, es decir, considerando su significado para el alma humana. Es tal vez más adecuado llamar pitagórica a esta comprensión tradicional, ya que el significado cualitativo de los números dominó la perspectiva de esta doctrina clásica. Cuando los escritos islámicos que desarrollan esta perspectiva aparecieron en el contexto del despertar medieval de la ciencia europea, su validez universal fue fácilmente reconocida por otras comunidades religiosas. Por ejemplo, se sabe que el *Libro de los Círculos* del musulmán español Ibn Sid fue traducido por eruditos judíos y constituyó además una de las influencias recibidas por el cristiano Ramon Lull, cuya "máquina" de círculos ha sido reconocida como prefiguración de la computadora.

Entre los números específicos de la ciencia sufí de la realización personal, el diecisiete aparece en un contexto negativo que contrasta con su significado históricamente positivo. En las tradiciones del Islam, el diecisiete figura como el número original de caballeros investidos como maestros de caballería. Por este motivo es posible mencionar que diecisiete luces nacen en la procesión del Grial, como se describe en la obra maestra de caballería cristiana medieval, *Parsifal*, de Wolfram von Eschenbach. Y algo más importante, diecisiete es el número más significativo en las enseñanzas de Jabir Ibn Hayyan, el alquimista conocido por la cristiandad como Geber, el príncipe árabe. Es interesante observar que el maestro espiritual de Jabir Ibn Hayyan fue Imam Ja'far as-Sadiq, integrante de la Cadena Dorada de Maestros de la Orden Naqshbandi de la cual Sheik Muhammad

Hisham Kabbani recibe su autoridad. En sus escritos sobre el "equilibrio", Jabir sostiene que diecisiete es la clave para comprender la estructura del mundo. Sus escritos constituyen una aplicación de una "ciencia de las letras" vinculada con la ciencia de los números, ya que cada letra del alfabeto árabe tiene un valor numérico. Esa perspectiva también se da en relación con los alfabetos griego y hebreo.

El número diez figura de manera prominente en esta obra, como ciertamente también estaba presente en los griegos pitagóricos. Lo mismo puede observarse en los hebreos cabalísticos, según los cuales hay diez sephiroth. Es preciso observar también que en la raíz hebrea del término "Qabbalah" hay algo más que una relación casual con la palabra árabe *"Qiblah"*, término explicado por el sheikh al comienzo de su exposición sobre los "diez pasos". Diez es también el número más significativo en el *Libro de los Círculos* de Ibn Sid, mencionado anteriormente.

El número seis tenía tanta importancia para los pitagóricos que el Gransheik Sufí Ibn al-'Arabi los mencionó en sus escritos específicamente en relación con este número. Sheik Kabbani describe los seis poderes del corazón indicando que están ocultos tras una mancha negra. Claramente, ésta es la mancha negra del corazón mencionada por Ibn al-'Arabi alrededor de ocho siglos atrás. Al traducir el término con que él describe esta mancha negra, Annemarie Schimmel y otros han escogido el término alquímico "piedra filosofal", no tanto por su equivalencia literal, sino por sus maravillosas y transformadoras sugerencias. Medio milenio después de Ibn al-'Arabi, el Shah Naqshbandi Wali Allah de la India reintrodujo esta "piedra filosofal" en su descripción de los puntos sutiles *(lata'if)* de la forma humana. Con todo, sólo esta obra se ha referido de manera tan completa a este misterio. Conviene recordar que entre los alquimistas de Europa la piedra filosofal era simbolizada por los triángulos cruzados de la estrella de seis puntas, representación geométrica del número seis. Una correspondencia tan notable es sin duda una confirmación de la realidad de esta ciencia.

En el versículo del Corán anteriormente referido, (Sura Fussilat, 41:53) la palabra empleada para "signo" (*ayah*), en sus dimensiones macrocósmica ("en el horizonte") y microcósmica ("en ellos mismos"), es también el nombre utilizado para "versículo". Entre las letras que constituyen los versículos del Corán, tres de ellas —*alif, waw* y *ya*— tienen una función gramatical especial.[3] Dos de éstas, *ya* y *waw*, tienen como valor numérico diez y seis respectivamente. De acuerdo con la ciencia de las letras, *ya* puede simbolizar la existencia corporal y *waw* el reino angélico, por lo cual se puede entender que el desplazamiento desde los "diez pasos" hacia los "seis poderes" está vinculado con este simbolismo. La letra *alif*, con un valor numérico de uno, puede simbolizar el reino divino, de manera que el misterioso comentario final del sheik sobre una realidad adicional del corazón puede completar un "signo" triple dentro del ser humano. Nuevamente, de acuerdo con la ciencia de las letras, y especialmente los escritos de Ibn al-Arabi, estas tres letras también representan a los poseedores de poder de más alto nivel en un gobierno espiritual. Por consiguiente, las frecuentes referencias de Sheik Kabbani a los espacios de alto nivel en el trabajo gubernamental no deben considerarse con demasiada ligereza.

Para terminar estas observaciones, es posible señalar que la suma de los valores numéricos de *alif, waw* y *ya* es diecisiete. Además de restituir este cálculo su significación positiva al número diecisiete en esta recopilación, es posible reconocer que las características negativas que pervierten el alma son una inversión precisa del gobierno espiritual que ayuda al alma en su búsqueda de conocimiento. La Ciencia del Equilibrio, en la cual el número diecisiete figura de manera tan destacada, permite comprender cómo es posible conducir a la perfección los aspectos

---

[3] Los caracteres árabes son *alif* ا, *waw* و, y *ya* ي.

internos y externos de una cosa. El sheik describe a la persona que alcanza "la armonía interna y externa" como oro, lo cual debe entenderse en el sentido alquímico más elevado. Además de proporcionar un recordatorio del potencial interno del alma, la Ciencia Sufí de la Realización Personal ofrece una posibilidad real de restablecer ese equilibrio cósmico buscado durante mucho tiempo como piedra filosofal y Santo Grial. Difícilmente sería entonces sorprendente el hecho de que sea Sheik Muhammad Hisham Kabbani quien haya sistematizado en un grado sin precedentes esta posibilidad en un mundo que ha perdido su equilibrio, ya que "*kabban*"[4] significa literalmente un instrumento para encontrar el equilibrio de las cosas.

Mahmud Shelton
Abril 21, 2005
Ashland, Oregon

---

[4] Árabe. *qabban*.

Prólogo
Dando un Paso Adelante en el Camino a la Divina Presencia

La Estación de la Extinción, *Maqam al-Fana*, es una de las estaciones primarias en el Camino del Sufi hacia el Estado de la Perfección, *Maqam al-Ihsan*. Esta Estación es de hecho el primer objetivo del buscador en tanto él se mueve en el camino del aspirante de lo espiritual, y no así el último destino final. Su obtención es considerado el primer paso en el Jardín de la Santidad – ya que aquel que alcanza esto se ha vuelto uno de los elegidos. Es por esta razón que muchos identifican esta Estación como la meta final y declaran que aquel que la obtiene ha alcanzado de hecho la felicidad última, la completa nadidad. Sin embargo, en realidad, esta Estación aunque de inmensa magnitud, es todavía una estación en el camino de ascenso hacia lo Divino. Por esta razón, los Santos Naqshbandi dicen, "Nuestro Camino empieza donde otros terminan."

En la estación de la extinción, el servidor de Dios deja su propio yo atrás, y abandonando todo lo vinculado con su individualidad, queda a la deriva en el reino oceánico de la Realidad de Dios. En esa estación se logra la realización personal, porque el buscador ha obtenido la Visión del Testimonio, *'aynu 'l-mushahadah*, de manera que puede atestiguar con verdadera visión, como testigo del Uno. Cuando eso se logra, el buscador ya no puede identificarse como existente y ve toda la existencia como manifestación de la Unidad de Dios.

LA CIUDAD DEL CONOCIMIENTO

El Profeta Muhammad ﷺ, quien fuera el conductor de la humanidad en la búsqueda de la Divina Presencia, dijo:

Yo soy la Ciudad del Conocimiento y 'Ali es la puerta ⁵

En esta declaración se afirman dos realidades:

- El Profeta ﷺ abarca todo el conocimiento otorgado a la creación por el Señor de la Creación.
- 'Ali ibn Abi Talib ؓ, el León de Dios, fue elegido como aquel a través del cual se hizo posible el acceso a ese conocimiento.

Respecto al primer punto, Dios dijo:

*Él no revela a nadie Sus cosas ocultas (ghayb) excepto al Mensajero en quien Él se complace.*⁶

Muhammad ﷺ es la Corona de los Mensajeros en los que Dios se complace. Siendo un profeta que trajo noticias de Su Señor; aquel que ascendió sobre los siete cielos y los siete paraísos a la Presencia de Su Señor, *"a la distancia de dos arcos o aún más cerca"*⁷; aquel que relató los hechos propios de la creación de todos los seres existentes; aquel que vio los hechos posteriores a la Resurrección y el Día del Juicio, y aquel a quien fue revelado el inimitable Corán, ¿quién es más merecedor de un regalo tan ilimitado, el regalo del Conocimiento de la Divina Presencia? Si un santo como nuestro Maestro Khidr ؏ es respetado por muchos eruditos (mientras otros aseguran que era un profeta), y sobre él Dios dijo *"Le hemos entregado el conocimiento de Nuestra Propia Presencia,"*⁸ ¿cómo no sería apropiado que el Creador Omnisciente otorgase la totalidad del conocimiento celestial a Su Amado ﷺ? Porque el Señor de los Cielos y la Tierra dijo de él:

*Y te hemos dado conocimiento sobre lo que tú no sabías, y la Generosidad de Allah contigo ha sido infinita.*⁹

---

⁵ Narrado por al-Hakim (*sahih*) y at-Tirmidhi (*hasan*).
⁶ Suratu 'l-Jinn [Los Genios], 72:26.
⁷ Suratu 'n-Najm [La Estrella], 53:9.
⁸ Suratu 'l-Kahf [La Caverna], 18:65.
⁹ Suratu 'n-Nisa [Las Mujeres], 4:113.

Y Él, el Todopoderoso dijo:

> Esto que te revelamos es una de las historias desconocidas, que hasta ahora ni tú ni tu pueblo habéis conocido. [10]

También respecto al conocimiento a él otorgado por Su Señor, el Profeta ﷺ dijo:

> Mi Señor vino a mí con la mejor imagen y me preguntó por qué cosas competían los ángeles del más alto cielo, y yo dije que no sabía, y entonces Él puso Sus manos entre mis hombros, y sentí su frescor en mi ser más íntimo, y llegó a mí el conocimiento de todas las cosas del este y el oeste. [11] i

> Al respecto, un hombre de los Banu Amir preguntó al Profeta ﷺ: "¿Queda algún conocimiento que tú no poseas?". Y el Profeta ﷺ dijo: "Dios me ha dado conocer un gran bien, y hay un tipo de conocimiento invisible que sólo Dios posee..." [12]

La declaración *"Yo soy la Ciudad del Conocimiento y 'Ali es la puerta"* significa que Muhammad ﷺ era la esencia misma de los Cielos; el tejido de la creación misma en su totalidad. Es prueba de esto la famosa narración de Jabir ﷺ.

> Jabir ibn Abd Allah ﷺ dijo al Profeta ﷺ: "Oh, Mensajero de Dios, por el cual pueden ser sacrificados mi padre y mi madre, cuéntame sobre lo primero que Dios creó antes de todas la cosas". Él dijo: "Oh, Jabir, lo primero que creó Dios fue la luz de tu Profeta con Su Luz, y esa luz permaneció[13] en medio de Su Poder tanto tiempo como Él lo deseó, y no había en ese tiempo una Tabla ni un Lápiz ni un Paraíso ni un Infierno ni un ángel ni un cielo ni una tierra. Y cuando Dios deseó crear la creación, dividió esa

---

[10] Sura Hud, 11:49.
[11] Tirmidhi y Baghawi en *Sharh al-Sunnah*.
[12] Ahmad lo narró y Abu Dawud lo relató en parte.
[13] Literalmente: "giró"

luz en cuatro partes, y de la primera hizo el Lápiz, de la segunda la Tabla, de la tercera el Trono, y luego dividió la cuarta en cuatro partes (y de ellas creó todo lo demás)". [14]

LA LUZ DE LA CREACIÓN

La luz de la Primera Creación fue la Realidad de Muhammad ﷺ y de esa Luz surgió la existencia de todo el resto de la creación. Fue en verdad la creación de Muhammad ﷺ la razón de la existencia de todas las cosas, como Dios dijo en una Sagrada Tradición[15]:

Si no fuera por ti Oh Muhammad, no hubiese creado la creación.[16]

Todo eso está transmitido en el primer versículo revelado al Profeta ﷺ, Iqra, "¡*Lee!*"[17], ya que a partir de su manifiesto significado externo, "*Lee en el nombre de Tu Señor que ha creado*"[18] la mención de la creación del Señor está en primer lugar. Esto quiere decir: "Te ordeno leer, Oh, Muhammad, en Mi Nombre, pues Yo soy Quien te ha creado, y de ti surgió toda la creación".

La Orden de Dios para la creación procedió de la Divina Esencia y su resultado fue la creación de la Realidad de Muhammad, *al-Haqiqat al-Muhammadiyyah*. Dios es Aquel que la hizo surgir de la manera que Él quiso. Por consiguiente, la luz del Profeta existe en todo, por lo cual Dios dijo:

Y sabed que el Mensajero de Dios está en vosotros.[19]

---

[14] Abd ar-Razzaq en su *Musannaf*. Bayhaqi, con diferente redacción, en *Dalail al-nubuwwah* de acuerdo con Zurqani en su *Sharh al-mawahib* y con Diyarbakri en *Tarikh al-khamis*.
[15] Tradición profética - *hadith qudsi*.
[16] al-Ajlouni, *Kashf al-Khafa*, Ali al-Qari, *Sharh al-Shifa*.
[17] Suratu 'l- 'Alaq [El coágulo], 96:1.
[18] *Ibid*.
[19] Suratu 'l-Hujarat [Los Aposentos privados], 49:7.

Gabriel ﷺ no dijo, "¡Recita!" porque la recitación proviene de lo que ya se sabe y se retiene en la mente. En cambio, leer se refiere a algo que antes es preciso ver para leerlo. Si Dios estaba ordenando leer al Profeta Muhammad ﷺ, esto significa que ante él había algo que podía ser leído, que estaba observando y leyendo. ¿Qué estaba leyendo? Estaba leyendo: *"en el Nombre de Tu Señor Quien ha Creado"* Esto significa: "¡Oh, Muhammad ﷺ! Te estoy otorgando y luego abriendo para ti el conocimiento del secreto de la creación; el secreto de aquello que nunca se había abierto antes".

Hasta ahora los científicos desconocen el secreto del momento en que el alma llega al embrión en el útero de la madre. Dios le entregó ese secreto a Muhammad ﷺ cuando dijo "¡Lee!", lo cual significa: "Mira, porque te estoy mostrando, entonces lee y aprende y comprende que en Mi Nombre te estoy mostrando Mi Creación".

La creación del universo es fácil; pero, como Dios dijo, crear un ser humano no es fácil. Él dijo: *"Quien creó al ser humano de un coágulo"*. Ese coágulo ha sido identificado hoy por los científicos como el óvulo femenino fertilizado por un espermatozoide.

Una mujer normalmente produce uno o dos óvulos cada vez y como máximo ocho; pero el hombre emite 500 millones de espermatozoides de una sola vez. De ese número inmenso, Dios permite solamente a un espermatozoide conectarse con el único óvulo. Este secreto y otros secretos que aún no se han dado a conocer a la humanidad fueron entregados al Profeta ﷺ en esa primera revelación.

Cuando Gabriel ﷺ dijo "¡Lee!", el Profeta ﷺ era analfabeto (*umiyyun*), y no sabía cómo usar una pluma. Sin embargo, Dios le ordenó: "¡Lee!". El secreto de esto se encuentra en la segunda repetición de la orden "¡Lee!":

Lee, pues tu Señor es el más Generoso, Él que enseñó a la humanidad mediante la pluma, enseñó a la humanidad lo que ésta no sabía.[20]

Esto significa: "Lee en el nombre de tu Señor que te ha enseñado, Oh, Muhammad, el Hombre Original, mediante la pluma".

No era una pluma común y corriente la que Dios mencionaba al Profeta Muhammad ﷺ, como la que hoy tiene la gente. *"Él que enseño a la humanidad mediante la pluma"* se refiere a la Pluma de Poder (*Qalam al-Qhudrah*), la Pluma por medio de la cual los Bellos Nombres de Dios fueron inscritos en la Tabla Preservada (*al-Lawh al-Mahfudh*). Es la pluma que escribió los destinos de todos los seres creados antes que Dios los trajera desde el mundo de las posibilidades al mundo de la existencia. Al respecto, el Profeta ﷺ dijo:

> "Dios inscribió los destinos de todas las cosas creadas cincuenta mil años antes de crear los Cielos y la Tierra, mientras su Trono permanecía sobre el agua."[21]

Se ha relatado:

> Antes de toda creación en el cosmos, Dios ordenó a la Pluma escribir, y ésta dijo: "¿Qué debo escribir?". Y Él dijo: "Escribe: 'No hay más Dios que Dios (la ilaha ill-Allah)' ". Así, durante 70.000 años la Pluma escribió "la ilaha ill-Allah".
> Y luego Dios dijo nuevamente: "¡Escribe!". Y la Pluma preguntó: "¿Qué debo escribir?". Él dijo: "Escribe: 'Muhammad es el Profeta de Dios (Muhammadun Rasulullah)' ".
> Y así durante 70.000 años la Pluma escribió "Muhammadun Rasulullah". La Pluma preguntó: "¿Quién es ese Muhammad cuyo nombre pones junto al Tuyo?".

---

[20] Suratu 'l-'Alaq [Del Coágulo], 96:3.
[21] *Sahih Muslim*.

Dios dijo: "¡Silencio! Si no fuera por Muhammad, no habría creado la creación".[ii]

Todo cuanto Dios ha creado surgió de Su Océano de Poder (*bahr al-qudrah*), y todo lo que existe en este universo está bajo el poder y la autoridad de Sayyidina Muhammad ﷺ, y todo eso está contenido en la Realidad de Muhammad. Ahora, por cuanto la Realidad de Muhammad es de hecho la esencia y la fuente de todos los seres creados, nuestro maestro Muhammad ﷺ posee en sí mismo el conocimiento de toda la creación:

> *Di: "Si el mar se convirtiese en tinta (para escribir) las palabras de mi Señor, se agotaría antes que las palabras de mi Señor, aún cuando empleásemos otro mar semejante".* [22]

Y después de esto hay una referencia al Profeta ﷺ mismo, indicando que los Océanos del Conocimiento de Dios descritos en el versículo anterior están de hecho en posesión de él a pesar de su tremenda humildad y sentido de inexistencia ante la Grandeza de Su Señor:

> *Di:"Soy sólo un hombre como vosotros, (pero) he recibido la revelación de que vuestro Dios es un solo Dios. Todo el que espere encontrarse con Su Señor, que obre con rectitud y no asocie a ninguna criatura en la adoración debida al Señor."* [23]

Y así como el Profeta ﷺ es el poseedor de los Océanos del Divino Conocimiento, Sayyidina 'Ali ؓ es el puente que se cruza para cerciorarse de esa realidad.

Por lo tanto, aquellos que aspiren a atravesar los Caminos de Dios, deben buscar los medios en nuestro maestro 'Ali ؓ, y sus enseñanzas. ¿Dónde deben encontrarse dichas enseñanzas? Es un axioma el hecho de que "el que busca encontrará", de manera que el buscador sincero, tan pronto como esté dispuesto a emprender

---

[22] Suratu 'l-Kahf [La Caverna], 18:109.
[23] Suratu 'l-Kahf, 18:110.

el camino con firme intención, será guiado a la Puerta del Conocimiento y al Río de la Verdad, que emana del corazón de Sayyidina 'Ali y de los corazones de los otros tres Califas del Profeta rectamente guiados.

Cuando el Profeta describió a 'Ali como la Puerta de la Ciudad del Conocimiento, esto significa: "Yo soy el portador de los secretos que Dios ha dado a la humanidad, porque soy aquel de cuya luz Dios creó la creación. Soy solamente un sirviente, pero Él me ha dado ese honor." Entonces él, dijo a nuestro maestro 'Ali: "Explícales a ellos a partir de esas realidades."

Basándonos en estos conocimientos, sabemos que ni siquiera los Compañeros, a pesar de todos sus altos niveles de espiritualidad, podían comprender la realidad de Sayyidina Muhammad excepto dos de ellos: Abu Bakr As-Siddiq y 'Ali ibn Abi Talib. A Sayyidina 'Ali fue encomendada la tarea de explicar a partir de estas realidades a los Compañeros. El siguiente es un ejemplo de eso:

> *Se ha referido que cuando Ummar ibn al-Khattab hizo el peregrinaje y besó la piedra negra dijo: "Conozco por medio de Dios que eres una piedra que no me perjudica ni me beneficia, y si no hubiese visto al Mensajero de Dios besarte, yo no te habría abrazado". Sin embargo, 'Ali ibn Talib le dijo: "Abu Hafs, no digas esto, porque si el Mensajero de Dios la besó (la Piedra Negra) fue únicamente porque por la sabiduría de esto: "Tiene dos ojos y dos labios y posee una lengua aguda que da testimonio de aquellos que cumplen sus obligaciones con ella"* [24].

Así, en realidad Sayyidina 'Ali estaba explicándole a Sayyidina Umar, recordándole la Tradición Profética que él había olvidado. Tanto los eruditos modernos (*al-mutaqqadimin*) como los de antaño están de acuerdo en que todo aquel que desee comprender la realidad de la vida eterna debe hacerlo a través del

---

[24] Referido por Imam Ghazali, *Ihya'ulum ad-din*, y Hajjah Amina Adil, *Lore of Light*, volumen 1, p. 24, con un texto adicional.

corazón de Sayyidina 'Ali ؓ y el corazón de la familia del Profeta ﷺ, porque Dios dijo al Profeta ﷺ:

Di: Sólo os pido como recompensa el amor por mis familiares. [25]

Esto significa: "Amad a mis parientes cercanos para que recibáis beneficios de las realidades y los secretos Divinos, porque ellos son los vehículos de mi luz y los portadores de mi conocimiento. Son los medios para conocer aquello con lo cual Dios me ha engalanado en el Día de las Promesas".

Si bien la puerta a la ciudad de Sayyidina Muhammad ﷺ es Sayyidina 'Ali ؓ, y hay solamente una puerta, dentro de la ciudad se encuentra lo que el Profeta ﷺ ha dado al Veraz, Abu Bakr As-Siddiq ؓ. Él está dentro de esa ciudad custodiando las joyas que se encuentran dentro del más valioso baúl de tesoros. El Profeta ﷺ es el conocimiento mismo. Hay alguien recibiendo y conservando ese tesoro, y ése es Abu Bakr As-Siddiq ؓ.

SANTOS OCULTOS

Hablando sobre la estación de la extinción Sayyidina 'Ali ؓ dijo en verso:

He visto a mi Señor con el ojo de mi corazón.
Dije: ¡Sin duda eres Tú! ¡Eres Tú!
Tú eres aquel que abarcó todo "donde",
de manera que no hay donde alguno excepto que Tú estés ahí.
"Donde" no tiene "donde" en relación Contigo,
para "dónde" saber donde tu estás,
ni la imaginación puede a Ti imaginar,
para saber la imaginación dónde Tu estás.
Tu conocimiento todo lo abarca
de manera que todo cuanto veo eres Tú
y en mi aniquilación está la aniquilación de mi aniquilación
y en mi aniquilación te encontré a Ti [26].

---

[25] Suratu 'sh-Shura [La Deliberación], 42:23.

Así, cuando vemos este tipo de poesía y este tipo de amor, esta descripción del estado de aniquilación; cuando vemos esta clase de relación entre el ser humano y su Señor, ¿dónde hay entonces espacio para que los seres humanos se dediquen a esta vida mundana? Es en ese estado de asombro y no existencia donde los Amantes y Amigos de Dios se encuentran. Y cuando ellos están en este estado nadie puede acercárseles.

Al-Hassan ibn Al-Mansour ق dijo:

> La identidad de un servidor elegido de Dios, el sufí, se extingue en la Divina Presencia. Nadie soporta a semejante persona ni puede ella soportar (las normas de comportamiento) que otros (toleran). Con todo, el elegido entre los siervos de Dios es como la tierra: acepta todo tipo de rechazo y sin embargo nada emana de él sino dulzura. Tanto el bueno como el pecador pisan al servidor del Señor. Y los seres más viles de la creación son aquellos que pretenden ser elegidos de Dios mientras en realidad son mezquinos.

Ash-Shibli ق dijo: "El sufí es separado de las criaturas y conectado con la verdad."[27] Ibn Ajiba ق cuenta que se ha dicho: "Quienquiera posea condiciones cuyo carácter refleje su proximidad con Dios es insoportable. La montañas no pueden soportarlo". Así es el aspecto de todo aquel que alcanza la estación de la extinción, *Maqam al-Fana*. Al-Hasan ibn Al-Mansour ق escribió sobre aquel que se extingue (*fani*) en el amor a Dios [28]:

> Es muy difícil para la gente tolerar a aquel que ha perdido de alguna manera la sensación del yo y permanece en estado de temor reverente ante la Existencia Absoluta de

---

[26] De *The Commentary of the Hikam of Ibn Ataillah as-Sakandari* por Ibn Ajiba. (*'Ikaz al-himmam fee sharhi al-hikam li Ahmad bin Muhammad bin Ajiba al-Hasani*).
[27] *Op. cit.*, p. 4.
[28] *Maqam*: aquello de lo cual se da cuenta el servidor en su estación en términos de modales espiritualmente refinados, *adab*, y lo que es comunicado... [al-Qushayri].

Dios. Quienquiera alcance esta estación (maqam) y de alguna manera divulgue su secreto actuará de manera diferente a la humanidad en general.

Por ese motivo, los amigos de Dios (*awliyaullah*) que alcanzan esa estación, *maqam*, se ocultan. La historia de al-Khidr ﷺ, en el Sagrado Corán, ilustra esta verdad. Él hacía cosas que la gente no hace habitualmente, cosas que hasta para el Profeta Moisés ﷺ era difícil aceptar. Dios nos instruye mediante ese ejemplo para aprender, y no porque Moisés ﷺ se encuentre en una estación inferior, por cuanto después de todo es uno de los cinco grandes Profetas. Nadie alcanza el nivel de los profetas y los Compañeros de los Profetas (*Sahabas*). Al informarnos sobre la relación que tenía Moisés ﷺ con Khidr ﷺ, el Corán desea mostrarnos el ejemplo de alguien conducido a la proximidad con Dios, uno de sus Santos. Dichos individuos son simplemente como los describe la Sagrada Tradición: *"Mis Santos están bajo mis domos, nadie los conoce sino Yo"*. Dios mismo oculta a los Santos, ya que para Él son sumamente preciosos. Otra Tradición Profética ilustra esto:

> A quienquiera venga en contra de un amigo Mío, Yo le declaro la guerra. [29]

En medio de la gente, los amigos de Dios dicen y hacen cosas que otros no aceptan. Ése es el significado de las palabras de Ibn Ajiba ق: "Nadie soporta a semejante persona". Por el mismo motivo, cuando apareció el Profeta Sayyidina Muhammad ﷺ, su gente lo rechazó. Todos los profetas fueron rechazados por su gente. Si así ocurre con los profetas, ¿qué se puede esperar entonces para los *awliya*? Es natural que sean totalmente rechazados por la gente común, porque los *awliya* son seres humanos comunes y corrientes a los cuales Dios ha otorgado su poder celestial.

---

[29] Incluso el riguroso Ibn Taymiyya verificó esta Tradición Profética.

Los eruditos religiosos actuales (*'ulama*) dicen que ya no queda *awliya* alguno. Esto no es verdad. Más bien dicho, estas personas han enceguecido de tal manera que no pueden verlos. ¿Por qué han enceguecido? Porque los *awliya* se han ocultado, especialmente en la época actual. Saben que nadie va a aceptarlos ni va a aceptar el poder que el Señor les ha dado. Si despliegan en alguna medida las facultades que se les han otorgado, la gente los va a atacar.

Así, el nivel más alto de *wali* es el de aquel que actúa como las personas normales y no parece diferente a ellas ni en su aspecto ni en su comportamiento. Por consiguiente, un amigo de Dios (*awliya*) tiene un comportamiento similar a los demás, de tal manera que las personas se refieren a él diciendo: "Es como nosotros. ¿Cuál es la diferencia?". Lo que no saben sobre él es que ha sido probado por los *awliya*, por el Profeta y finalmente por Dios el Exaltado. Aprobó sus exámenes y se le encomendaron sus tareas espirituales (*amanat*).

Ibn Ajiba ق prosigue: "Tampoco puede semejante persona soportar (las normas de comportamiento) que otros toleran". Esto significa que observa cómo se extravían y los llama de vuelta al Camino, pero ellos no escuchan. Al cabo de un tiempo el Santo los abandona.

Se cuenta que Bayazid al-Bistami ق, uno de los santos más grandes del Islam, siempre estaba alabando a Dios, ascendiendo en proximidad al mismo, y alcanzó un nivel en el cual podía escuchar incluso a los ángeles. Llegó a una estación donde buscaba la Divina Presencia diciendo: "¡Oh, mi Señor, ábreme la puerta de entrada a tu Divina Presencia!". Y escuchó una voz en su corazón diciendo: "¡Oh, Bayazid, si quieres entrar a Mi Presencia, debes convertirte en un basural de la gente".

Así, Al-Hassan Ibn al-Mansur ق dice al respecto: "Los servidores elegidos de Dios son como la tierra. Aceptan todo tipo de rechazo del cual sean objeto, y sin embargo nada emana de ellos sino dulzura. Tanto el bueno como el pecador pisan sobre él".

La "tierra" se caracteriza por la fortaleza. Acepta todo cuanto Dios dispone. No tiene voluntad propia. En este sentido, los *awliyaullah* se asemejan a la tierra: "todo lo vil y feo es arrojado sobre ella" y lo aceptan. El término árabe *qabih* empleado no significa solamente "vil" o "feo", sino más bien rancio y podrido, es decir, sugiere la peor basura arrojada sobre la tierra. Sin embargo, después de que él la acepta -prosigue el verso-, "nada emana de él sino bondad".

El Amigo de Dios (*wali*) no lo trata a uno del mismo modo como uno lo trata a él; devuelve, en cambio, bien por mal. Se cuenta que Bayazid ق sometió a prueba a los doctores de la ley con expresiones de extrema exaltación, hasta que ellos optaron por apedrearlo. Esto ocurrió porque ellos no comprendían cómo era la estación desde la cual estaba hablando. Bayazid ق no era una persona con inclinación a cometer herejías. Así, incluso Ibn Taymiyya hace un elogio de su piedad; pero su intención era someterlos a prueba, ya que de hecho ellos habían intentado probarlo a él.

Por último, cuando apedrearon a Bayazid ق y lo dieron por muerto, su cuerpo inerte fue lanzado en un basural. En realidad, todavía estaba vivo, pero muy débil. Luego, después de permanecer lesionado en la basura durante siete días, se restableció un poco y pudo moverse. Empezó entonces a buscar algo para comer y encontró un hueso con un poco de carne fétida, probablemente arrojado una semana antes. Cuando lo tomó, apareció un perro gruñendo y diciéndole: "Éste es mi territorio y ésta es mi comida. No puedes tocarla", de manera que Dios ciertamente le reveló la comprensión del lenguaje de los animales.

Cuenta Bayazid ق: "Yo estaba suplicando a Dios diciendo: '¡Oh, Dios! ¡Oh, mi Señor! Lo que he buscado, sólo lo he buscado por amor a Ti. Estaba dispuesto a que ellos me mataran, pero Tú me animaste y me hiciste vivir. Y cuando recobré la vida nuevamente quise que me dieran muerte, y en ese momento Tú me animaste una vez más, y me volvieron a apedrear. Y nuevamente Tú quisiste reanimarme una y otra vez, porque cada vez que me apedreaban yo rezaba por ellos, para que Tú, Mi Dios, les perdonases sus pecados. Entonces todo cuanto Tú me has dado en recompensa por la oración y el esfuerzo espiritual, Tú, Oh Señor, haz que ellos compartan esa misma recompensa conmigo'". Esto muestra en qué medida el santo (*wali*) amará a los servidores de Dios cuando entra en Su amor.

Hoy en día muchos eruditos musulmanes dicen: "Ya no hay santos." En realidad existen, pero están ocultos porque son pocos los que pueden comprender sus estados. También dicen hoy los eruditos: "Toda persona de fe (*mu'min*) es un santo (*wali*)". De ser así, Dios no distinguiría entre una persona de fe y un santo.

¿Quién puede, en todo caso, decir en verdad que es un creyente (*mu'min*)? ¿No recuerdan estos eruditos lo que Dios dice en el Sagrado Corán?

Los árabes dicen: "Creemos". Di: "Vosotros no tenéis fe", pero diles más bien: "Hemos sometido nuestras voluntades a Allah, pues la fe no ha penetrado aún en vuestros corazones; pero si obedecéis a Allah y a su Mensajero, Él nada menoscabará de vuestras acciones, pues Allah es Indulgente y Sumamente Compasivo". [30]

¿Quién puede garantizar con un certificado que la fe (*Iman*) ha entrado en su corazón? Semejante certificación no es dada por un musulmán a otro; es dada por Dios al creyente.

Dondequiera se encuentren, los santos de Dios construyen lugares de oración, *zawiyas, khaniqas o ribats* (lugares de reunión para el entrenamiento y la práctica espirituales). Una vez erigidos estos lugares, llegan personas de lejos y de muchas partes a visitarlos, y todas ellas son recibidas en las reuniones. No se dice: "No vamos a reunirnos con éste o con aquél". Hoy la gente dice: "Estos individuos son enemigos. No podemos reunirnos con ellos.

---

[30] Suratu 'l-Hujurat [Los Aposentos privados], 49:14.

Estas personas nos maldijeron, no podemos reunirnos con ellas". Sin embargo, el Profeta ﷺ vino para toda la humanidad, tanto las personas amistosas como hostiles a él.

> *Te hemos enviado hacia los hombres sin excepción (como Mensajero) para entregarles tanto buenas noticias como advertencias (contra el pecado); pero la mayor parte de los hombres no comprenden"*. [31]

Si un enemigo se acercaba al Profeta Muhammad ﷺ, él estaba obligado a abrirle su puerta. Por cuanto los *awliyaullah* son herederos de los estados y el carácter del Profeta ﷺ, sus puertas siempre deben estar abiertas. ¿Qué beneficio tiene de otro modo la santidad (*wilayah*)? Dios les otorgó la santidad para escuchar a las personas, entenderse con ellas y conducirlas al Islam. Cuando uno cierra la puerta y dice: "No trabajo con esa gente", queda aislado y se convierte en una barrera para el Camino. Hay que trabajar con gente de cualquier creencia, religión o grupo para conducirla a la Verdad (*Haqq*). Por ese motivo, el Gransheik 'Abd Allah al-Faiz ad-Daghistani ق, se reunía con todos, y nosotros procuramos seguir sus pasos. No se puede cerrar la puerta y decir: "Tú no eres un miembro". Hoy en día todo está basado en el pago de una membresía, es decir, en el dinero. Nos dicen: "Paga cincuenta dólares y hazte socio". Ya nada se hace puramente por Dios.

"Tanto las personas buenas como el más horrible de los pecadores pasan a llevar y pisotean al servidor elegido de Dios". Por consiguiente, éste deberá soportar cargas: es el basurero de toda la gente. Y a cambio de eso ofrece oraciones por las personas, para que sus corazones se vuelvan hacia Dios. Los servidores elegidos de Dios tratan de hacer el mayor bien posible a las personas a pesar de que ellas les hacen lo peor posible. Es así como los buenos y los malos los pasan a llevar y los pisotean.

Ibn Ajiba ق dijo: "Y los más viles son aquellos que simulan ser servidores elegidos de Dios si bien carecen de generosidad". Un

---

[31] Sura Saba, 34:28.

servidor elegido de Dios no carece de generosidad, no es mezquino. Un servidor de Dios es siempre generoso con las dádivas que su Señor le ha otorgado, al no retenerlas. Dios es el Más Generoso de los generosos (*Akram al-akramin*).

Del mismo modo, el Profeta ﷺ es descrito por Dios como:

> *... con los creyentes está lleno de bondad y misericordia.*[32]

y

> *No te hemos enviado sino como Misericordia para todas las criaturas.* [33]

Este verso significa que el Profeta Muhammad ﷺ pedirá perdón a Dios por todos. En suma, un servidor de Dios no puede ser mezquino. El peor individuo es aquel que simula ser un servidor elegido de Dios y es mezquino, no con su dinero, sino en cuanto no se hace cargo de las dificultades de las personas y toma para sí mismo todo cuanto Dios le ha dado como recompensa en forma de regalos para ellas.

Peores aún son aquellos servidores de Dios a los cuales Él ha otorgado los dones del conocimiento de la religión y sus significados internos y rehúsan este conocimiento a quienes están en condiciones de recibirlo. Éstos son los doctores de la ley, que dicen mentiras sobre Dios y declaran permitido lo que Él ha prohibido, de los cuales hoy tenemos muchos ejemplos. Según ellos, por ejemplo, Dios desea que la gente sacrifique su vida para apoyar a los corruptos o que esté al servicio de causas falsas o propague doctrinas equivocadas. Estos servidores son las personas mezquinas espiritualmente. Ellas nunca triunfan y en el Día del Juicio serán reconocidas entre los *perdedores*. Son como un árbol cubierto de brotes hermosos en primavera, pero estéril y sin frutos en otoño.

Dicho en términos perfectamente claros, el verdadero servidor autorizado por Dios se hace cargo de los pecados de quienes están

---

[32] Suratu 't-Tawbah [El arrepentimiento], 9:128.
[33] Suratu 'l-Anbiya [Los profetas], 21:107.

bajo su autoridad, pidiendo a Dios que los perdone y les otorgue todas las recompensas por él recibidas en todos los niveles a los cuales Dios lo ha elevado. Eso es para todos los que llegan a visitarlo.

El Profeta ﷺ dijo:

Dios tiene ángeles merodeando en los caminos, buscando a la gente de Su Recuerdo (dhikr), y cuando encuentran a un grupo de personas recitando dhikr, se llaman unos a otros y las rodean en capas hasta el primer cielo... **Y alguien que no es una de esas personas, pero ha llegado únicamente para un determinado asunto, se sienta con ellas.** Dios dijo: "Nadie que se siente con esas personas se arrepentirá". [34]

Esto significa que cualquiera que llegue por algunos minutos, aun cuando no sea uno de ellos, va a ser recompensado por estar con ellos. A cualquier persona que se acerque al santo, éste va a darle de lo que Dios y el Profeta ﷺ le han dado. Eso es lo que significa lo contrario de ser tacaño. Significa que él da aquello con lo cual Dios lo ha ataviado en el camino de la misericordia. Significa que asume los problemas y dificultades de la gente que ha llegado a verlo.

Ahora, Ash-Shibli ق agrega: "El servidor elegido de Dios está desconectado de la creación y conectado con la Verdad (al *Haqq*)". Y prosigue: "Su corazón está separado de la gente y conectado con lo Divino". En el nivel más literal, esto significa que se aparta de las criaturas y se conecta espiritualmente con el Amor de Dios; pero en un nivel más profundo también significa que rechaza todo lo falso y ama todo lo verdadero. El servidor de Dios no se ocupa de asuntos que no le incumben ni de lo que la gente haga o diga en oposición a la Verdad. Está conectado con la Verdad. Le gusta todo lo vinculado con la Verdad y le disgusta todo lo falso. Cuando se desconecta de la falsedad, lo oculta como si no estuviera viéndola, aun cuando la percibe perfectamente. Al

---

[34] *Sahih Bukhari* y *Sahih Muslim*.

mismo tiempo, no habla mal de las personas ni llama la atención sobre la falsedad y las fechorías cometidas por ellas.

El servidor de Dios se conecta con la Verdad y se desconecta de la falsedad. Procede de este modo para equilibrar la falsedad de la gente poniendo la Verdad en el otro lado de la balanza. Si en cambio la falsedad no es contrarrestada, provocará desastres en la Comunidad y en el mundo. Así, los *awliya* son como montañas en la Comunidad: todo lo equilibran, del mismo modo como las montañas mantienen el equilibrio en la tierra:

Y las montañas como estacas. [35]

Si la falsedad creciera al no ser contrarrestada, dejaría de haber equilibrio en el mundo y todo estaría en desorden. Por consiguiente, los *awliya* establecen el equilibrio en todo. Por este motivo, Dios dijo:

Para que no podáis transgredir el (debido) equilibrio, pesad con precisión y no os quedéis cortos en la balanza. [36]

Estos versículos significan: "Poned todo en equilibrio en la balanza". Si los *awliya* no equilibrasen la falsedad por medio de la adoración, si no equilibrasen mediante la verdad lo que en el camino de la falsedad llevan a cabo los trabajadores de la iniquidad, la vida en este mundo material, *dunya*, habría desaparecido hace mucho tiempo.

Entre los signos de los últimos días, 'Abd Allah bin Amr ibn Al-'As ؓ, contó que el Profeta ﷺ dijo:

> Dios no retirará el conocimiento de los corazones de los eruditos, sino que Él se los llevará (morirán). No habrá más eruditos que ocupen su lugar, por lo cual la gente recurrirá a líderes sumamente ignorantes a los cuales harán preguntas, que responderán con fatwas

---

[35] Suratu 'n-Naba [La Gran Noticia], 78:7.
[36] Suratu 'r-Rahman [El Misericordioso], 55:8-9.

(resoluciones legales) sin conocimiento. Están extraviados y hacen extraviarse a otros. [37]

Los servidores devotos (*salihin*) han estado equilibrándolo todo desde los tiempos del Profeta ﷺ. Ciertamente, en cada época equilibran la falsedad con la verdad; pero ahora ese equilibrio que han traído a los mundos está llegando a su fin de manera que ya no existe. Ciertamente, la falta del sentido de las proporciones ha llegado a ser la característica predominante de nuestra época. Ése es el motivo por el cual hoy en día se ve tanta matanza. Y mientras todos hablan de la paz, la paz y la paz, de hecho está muriendo gente en todas partes. Que Dios nos mantenga bajo las alas de sus devotos servidores a quienes Él ha dotado de conocimiento y encargado guiar a la comunidad de Muhammad ﷺ y equilibrar nuestras acciones para estar en buen camino.

EQUILIBRÁNDOSE A UNO MISMO

El equilibrio comienza con el yo, porque éste es la raíz de todos los problemas espirituales. En el acercamiento a la Divina Presencia, el buscador debe construir su aspecto divino basándose en el espíritu de la sagrada Tradición Profética:

> ... Mi servidor no se acerca a Mí con nada más amado por Mí que los deberes religiosos que Yo le he prescrito, y Mi servidor sigue acercándose a Mí con trabajos supererogatorios para que Yo lo ame. Cuando Yo lo amo soy el oído con el cual escucha, la vista con la cual ve, la mano con la cual acciona y el pie con el cual camina...[38]

Uno puede ser fastidioso en el cumplimiento de las obligaciones y en una práctica excesiva del culto: haciendo todas las oraciones y ayunos voluntarios, dando limosna adicional y practicando la *Sunnah* en exceso. Sin embargo, en la búsqueda de las realidades ni siquiera eso es suficiente. Así ocurre porque a

---

[37] *Sahih Bukhari y Sahih Muslim.*
[38] *Sahih Bukhari.*

menudo el devoto pasará por alto un paso crítico: el examen de sí mismo (*al-muhasabah*).

Sin este aspecto, precisamente el culto que practicamos creyendo que estamos alcanzando niveles más altos puede convertirse de hecho en un obstáculo para avanzar. ¿Cómo? Cuando ese culto no es absolutamente puro, es decir, únicamente por consideración a Dios, y seguimos practicándolo presumiendo con vanidad que estamos haciendo todo lo humanamente posible para obtener progreso espiritual, en ese momento se estará imponiendo el yo, porque se deleita con su "éxito" en el trabajo espiritual y la disciplina.

LA CASA DE LA ENFERMEDAD

Por lo tanto, como en toda enfermedad, existe un remedio. Al entrar en esta consideración, advertimos el carácter pertinente del adagio profético:

> *El estómago es la casa de todas las enfermedades* y la fuente de todos los remedios es la dieta.[iii]

Ponerse a dieta implica tener plena conciencia de lo que entra por la boca y llega al estómago. El primer paso de la dieta consiste en imponer controles al deseo del ego de comer. Esto se descubre al poner en práctica la Tradición Profética en que el Profeta ﷺ dijo:

> *Somos un pueblo que no come antes de tener hambre, y cuando comemos no lo hacemos hasta no poder más.*[39]

Posee la verdadera destreza aquel que puede impedir a su mano extenderse para comer más. Una persona así realmente controla su ego. Los egos siempre desean más, son interminablemente golosos. Si Dios nos ha dado una casa y el ego ve que alguien posee una más grande, la desea. El ego nunca dice: "Alabado sea Dios, tenemos un lugar donde estar".

---

[39] Referido de 'Umar bin al-Khattab ؓ. Ibn Kathīr dice que su cadena es débil, pero el significado es verdadero.

Si alguien tiene un millón de dólares, el ego quiere dos millones; si tiene dos millones, quiere tres.

Yahya bin Yahya, alumno del Imán Malik, le pidió a éste un consejo. El Imán Malik le hizo tres recomendaciones, cada una de las cuales contiene un tesoro. Dijo:

> Voy a expresar la totalidad de la medicina de los doctores y el fruto de la ciencia médica en una sola frase: aparta tu mano de la comida mientras experimentes el deseo de comer.[40]

Si uno sigue ese consejo, nunca padecerá de una enfermedad en su vida. Y lo que es más importante, eso es entrenar al ego en escuchar y aceptar la verdad, porque la batalla contra el ego comienza con una conversación, un debate entre el alma, que anhela la realización espiritual, y el ego, *nafs*, que siempre busca satisfacer los deseos más bajos. El alma preguntará al ego: "¿Estás satisfecho con lo que has comido?". Y éste responde: "No, deseo otro bocado porque esta comida está muy sabrosa". En ese momento, el yo imperativo (*al-nafs al-lawwamah*) dirá: "Pero no estás cumpliendo con la *Sunnah* de la comida". Eso es lo que hay que decidir: cumplir o no con la *Sunnah*, ser o no ser disciplinado, controlar o no controlar el ego.

Por este motivo, el Profeta ﷺ dijo:

Una hora de contemplación es mejor que setenta años de adoración.[iv]

Lo que se logra mediante la contemplación, *tafakkur*, también llamada en árabe *muraqabah*, es algo que no se puede conseguir ni siquiera mediante setenta años de adoración voluntaria. Esto significa que lo obtenido con la meditación no se puede conseguir únicamente mediante la práctica del culto, ya que hasta Iblis, el condenado, se dedicaba constantemente a la alabanza de tal manera que no quedase en los cielos ni en la tierra ni siquiera un espacio de una cuarta sin las huellas de su postración. Sin

---

[40] En árabe: *an tarfa yadak 'ani t-ta'am*.

embargo, en definitiva fracasó a causa de su ego rebelde, y movido por su arrogancia desobedeció una sola orden de Su Señor, con lo cual perdió el estado de gracia.

Sheik Abu-al Hassan ash Shadili ق dijo: "Los frutos de la meditación (*muraqabah*) son los talentos otorgados por lo Divino." Con todo, la meditación no se puede hacer en medio de la gente, debe practicarse a solas (*al-'uzlah*). De hecho, ésta es la razón principal por la cual la gente se sienta a solas: para hacer meditación.

Semejante meditación, estando apartados totalmente de la mirada y los oídos de los demás, nos permitirá entrenar al ego, cabalgar sobre el mismo, como el jinete en su montura. Entonces, una vez que se ha montado sobre el ego, éste ya no puede controlarnos. Al decir uno "No voy a comer," el ego dirá: "Escucho y obedezco". Por otra parte, si no lo hemos entrenado, el ego nos vencerá.

Es por eso que un maestro puede probar a sus discípulos dándoles alimentos en exceso para comer. Semejante prueba se hace en realidad para combatir los deseos del ego de **no comer**, que se experimentan cuando el estómago está lleno y la comida no es particularmente deliciosa. Al seguir las prácticas del sufismo, no se debe hacer concesiones a los deseos del ego. Por lo tanto, si el sheik le ordena a uno comer un plato lleno de alimento desabrido, es preciso hacerlo de buena gana, ya que es por obediencia a la orden dada por él.

Sin embargo, si el sheik le da más comida a uno, que ha sido bendecida con sus manos, sus oraciones y su preparación invocando a Dios y alabando a Su Profeta ﷺ y uno manifiesta que "es suficiente", aun cuando lo haga en la forma más leve, de ese modo está expresando su desobediencia, ya que en realidad está oponiendo resistencia para decir: "No, no voy a comer más.". Si uno tiene semejante reacción ante algo que no puede hacer daño, debe considerar lo que pensaría si el sheik le impusiera una prueba más difícil.

Todo esto tiene relación con la alimentación física. Si nos sometemos a una dieta vinculada con nuestra constitución física, ¿qué estamos haciendo en lo tocante a nuestro espíritu, que también necesita alimento?

LA DIETA DEL ALMA

Poner el alma a dieta significa abstenerse de hacer cualquier cosa motivada por malos deseos, lo cual será un remedio para la propia dimensión espiritual y una preparación para la otra vida.

En la actualidad, la gente no somete el alma a dieta. Las personas no están examinando los deseos del ego y preguntándose: "¿Cómo estaré frente a Dios, el Todopoderoso y Exaltado, en el Día del Examen, cuando Él nos pregunte: "¿Te abstuviste de ser codicioso, de los celos y de la envidia?"

Si una persona es abastecida por Dios, nadie puede impedirle recibir la parte que le corresponde. Si Dios ha asignado para uno mil unidades de algo, uno las obtendrá aun cuando otras mil personas estén procurando recibirlas, y si Dios ha escrito que uno debe recibir diez, es posible que otra persona obtenga mil y uno reciba las diez unidades que le corresponden. Nunca debemos preocuparnos de que otro pueda comer nuestra ración. Si se tiene esto en consideración, nunca pueden surgir los celos ni la envidia.

Por consiguiente, se dice:

Estar a dieta es la fuente de todos los remedios.[41]

Himyah significa estar a dieta, pero en este contexto quiere decir abstenerse de hacer todo lo que esté fuera de los límites de la Ley Sagrada. Es preciso dejar de hacer todo cuanto se lleve a cabo infringiendo la Ley Divina; de lo contrario, se terminará en una situación en la cual uno es feliz en esta vida, pero en la otra estará lleno de arrepentimiento.

---

[41] Árabe: *al-himyatu ras ad-daw*.

El corazón es un órgano, pero no se alimenta con comida, sino más bien se carga y descarga. Devora el alimento del chisme, la murmuración oscura y las insinuaciones malignas. Con alimento espiritual de mala calidad se destruirá, pero con alimento espiritual saludable florecerá. Ésta es una opción para cada persona.

Así como el estómago es la casa de las enfermedades físicas, el corazón es la casa de los malestares espirituales. Así como someterse a dieta es un remedio para el cuerpo físico, el hecho de prestar atención al alimento que entra en el corazón permite recibir la luz de Dios.

Se cuenta que Dios dijo:

Ni Mis cielos ni Mi tierra podrían contenerme, pero el suave y humilde corazón de mi servidor creyente me puede contener. [v]

No puede haber dos dentro del corazón. Dios no acepta la idolatría, de manera que Él puede perdonar cualquier cosa menos eso. ¿Qué acepta Él? La unidad. Dios no acepta que nadie se asocie con Él en Su Divinidad, porque Él es el Sumo Rey Soberano. Dios quiere que se atribuya a Él la Unidad Absoluta. Si en el corazón hay aun cuando sea el más leve aspecto de suciedad o impureza, nada penetrará en éste de las luces de Dios. Eso sería inaceptable porque las luces de Dios sólo pueden ser para Él.

Por este motivo, la dieta del corazón consiste en escuchar a un maestro guiado y en condiciones de guiar, un *murshid* con la destreza requerida para desconectar al buscador de su propio yo que se ensalza a sí mismo y luego, como un cirujano del corazón, conectarlo de nuevo cuidadosamente con su realidad en la Divina Presencia.

QUEBRANDO EL ORGULLO DEL EGO

Como decíamos anteriormente, el buscador puede avanzar a grandes pasos en sus logros por medio de la adoración voluntaria. Sin embargo, la persona llegará a un límite que no se puede atravesar: es el bloqueo del yo, porque éste usará cualquier medio a su alcance para interceptar el progreso ascendente del buscador. La causa de esto es la arrogancia, porque el yo no permite al alma llevar la delantera, y proclama de acuerdo al modelo del Faraón: *"¡Yo soy vuestro Señor, el más alto!"* [42] Por consiguiente, el guía debe usar medios drásticos como cirugía de emergencia para eliminar el yo tiránico. Esto se ilustra en otra historia sobre Bayazid ق:

> En Bistam, había un hombre que siempre estaba presente en las reuniones de Bayazid ق y nunca se separaba de él. Era además un famoso erudito de la región. En una oportunidad, le dijo a Bayazid ق: "Maestro, durante treinta años he estado ayunando de día y he permanecido despierto de noche practicando las oraciones. He dejado todas mis pasiones. Sin embargo, nada siento en mi corazón de lo que estás hablando, si bien creo en tus palabras y sé que estás diciendo la verdad." Bayazid ق respondió: "Aun cuando ayunes y permanezcas despierto en las oraciones de la noche durante trescientos años, mientras te encuentres (en el estado) como te veo, no experimentarás ni un átomo de este conocimiento." El hombre preguntó: "¿Por qué, maestro?". Bayazid ق contestó: "Porque estás velado por tu propio yo". Él pregunto entonces: "¿Hay algún remedio para desprender este velo?". Bayazid ق le dijo: "Quítate la ropa (de erudito) con la cual estás vestido, ponte este manto (rasgado), ata una bolsa alrededor de tu cuello y llénala de castañas. Luego, agrupa a algunos niños a tu alrededor y diles con la voz más alta que puedas: '¡Niños, al que me abofetee una

---

[42] Suratu 'n-Nazi'at [Los Que Arrancan], 79:24.

vez, le daré una nuez; al que me abofetee dos veces, le daré dos nueces, y al que me empuje y me haga caer le daré tres nueces'. Dirígete al lugar donde más te respetan y permite que todos los que te conocen te vean haciendo eso. Comienza antes que nada de ese modo, para que lo primero sea perder tu prestigio (jah) y hacer que tu yo sea humillado". Ese hombre (que era un erudito de prestigio) dijo: "¡Gloria a Dios! ¿Me dices semejante cosa con la estatura que tengo?" Bayazid ق respondió: "¡Detente, detente, detente! Ahora estás cometiendo el irreparable pecado de asociación con Dios: ¡shirk!". Y prosiguió: "Detente ahora, estás viendo lo suelta que es tu lengua. A pesar de treinta años (de lucha en el Camino), todavía no puedes controlarla. Cuando te controles a ti mismo humillándote y haciendo ver que realmente eres un sufí, entonces serás aceptado." Bayazid ق señaló: "Después que hagas esto, te daré a conocer lo que es mejor para ti". El hombre dijo: "¡No soy capaz de hacerlo!".

Bayazid ق había percibido el defecto en el carácter de su discípulo y se lo mostró, porque cuando éste dijo, "¡Gloria a Dios!" fue como ponerse a sí mismo junto a Dios, como diciendo: "Yo estoy por encima de eso tal como Dios está por encima de su creación".

Esta historia ilustra la necesidad de crear un nuevo camino en la propia vida, como se le indicaba a ese erudito, humillándose y rebajándose.

Entonces, no os justifiquéis a vosotros mismos: Él sabe mejor quien es aquel que se guarda contra el mal. [43]

Nunca debemos elevarnos ni justificarnos ante nosotros mismos, porque el Mejor de la Creación, Sayyidina Muhammad ﷺ, el Maestro de los Maestros, el Sello de los Mensajeros, el ser humano perfecto, fue un ser humilde. Dios se lo dio todo: Él le dio

---

[43] Suratu 'n-Najm [La Estrella], 53:32.

intercesión; Él lo hizo ser el primero de la Creación, Él lo hizo ser el último enviado, Él hizo a su Nación la mejor de las naciones, Él perdonó a su nación sus grandes y pequeños pecados y dispensó para ellos la Morada de la Seguridad en la otra vida; Él lo hizo ser el primero que será resucitado en el Día del Juicio, Él lo hizo ser el primero en entrar al Paraíso junto con toda su comunidad: todo esto, y sin embargo el Profeta ﷺ dijo:

> Yo soy el maestro de los hijos de Adán en el Día del Juicio, y lo digo sin presumir. [44]

Por cuanto el Mensajero de Dios ﷺ no tenía orgullo, a pesar de ser el más grande de todos, sentía gran agrado cuando su Señor lo llamaba "Mi sirviente", *'abdi*.

> Sheik Muhammad Nazim Adil Al-Haqqani
> Lefke, Chipre,
> Jumada al-Awwal 4 de 1426,
> 10 de junio de 2005

---

[44] Tirmidhi, Ibn Majah y Ahmad.

INTRODUCCIÓN
VIAJE AL DISCIPULADO

Los maestros sufis han determinado que hay cuatro factores mayores que influencian el carácter de todo ser humano. Estos son la lujuria, el ego, los deseos mundanos, y los susurros de Satanás. Este libro trata los tres últimos factores: ego, deseos mundanos y la influencia de Satanás.

Este libro empieza describiendo las características ruinosas del yo, conocido como *nafs* en la terminología Sufi. Todos poseen algunas de estas características, mientras que algunos poseen todas ellas. Cuánto afectan a alguien depende de la naturaleza y personalidad del individuo, al ambiente alrededor suyo, como fue afectado por ese ambiente y como fue contaminado mientras crecía. Cuando alguien empieza a considerar emprender el Camino a la Divina Presencia y seguir la vía del Gnosticismo, estas características se vuelven obstáculos que deben ser eliminados. Este proceso de caminata es conocido como la búsqueda de la Estación del Carácter Perfecto, *Ihsan*.

Inicialmente, cuando la espiritualidad del individuo empieza a llamarlo y su alma anhela por su conexión espiritual celestial, esto empezará a impactar no sólo en su psiquis y estado emocional sino también en su cuerpo. En ese momento, el individuo empieza a darse cuenta que hay una necesidad de empezar a descubrir la dimensión espiritual, y comienza a buscar un maestro espiritual que lo guíe. Posteriormente, ese anhelo lo sobrecoge y empieza a buscar con mucho esfuerzo dicha guía. Tan pronto como empieza esta búsqueda, poder celestial de la Divina Presencia lo dirigirá a su maestro espiritual, quien es un maestro del Camino. El amor empezará entonces a ser descubierto entre el buscador y ese guía, y en su corazón él crecerá en conexión con su maestro. Así como esa relación de amor empieza a crecer, él empieza a mirar a la personalidad de su maestro con gran amor. Este amor crece a una conexión espiritual, de manera que empieza su viaje espiritual en el estado de amor incondicional. Dicho amor no está relacionado con ningún deseo, sino que es puramente Platónico, amor espiritual entre el maestro y el estudiante. De esta manera, él entra en lo que es conocido como el Círculo de Amantes Incondicionales (*da`irat al-muhibin*). Ése es el círculo de los estudiantes en el primer nivel del Camino: el Nivel del Amor.

Cuando ese amor empieza a aparecer en él, el maestro es el centro del círculo, y los estudiantes son cada uno un punto en su circunferencia. Cada uno tiene su conexión con el centro, el maestro. Esto significa que todos tienen su propia dirección, o *qiblah*, que apunta hacia el maestro. Cuando esa conexión empieza a volverse visible para el buscador – ya que para el maestro siempre lo fue – el radio se vuelve como un puente o túnel en el cual el buscado empieza a dar pasos desde la circunferencia del círculo. Al dar el primer paso en ese túnel, empieza a descubrir incontables malas características dentro suyo. Estos tratos negativos pueden ser condensados en diecisiete características principales. Puede poseer algunas o todas las diecisiete dentro suyo. El estudiante luego empieza a darse cuenta de que su maestro no posee estas características. Así como él descubre una característica tras otra, comienza a eliminarlas. Al comenzar a eliminarlas, se mueve por debajo del túnel y se convierte en un "iniciado en el círculo de amantes en el viaje espiritual".

Una vez que se vuelve un principiante, necesita dar diez pasos para alcanzar el nivel de discípulo. Eliminar las diecisiete características lleva al buscador desde el nivel de amante al nivel de principiante, *mubtadi'*. Este libro luego elabora diez pasos que lo llevarán al primer nivel de discipulado, *musta'id*, y desde ahí lo llevará al nivel de discípulo completo, *murid*.

Cuando el buscador alcanza el nivel de discípulo completo, empieza a recibir cada vez más entendimiento divino, lo cual lo elevará a través de los tres Círculos de la Certeza. Primero será llevado al nivel de Certeza del Conocimiento, *'Ilmu l-Yaqin*, después a la Certeza de la Visión, *`Aynu 'l-Yaqin*; y finalmente alcanzará la Realidad de la Certeza, *Haqqu 'l-Yaqin*. De esta manera, termina en el nivel de la realidad.

Tan pronto como el buscador empieza a ascender los diez niveles, llevándolo desde principiante a discípulo, empieza a desarrollar el Conocimiento de la Certeza y sus efectos empiezan a aparecer a él y en él. En ese momento, los velos empiezan a ser removidos. Primero, el recibirá el Poder de Escuchar; seguido por el Poder de Ver y finalmente el Poder de Experimentar la Realidad.

Él se mueve desde el nivel del audio al nivel del video, y luego del análogo al digital. Esto le permite recibir más conocimiento en cantidades siempre en incremento. Será como estuviese viviendo el pasado, presente y futuro. Estará escuchando, viendo y experimentando lo que otros han atravesado; revelado a él por su maestro. Esto no será como escuchar a alguien contándole una historia, sino que, en estos niveles, va a estar viviendo la historia como si fuese parte de ella. No va a simplemente ver los eventos, sino que tomará parte en ellos, empezará a sentir todo lo que los participantes sintieron. Este es un nivel más alto. Empezará a sentir con la gente con la que se encuentra, tal como si fuese uno de aquellos presentes en el pasado de esa persona. Este es el primer paso en convertirse, no solamente en alguien que está aprendiendo, sino también en alguien que puede dar conocimiento y ayudar a otros. Es también el primer nivel de un sanador espiritual. Es por eso que el sanador puede sentir y percibir con el paciente, y por esa razón es capaz de apoyar poderosamente a aquellos que están enfermos, ya sea espiritual o físicamente.

En tanto él hereda sus habilidades espirituales de su mentor, alguien que previamente ha conseguido la maestría del Camino, el discípulo empezará a tener el poder de sentir y experimentar la vida de otros. Si ellos están experimentando dificultades, sufriendo depresión o sintiéndose espiritualmente elevados, él lo sentirá. Se vuelve parte de ellos, entonces sabe lo que necesitan. Esto le permite ayudar a otros. También, esto le permitirá alcanzar el nivel de las seis realidades del corazón descriptos en la sección final de este libro, en ese momento el buscador ha avanzado desde principiante, *mubtadi*, a iniciado, *musta'id*, y ha arribado al nivel de discípulo, *murid*.

TRES NIVELES AL SEGUIR

La siguiente historia aunque muchas veces repetida puede ayudarnos a ilustrar estas tres etapas del seguimiento en el Camino Sufi de la Auto-realización, y el nivel de certeza que acompaña a cada nivel.

Una vez un luchador del Daghestán vino a nuestro Gransheik 'Abd Allah ق y dijo, "Oh mi sheik, quiero tomar el camino Sufi de ti." Esta persona vino al sheik portando grandes dagas y espadas. La gente del Daghestán es extremadamente ruda, y usan sus bigotes grandes apuntando hacia arriba, como símbolo de ego. Ese hombre vino con todo su ego, pidiendo al sheik que lo convierta en un discípulo Naqshbandi, *murid*. Gransheik ق dijo en un principio, "Nunca te daré iniciación en este camino!" El hombre respondió, "Qué! Estoy portando una espada y muchas dagas, y puedo derrotar a cualquiera! Quiero el camino! Si tú no me lo das, te golpearé!"

Gransheik ق usó su visión espiritual, *firasah*, para observar su corazón, e inmediatamente entendió que el luchador tenía buenas intenciones. La orden vino de que, a pesar de ser un luchador armado, él sea aceptado como un estudiante en el Camino. Gransheik ق dijo, "No te voy a dar el Camino hasta que cumplas mis orden por completo. De todas maneras, antes de eso, te voy a enviar al centro para entrenamiento."

Gransheik ق le ordenó al luchador ir al mercado de la carne y encontrar un trabajador cuya actividad era llevar intestinos de cordero. "Ve detrás de él y dale una cachetada en el cuello con la palma de tu mano. Observa que dice y repórtame." El luchador estaba muy feliz con la tarea ante él, pensando, "Si este es el camino Sufi, las alabanzas a Dios, yo voy a cachetear y golpear para abrirme camino a mis secretos espirituales!" El dijo, "Por supuesto, Oh mi sheik! Este es mi trabajo. Iré felizmente. Y lo cachetearé, no una vez, sino cientos de veces!" "No," dijo Gransheik ق, "Una sola vez!"

El luchador fue al centro buscando por el trabajador. Lo encontró y fue a él por la espalda, levantó su mano y le dió una palmada en el cuello con toda su fuerza. Esa persona se dió vuelta, lo miró, pero no dijo nada, y continuó su camino. El luchador pudo ver ira en sus ojos; de todas maneras, esperaba una reacción más fuerte: en dicho caso se hubiese sentido justificado de pegarle dos, tres o cuatro veces, o noquearlo con un buen puñetazo. Pese a esto, todo lo que pudo hacer fue retornar al sheik y reportarle, "Mi sheik, he visto algo muy extraordinario hoy. Cuando le pegué a ese hombre, este no reaccionó, sólo me miró con ira. Esperé que viniese a fin de acabar con él, pero nunca lo hizo!"

Al día siguiente Gransheik ق le dijo, "Ve ahora al mismo lugar en el centro. Encontrarás a otro trabajador vendiendo estómagos de cordero." El continuó, "Con este puedes usar más fuerza y rudeza cuando lo golpees. Observa lo que dice y vuelve a contarme." "Oh mi sheik" el luchador respondió, "Tu orden es mi deseo! Golpearé a todos por ti! Esta es una orden muy fácil."

Fue al centro, encontró la persona que el sheik le había dicho, y con todo su poder lo derribó con un fuerte golpe. El hombre cayó junto con toda la carne que estaba llevando. Mientras todavía estaba en el piso, se dió vuelta y le sonrió al luchador, pero no dijo una palabra. Luego recogió la carne y se fue. El luchador estaba más enojado ahora que con el primer hombre. "¿Por qué no reaccionó esa persona? -se preguntó a sí mismo- Si lo hubiera hecho, yo lo habría liquidado con mi daga". Regresó entonces a ver a su sheik y le contó lo ocurrido.

Al día siguiente, el Gransheik ق dijo: "Te voy a enviar a una granja donde vas a encontrar a un hombre muy viejo arando la tierra. Esta vez no lo golpees con tu mano porque es un hombre viejo. Él necesita algo mejor: ¡con él debes usar un palo!" El sheik prosiguió: "¡Recurre a toda tu fuerza de tal manera que el palo se rompa en su espalda! No vuelvas a verme si no rompes el palo en su espalda".

En ese momento el corazón del luchador empezó a cambiar, pero no rechazó la orden del sheik. Tomó el palo y se fue, pero ahora estaba asustado. "¿Por qué debo pegarle a esa persona de edad?", se preguntaba. A pesar de todo, fue al campo y encontró al anciano, como el sheik le había dicho, arando la tierra. Se acercó a él por detrás, recordando la orden del sheik de romper el palo en su espalda. Estaba agobiado por sentimientos encontrados, de felicidad y tristeza al mismo tiempo, si bien en los dos primeros incidentes se había sentido totalmente a gusto.

Tomó el palo y lo dejó caer sobre la espalda del anciano, pero a causa de su desasosiego no lo golpeó con suficiente fuerza como para romperlo. Apenas hubo golpeado al campesino, éste comenzó a empujar el arado con el pie para avanzar con más rapidez en su tarea sin ni siquiera mirar para atrás. El luchador pensó: "¡Debo romper el palo!". Y golpeó de nuevo al campesino con toda su fuerza, pero a pesar de todo el palo no se rompió. El campesino por su parte empujaba el arado con toda su fuerza y la vaca se movía con más rapidez de tal manera que terminó siendo arrastrado de rodillas. Como el luchador tenía orden de romper el palo, lo levantó por tercera vez, y usando toda la fuerza posible golpeó al anciano en la parte superior de la espalda y rompió el palo.

El pobre anciano cayó y enseguida se acercó al luchador arrastrándose sobre las rodillas, le tomó la mano y le dijo: "Por favor, dame la mano y permíteme besarla, porque a causa de mis pecados mi sheik te ha enviado para corregirme. Sé que estoy cometiendo errores y tú eres para mí un instrumento de corrección." El anciano dijo esto a pesar de que no necesitaba ser corregido, porque ya era una persona "corregida": había alcanzado el nivel de discipulado, *murid*, en la orden Sufí

Naqshbandi, lo cual significa que había llegado a un nivel alto. Y agregó: "He causado dolor a tu mano porque has tenido que golpearme con más fuerza. ¡Por favor, perdóname, y no hables en contra de mí en el Día del Juicio, en presencia de Dios, el Profeta ﷺ y mi sheik! Estoy avergonzado ante mi sheik, que te ha enviado para corregirme. Por favor, perdóname por el dolor causado a tu mano". Y ni siquiera mencionó su propia espalda.

Para el luchador, eso fue como si el anciano le hubiese arrojado agua fría. Se estaba derritiendo y volvió donde el Gransheik sintiéndose sumamente avergonzado. Una vez allí, Gransheik le dijo que se sentara y le explicó: "Oh, hijo mío, el primer hombre que encontraste era un principiante en el camino, *mubtadi'*. Cuando lo abofeteaste sólo te miró, pero lo hizo con ira. Esto significa que sabe que te estoy enviando para corregirlo, pero todavía tiene ira en su corazón, y por eso puedes verla en su rostro. El segundo está en el nivel del individuo que está "listo" para entrar y llegar a ser una persona "preparada" en el Camino, *musta'id*. Cuando lo golpeaste, te miró, pero estaba riendo, y esto muestra que ahí todavía subsiste su voluntad, como si estuviese diciendo: "Oh, mi sheik, sé que esto viene de ti y me da risa. Me estás probando y voy a resistir". Por consiguiente, ahí todavía hay una voluntad".

"Ese anciano de ochenta años – prosiguió Gransheik- es un discípulo –*murid*- en nuestra orden, porque todo lo ve como viniendo de su sheik y no de X, Y o Z".

Gransheik Abd' Allah ad-Daghestani ق dijo al luchador: "Oh, hijo mío, esto no es suficiente. Te voy a llevar a un picnic, acompáñame". Ahora viene la sabiduría más importante. Ese luchador que había venido abriéndose camino pegando y golpeando a todos, al final de estos tres días, se había vuelto una hormiga la cual todos podían poner bajo sus pies y aplastar. A partir de lo que Gransheik ق le había mostrado, su orgullo y ego habían caído.

Gransheik ق lo llevó a un huerto lleno de manzanos. "Oh, hijo mío –dijo-, mira ese árbol lleno de manzanas. Ahora toma esa piedra grande, lánzala al árbol y observa cómo va a reaccionar".

El luchador comprendió este ejemplo. El hecho de lanzar la piedra representaba su fuerza física y su impulso de atacar a toda la gente. Tomó la piedra y la lanzó contra el manzano. El golpe fue tan fuerte que una de las ramas del árbol se rompió y cayó junto con diez manzanas. El sheik dijo: "Hijo, ¿qué has hecho? Has perjudicado a ese árbol lanzándole esa piedra y rompiendo esa rama. ¡Has herido, roto, lesionado, golpeado y matado! ¿Pero qué te hizo a ti ese árbol? Te envió diez manzanas a cambio, cada una más dulce que la otra".

Detrás de este ejemplo, el luchador comprendió la sabiduría. La aceptación total del árbol de que se rompieran sus ramas y el hecho de dispensar sus frutos para que todos comiesen de ellos representaban a aquellos que abandonan la voluntad en manos de sus maestros.

Esto significa que si alguien te perjudica debes devolverle bien por mal. Si alguien te hiere, debes decir: "¡Oh mi Señor, Oh mi Profeta ﷺ, Oh mi maestro! Esa persona me hirió y me perjudicó; a causa del daño que me hizo, tú me vas a dar recompensas. Esa recompensa se la devuelvo y la estoy sacrificando por ella para que sea mejor. Se lo estoy dando todo". Es esto lo que el Profeta ﷺ dijo que debemos hacer cuando señaló:

Ninguno de ustedes es un creyente mientras no ame para su hermano lo que ama para sí mismo [45],

y las enseñanzas de la Orden Naqshbandi ordenan "ama para tu hermano más de lo que amarías para ti mismo." Cuando alguien te hiere, debes devolver el daño con una recompensa.

En esta historia hay una lección final. Los frutos del árbol entregan el último sacrificio porque son consumidos y por lo tanto

---

[45] Buhari y Muslim.

dejan la existencia. Sin embargo, en eso hay un secreto interno revelado por Mawlana Sheik Nazim ق: los frutos dejan tras ellos semillas, las cuales al caer en tierra fértil tendrán brotes y con el tiempo producirán no sólo otra manzana, sino un jardín de manzanos, dando innumerables manzanas año tras año.

Explicando este proceso, Mawlana Sheik Nazim (q) dijo: Es sólo una semilla lo que plantas, y sin embargo al cabo de un tiempo, cuando mires, verás que hay algo bajo tierra en vez de la semilla y algo está creciendo sobre el suelo, pero la semilla ha desaparecido. Esto es una demostración de esa sabiduría secreta puesta en ella por su Creador: que al sacrificarse a si misma dispuesta a ser nada, su Creador otorgó a esa semilla raíces, y ramas y hojas sobre el suelo, las cuales crecen y crecen hasta aparecer frutos al cabo de un tiempo. Entonces, cuando miras los frutos, encuentras docenas de semillas en cada uno. ¿Cómo es posible? Porque esta semilla se sacrificó a sí misma dispuesta a ser nada. Cuando acepta ser nada, Dios otorga a esa semilla la facultad de multiplicarse. Todo está dispuesto en una forma tan perfecta como se menciona en el Corán:

> *¿Acaso no ves como Dios compara la buena palabra con un árbol bueno cuya raíz es firme y cuyas ramas alcanzan los cielos de su Señor? Da sus frutos en cada época con permiso de Su Señor. Allah pone ejemplos a los hombres para que así recuerden.* [46]

Y:

> *La parábola de aquellos que gastan su sustento en el camino de Allah, que se parecen a un grano de maíz que produce siete espigas y cada una de las espigas produce cien granos. Así multiplica Allah a quien Él quiere: y Allah todo lo abarca y todo lo sabe.* [47]

Así son los Sheiks Guías del Camino, ya que ellos asumen la carga de sus seguidores, y gastando lo que está en ellos mismos, es

---

[46] Surat Ibrahim [Abraham], 14:24, 25.
[47] Suratu 'l-Baqara [La Vaca], 2:261.

decir, los tesoros espirituales que Dios les ha otorgado, y usando todo lo que poseen, transforman a sus seguidores como semillas, produciendo nuevas generaciones que proporcionan nuevamente abundancia y bendiciones.

LOS DIECISIETE RASGOS DESTRUCTIVOS
AL-AKHLAQU 'DH-DHAMIMAH

EL ÁRBOL DE LAS MALAS MANERAS

Cuando Imán Muhammad al-Busayri ق preguntó a Sheik Abu'l-Hasan al-Kharqani ق sobre el número de los principales rasgos destructivos en el carácter humano, este último respondió que su número es de diecisiete. Cada uno de estos tratos se asemeja a un gran árbol, ya que cada uno tiene un tronco que está profundamente enraizado; y cada uno tiene ramas principales, ramas más pequeñas, hojas y demás. Cada árbol está cargado con varias clases de malas maneras. Aquí vamos a examinar estas diecisiete características negativas, que el maestro Sufi Abu'l-Hasan al-Kharqani ق categorizó por la medida de su impacto en todo el carácter del ser humano.

La siguiente narración Profética (*hadith*) describe siete de estos tratos negativos y las resultantes drásticas consecuencias que caen sobre los sirvientes de Dios, quienes, aunque observando actos de piedad y devoción, están de hecho sólo lastimándose a sí mismos.

Dijo Al-Faqih: "Pedí lo siguiente a Mua'dh ibn Jabal ﷺ: "Cuéntame un hadith que hayas escuchado al Profeta ﷺ y lo hayas memorizado y recordado todos los días desde que lo escuchaste". El comenzó a llorar y llegué a pensar que nunca dejaría de hacerlo, y luego dijo:

> Le dije al Profeta ﷺ un día en que estaba sentado al lado de él: "Que mi madre y mi padre sean un sacrificio para ti, oh, Mensajero de Dios ﷺ. ¡Dime algo!" El levantó la cabeza hacia los cielos y dijo: "Alabado sea Dios, que decreta para Su creación lo que Él quiere".
> Luego él ﷺ dijo: "¡Oh, Mu'adh!". Yo dije, "¡A tu servicio,oh, Mensajero de la Misericordia y líder de la bondad".
> El ﷺ dijo:
> Te voy a relatar un hadith que ningún otro profeta ha contado a su nación. Si lo recuerdas, te servirá; pero si lo

escuchas y lo olvidas, no tendrás excusas ante Dios en el Día del Juicio.

Él ﷺ prosiguió:

Antes de que Dios crease los siete cielos y la tierra, Él creó siete ángeles. Para cada cielo hay un ángel de pie frente a su puerta, Los Ángeles Guardianes escriben las acciones de un determinado servidor desde la mañana hasta la noche. Luego elevan esas acciones, resplandecientes como el sol, al cielo más bajo, purificándolas e incrementándolas. Allí, el ángel (en su puerta) dirá; "¡Deténganse! Vayan a arrojar estas acciones de vuelta sobre el rostro de su dueño, y díganle: "Que Dios nunca te perdone". Estoy a cargo de la murmuración, y él es una persona que habla mal de los creyentes. No permitiré que sus acciones asciendan a través mío a cielos más distantes".

Luego él ﷺ dijo:

Los Ángeles Guardianes elevarán las acciones brillantes de otro servidor al segundo cielo. El ángel (en su puerta) dirá, "¡Deténganse! Arrojen estas acciones de vuelta sobre el rostro de su dueño y díganle: "¡Que Dios nunca te perdone!", porque con sus acciones buscó el mundo material. Estoy a cargo de las acciones del mundo más bajo, dunya, y no permitiré que sus acciones asciendan más allá de mi mismo.

Luego él ﷺ dijo:

Los Ángeles Guardianes elevarán al tercer cielo las acciones que un servidor hacía con agrado, como la caridad y mucha oración. El ángel en su puerta dirá: "¡Deténganse! Arrojen estas acciones de vuelta sobre el rostro de su dueño y díganle: "¡Que Dios nunca te perdone!". Estoy a cargo de la arrogancia, y él es una persona que era arrogante cuando estaba con la gente. Dios me ha ordenado no permitir jamás que sus acciones pasen más allá de mí mismo.

Él ﷺ *prosiguió*:
Los Ángeles Guardianes elevarán al cuarto cielo las acciones de un servidor, de oraciones y ayuno en exceso, que brillan como las estrellas, y allí su ángel dirá: "¡Deténganse! Arrojen estas acciones de vuelta sobre el rostro de su dueño y díganle: "¡Que Dios nunca te perdone!". Soy el ángel encargado del orgullo por las propias acciones. Dios me ha ordenado no permitir jamás que las acciones en las cuales hay satisfacción por los propios méritos pasen allá de mi mismo". Los ángeles arrojarán esas acciones de vuelta sobre el rostro del servidor y seguirán maldiciéndolo durante tres días.
El ﷺ dijo:
Los Ángeles Guardianes, junto con otros ángeles, elevarán las acciones de un servidor, su lucha en el Camino de Dios y sus oraciones voluntarias pronunciadas entre las obligatorias, moviéndose como una novia yendo al encuentro con su prometido, hasta que alcancen el quinto cielo. Allí, el ángel del quinto cielo les ordenará: "¡Deténganse! Vayan a arrojar las acciones de ese servidor de vuelta sobre su rostro y cárguenlas en su espalda. Díganle: "Que Dios nunca te perdone". Él envidió a los que estaban estudiando y trabajando por Dios, y les hizo daño". Sus ángeles guardianes pondrán esas acciones en la espalda de ese servidor y lo maldecirán mientras permanezca vivo.
Luego él ﷺ dijo:
Los Ángeles Guardianes elevarán las acciones de un servidor, que se dedicó a Dios con devoción, manteniendo un estado inquebrantable de pureza ritual, observando la vigilia nocturna y practicando un culto excesivo, hasta que alcancen el sexto cielo, donde su ángel les dirá:"¡Deténganse! Vayan a arrojar las acciones de vuelta sobre el rostro de su dueño. Soy el ángel a cargo de la misericordia. Vuestro amigo aquí no tuvo misericordia con nada. Si sobrevenía la dificultad o la tragedia para un

servidor de Dios, él permanecía feliz. Mi Señor me ha ordenado no permitir jamás que sus acciones asciendan más allá de mi mismo.

Luego él ﷺ dijo:

Los ángeles guardianes elevarán las acciones de un servidor – su veracidad, sus esfuerzos y su piedad – hasta el séptimo cielo, con su luz brillando como un rayo. Llegarán al séptimo cielo donde su ángel les dirá: "¡Deténganse! Vayan a arrojar las acciones de vuelta sobre el rostro de su dueño y cierren su corazón. Soy el ángel a cargo de los velos, y con ellos oculto toda acción que no se haga por Dios. Con sus acciones, ese servidor aspiraba a una condición elevada, a ser recordado en las reuniones y a ganarse un buen nombre en las ciudades. Dios me ha ordenado no permitir jamás que sus acciones asciendan a través mío.

Luego él ﷺ dijo:

Los Ángeles Guardianes ascenderán con las acciones de un servidor que tuvo excelente conducta, contuvo su lengua y practicó en gran medida el recuerdo de Dios. Los ángeles de los cielos llenarán su espacio hasta llegar a encontrarse bajo el Trono, dando testimonio todos ellos en nombre de este servidor. Allí Dios les dirá: "Ustedes son los ángeles que observan las acciones de mi servidor, pero Yo soy el observador de lo que hay dentro de su alma. El buscó otro rostro y no el Mío[48] con sus acciones. Mi maldición cae sobre él". Los ángeles responderán: "Tu maldición y las nuestras caen sobre él". Luego los habitantes de los cielos dirán: "Sobre él cae la maldición de Dios, la maldición de los siete cielos y tierras, y la nuestra".

Mua'dh ibn Jabal (al relatar el hadith) empezó a llorar. Yo pregunté: "Oh, Mensajero de Dios, ¿qué debo hacer?".

---

[48] Es decir. no llevó las acciones a cabo únicamente por Dios..

El ﷺ dijo:

Sigue el ejemplo de tu Profeta ﷺ, oh, Mu'adh. Llega a la certeza aun cuando haya imperfecciones en tus acciones e impide a tu lengua hablar mal de tus hermanos. Que tus pecados sean tuyos, no hagas que tus hermanos los acarreen. No te ensalces hablando mal de tus hermanos. No te eleves rebajando a tus hermanos y no hagas tus acciones para que otros las vean. [49]

Este hadith demuestra cuántos de los sirvientes de Dios – aunque realizando excesiva y constante alabanza en todas sus formas – pueden caer en desatenciones autodestructivas, debido a estos males espirituales que penetran el mismísimo centro de sí mismos. Por este motivo, los sheiks del camino Naqshbandi insisten en tratar una por una estas enfermedades en sus seguidores hasta eliminarlas. Si esto no se lleva a cabo enteramente, el servidor no llegará a la meta, que es alcanzar el placer Divino de Dios.

---

[49] Al-Faqih dijo: Escuché a una serie de eruditos relatar nuevamente esta narración a Khalid bin Midan.

1. IRA (AL-GHADAB)

Un hombre le dijo al Profeta Muhammad ﷺ, "Aconséjame." Él contestó, "No te enojes." [50]

La ira es el peor de los diecisiete rasgos destructivos. Se puede decir fácilmente que la ira es la fuente de la cual los otros surgen. Es por ese motivo que en la historia de Gransheik ق y el luchador, los niveles del seguimiento eran indicados por las diferentes reacciones de los estudiantes ante la prueba de la ira.

Cuando un individuo es presa de la ira, le ocurre algo parecido a una intoxicación. La ira lo aleja de su manera normal de pensar y pierde la capacidad de razonar en forma racional. En las condiciones propias de las otras dieciséis características negativas, uno puede pensar racionalmente, planificar lo que hará posteriormente y evaluar las consecuencias; pero cuando uno está perdido en estado de ira, pierde la capacidad de escuchar a la razón, proceder de acuerdo al buen discernimiento o aceptar consejos. Es por esto que el Profeta Muhammad ﷺ dijo a su amado compañero Abu Bakr as-Siddiq ؓ:

La ira es una forma de incredulidad.

Y Dios dijo:

> *Aquellos que controlan su ira y perdonan a la humanidad; Dios ama a los buenos.* [51]

Refiriéndose a lo opuesto, Dios aquí menciona a quienes son capaces de controlar la ira. Además, Dios aclara que los que perdonan a quienes les provocan ira serán recompensados por Él.

---

[50] Bukhari.
[51] Surat Ali Imran [La familia de Imrán], 3:134.

Los santos enseñan que todo aquel que desee eliminar la ira de su carácter debe contar cada día cuántas veces ha perdido la paciencia, aún cuando haya sido levemente. Es precisamente por esto que el Profeta ﷺ confirmó:

Si practicas la contemplación en aislamiento durante una hora, Dios te recompensará como si lo hubieses alabado con devoción voluntaria durante setenta años. [52]

Cualquier persona dedicada a esa lucha, con esa intención y ese compromiso, recibirá esta recompensa. Esos buscadores deben considerar cuántas veces se han enojado durante el día y tener el propósito de hacerlo mejor al día siguiente: "Me enojé por este motivo, de manera que mañana haré todo lo posible para no cometer el mismo error, y así por lo menos eliminaré una falta". Todo aquel que desee eliminar la ira de su carácter debe proseguir de este modo, examinando cuántas veces se ha enojado y por qué motivos, eliminando así una falta tras otra. Luego Dios apoyará a esa persona y los santos rezarán por ella.

UNA VISITA AL SULTÁN DE LOS SANTOS

Con ira, una persona olvida a Dios, al Profeta ﷺ, y a los seres amados, incluso al sheik y su guía.

Cuando era joven, viajé con mi hermano a Damasco a visitar a nuestro Gransheik, 'Abd Allah al-Fa'iz ad-Daghestani ق, al cual Dios santifique su alma. Estuvimos con el Gransheik ق varias horas antes de regresar a nuestro hogar en el Líbano, en lo que nos demoramos varias horas más. En esa época yo estaba estudiando en la universidad, y como no le habíamos pedido permiso a nuestra madre para visitar a Gransheik ق, ella estaba enfadada cuando regresamos. Nosotros también nos enojamos, y cuando ella empezó a gritar, nosotros también lo hicimos. Salimos de la casa con ira, como tantos niños lo hacen hoy día al enojarse con

---

[52] *Nuzhat al-Majalis*. Tradiciones Proféticas parecidas con otra redacción están relatadas en ad-Daylami y Abu ash-Shaykh.

sus padres, aunque normalmente por otros motivos, que no son religiosos.

Habiendo peleado con nuestra madre, mi hermano y yo volvimos a ir a Damasco. Para llegar a la casa de Gransheik 'Abd Allah, es preciso subir por calles tan empinadas que tienen escaleras al costado para los peatones. Subimos por lo menos 120 peldaños para llegar a Jabal Qasiyun, su lugar sagrado en la montaña.

Se dice sobre esta montaña que los compañeros de la Caverna [53] están enterrados allí. Se dice que ahí también está la cueva donde Caín mató a Abel, y todavía caen gotas de agua de su techo interior, como si la cueva misma estuviese llorando a causa del horror y la pena provocados por ese evento. Se puede decir por tanto que esta montaña es un testimonio vivo de los peores frutos de la ira. [vi]

En lo alto de esta montaña, con vista a Damasco, se encuentra la Estación de los Cuarenta, el lugar de Budala ash-Sham, los cuarenta santos a cargo de manejar los asuntos del mundo, que llegan en espíritu todas las noches a rezar en sus respectivos nichos. [vii] Además, el Profeta Dhul-Kifl ﷺ, está enterrado allí, así como el gran santo Ibn al-'Arabi ق. Por consiguiente, éste es ciertamente uno de los lugares más sagrados que existen del mundo.

Así, subimos a la estación de nuestro Gransheik por esta montaña y por otras escaleras de su lugar de reunión donde se otorga guía, pasando por su casa privada, separada del lugar de reunión, y luego aún más adentro hasta su habitación. Llegamos a sus habitaciones privadas, y antes de que pudiéramos golpear a la puerta, Gransheik 'Abd Allah ق la abrió, nos miró y dijo: "¡No quiero que nadie me visite con ira! ¡Vuelvan donde su madre! Pídanle perdón. Si ella los perdona a ambos, entonces pueden venir. ¡No hay otra manera de entrar a mi casa!". La puerta se cerró.

---

[53] Ver Suratu 'l-Kahf [La Caverna], 18: 9-26.

Los santos no pueden tolerar la ira porque ésta interfiere en la conexión entre el discípulo y el sheik, el estudiante y el profesor, el devoto y el maestro. La ira cerrará esa puerta, y no solamente esa puerta. Por cuanto el sheik es la puerta de entrada al Profeta ﷺ, al cerrar ésta se cierra la puerta de entrada a Dios. Es por esto que el Profeta ﷺ dijo:

> *"Tanto el que mata como el que muere están en el fuego del Infierno". Los Compañeros dijeron: "¡Oh Mensajero de Dios! Está bien para el que mata, ¿pero qué ocurre con el que muere?". Él dijo, "El que muere (también) deseaba matar a su oponente".* [54]

Puesto que ambos tenían la misma intención de matar al otro, los dos merecen un castigo, uno más que el otro.

Por otra parte, desde el punto de vista de la interpretación espiritual de esta Tradición Profética, el que muere aquí es alguien que ha dado muerte a su ser espiritual al oprimirlo con ira. Por lo tanto, como su alma muere a causa de la ira del ego, el que mata es su ego y también queda en el infierno de su naturaleza feroz.

La ira te hace desatento y precipitado. En un estado de ira, no escucharás ni a tu padre ni a tu madre, ni a tu hermano ni a tu hermana, ni a tu amigo, ni a tu vecino, ni a nadie. Quitará la luz que hay entre tú y el sheik.

Mi hermano y yo volvimos al Líbano y le pedimos perdón a nuestra madre. Ella nos perdonó y rezó por nosotros. Al cabo de dos o tres días, le pedimos permiso para ir a visitar a Gransheik 'Abd Allah ق y ella lo concedió. Llegamos adonde Gransheik ق, quien nos saludó y dijo: "Bueno, ahora los dejaré entrar, y les diré algo muy importante que normalmente nunca revelo, pero lo estoy diciendo por orden del Profeta ﷺ."

Mawlana Sheik Nazim ق también estaba presente, y Gransheik 'Abd Allah ق procedió a explicarnos lo que el Profeta ﷺ ha dado al que está en el nivel de Guía de Entrenamiento, *Murshid at-*

---

[54] Bukhari.

Tarbiyya, un sheik autorizado para entrenar discípulos y hacerlos avanzar en sus niveles espirituales. Él los autoriza para observar a sus discípulos todo el tiempo, ya que el discípulo debe estar bajo la supervisión del sheik en todo momento de cada día y noche, durante las veinticuatro horas del día y los siete días de la semana, sin momento alguno de descuido. Aún cuando el sheik tenga un millón de discípulos, los observará a todos simultáneamente. Siempre puede alcanzarlos, aunque sean cien millones.

¿Cómo es posible? Porque este poder proviene del Profeta ﷺ, a quien Dios ha dado la facultad de observar a toda su Comunidad (*ummah*) -muertos o vivos- en todo momento. Gransheik nos explicó que el Profeta ﷺ vigilaba a toda la comunidad mientras estaba aquí en el mundo físico, y también ahora, desde la otra vida, el Profeta ﷺ puede vernos en cada instante. Por este motivo, Dios le ha dado el título de Testigo, *Shahid*. [55] Sobre este poder de ser testigo, Dios dijo:

> *Les hemos enviado (¡Oh, hombres!), un Mensajero, para ser un testigo entre ustedes...* [56]

Y la percepción del Profeta ﷺ se sitúa a la par por una parte con la del Señor de los Mundos, Quien lo ve y abarca todo, y por otra con la percepción de todos los creyentes vivos cuando Él dice:

> *Allah y Su Mensajero verán vuestra conducta.* [57]

Y:

> *¡Actúen! Allah contemplará sus acciones, y (también) Su Mensajero y los creyentes.* [58]

Y el Profeta ﷺ dijo:

> *Mi vida es un gran bien para vosotros: relataréis sobre mí y esto se relatará a vosotros. Y mi muerte es un gran bien para*

---

[55] Suratu 'l-Muzzammil [El Envuelto], 73:15.
[56] *Ibid.*
[57] Suratu 't-Tawbah [El Arrepentimiento], 9:94.
[58] Suratu 't-Tawbah, 9:105.

vosotros: vuestras acciones serán exhibidas a mí, y si veo el bien alabaré a Dios, y si veo el mal pediré perdón a Él por vosotros. [59]

Del poder que Dios le da, el Profeta ﷺ da poder al sheik para observar de este modo a sus seguidores, y el sheik mira. Ése es uno de los significados de la Tradición Profética:

Teman la visión del creyente pues ciertamente él ve con la luz de Dios. [60]

Gransheik 'Abd Allah ق dijo:

Esta es nuestra autoridad, dada a nosotros por el Profeta ﷺ. Los Sheiks Guías Naqshbandi (*murshidin*) tienen permiso para controlar a sus discípulos tres veces en cada período de veinticuatro horas, para darles la sensación de que están siendo probados. El sheik crea una situación en que el discípulo se encuentra en dificultades. Al ser presa de la ira, cada discípulo es observado en sus reacciones. Él observa si un discípulo es paciente y se da cuenta: "Oh, estoy sometido a prueba. Mi sheik me está mirando, mi Profeta ﷺ me está mirando, mi Creador me está mirando", y luego deja de lado la ira por Dios, o reacciona y olvida a su sheik, su Profeta ﷺ, y su Creador, y procede con la ira de su ego, diciendo: "¡Soy mi propio maestro y haré lo que me dé la gana!" En sólo un instante fracasará en la prueba, y el sheik debe registrar ese resultado. Luego el sheik presentará otra oportunidad, una segunda prueba dentro de esas veinticuatro horas, y después una tercera para ver en qué medida es rudo el discípulo, si emplea un lenguaje áspero y si habla como si estuviese autorizado para corregir a todos los demás. Mientras el sheik está probando a un discípulo, también puede usar las acciones de ese discípulo para probar a otro.

---

[59] Al-Qadi 'Iyad cita esto en *al-Shifa*, Al-Bazzar en su *Musnad*, y as-Suyuti lo declaró fidedigno.
[60] Tirmidhi (*hasan*).

1. IRA (AL-GHADAB)

Es preciso quemar éste, que es el árbol más grande entre todos los rasgos destructivos dentro del corazón, conteniendo la ira como si fuera un perro. Si se sujeta a un perro en una habitación muy pequeña con todas las salidas cerradas, dejándole sólo comida y agua, ladrará sin cesar. Pasados uno o dos días, sin embargo, dejará de ladrar. Desaparecerá ese impulso. Si uno permite a su ira ladrar, ladrar y ladrar, dejando que rabie en el corazón y se manifieste en las propias facciones, o -lo que es peor- se exprese en la lengua, esta fuerza abrumadora lo destruirá. La ira controlará los propios pensamientos y percepciones. Sin embargo, se disipará si uno empieza a controlarla conservando la calma, sin permitirle llegar a la lengua y sin otorgarle el control de las propias acciones. En ese momento, la forma espiritual del propio sheik aparecerá frente a uno, y al ocurrir esto, la espiritualidad del Profeta ﷺ asume el control, calmando completamente esa ira. Por ese motivo, el Profeta ﷺ dijo:

Si alguno de ustedes se enoja, que guarde silencio. [61]

La ira extingue la luz de la fe, dejando sin espiritualidad el corazón. Bajo el influjo de la ira, todo lo que uno haga se secará, quedando sólo una forma que no será beneficiosa para uno. Aún así, Dios le otorgará a uno el Paraíso por haber cumplido las obligaciones religiosas, pero jamás se alcanzará el nivel más alto, el éxtasis espiritual.

La ira es el secreto peligroso de toda enfermedad espiritual, como el cáncer que se esparce en todas las células del cuerpo. Una persona puede tener un tumor; cuando recién se descubre es pequeño, pero si no se extirpa, probablemente crecerá. La ira es como un pequeño tumor escondido en el corazón de los seres humanos a través del cual entra Satanás. El Arcángel Gabriel ﷺ fue a ver al Profeta ﷺ cuando éste era joven, abrió su corazón y eliminó esa pequeña mancha vinculada con Satanás. Así, todos los seres humanos tienen esa mancha, excepto el Profeta Muhammad

---

[61] Bukhari, *Musnad* Ahmad.

꽃, porque su demonio personal aceptó la fe y se apartó del mal. viii Si no eliminamos esa mancha de ira en nuestro interior, ésta crecerá hasta apagar la luz de la fe en el corazón, con lo cual Satanás recibirá una retribución por cada una de nuestras acciones.

Que Dios nos proteja de la ira.

حب الدنيا

2. Amor por Este Mundo
(*Hubbu 'd-Dunya*)

Jesucristo ﷺ dijo:

El amor por este mundo es la raíz de todo pecado. [62]

Cuando alguien en un estado espiritual elevado llega al éxtasis, el sustento que recibe es espiritual, llenando cuerpo y alma. En dicho estado, este mundo y todos sus placeres no tienen más valor que un escupitajo. Dicha persona vive cada momento recibiendo continuo éxtasis y placer desde el Atributo Divino de Belleza (*siffatu 'l-jamal*). Para tal persona, todo es para Dios, y el mundo entero es nada comparado con Su Belleza, incluso cuando el mundo entero es creado desde este Atributo y procede del Océano de Su Belleza. Sin embargo, esa persona se ahoga en la Fuente de esa Belleza, de manera que este mundo se vuelve sin sentido para él. Se encuentra en un estado de arrobamiento y felicidad últimas.

En contraste, aquellos que están enamorados de este mundo encuentran en él la causa de problemas y desastres. Un poeta una vez escribió, "Este mundo es una cadáver, un pedazo de carne podrida tirada en la calle. Aquellos que lo persiguen son perros carroñeros". Aquellos que aman este mundo y gastan su tiempo buscando más de él, son como animales que se alimentan de carroña corriendo a devorar un cadáver. Esta es la visión de una persona sincera, que está en total éxtasis con su Señor y feliz con su vida simple. Para tal persona, glorificar y alabar a Dios sinceramente, dar caridad y construir una vida en el más allá es preferible. Prefiere estar con la gente recordando a Dios, que estar

---

[62] Imam Ahmad.

obteniendo una porción, aunque sea pequeña, de la resplandeciente vida de este mundo, ya que el Profeta ﷺ dijo:

> Si la gente se reúne junta en un círculo mencionando a Dios, Dios los mencionará a ellos en un círculo mejor que el de ellos. [63]

Hoy, la gente se aplica perfumes para oler bien, sin darse cuenta que los ángeles están huyendo de ellos por sus malas acciones. Ellos no saben que los santos escapan del nauseabundo olor emitido por su amor a este mundo. Si haces por este mundo más de lo que haces por el mundo por venir, esto confirma tu amor por este mundo. En espiritualidad, aferrarse a cualquier cosa más de lo que puedas comer hoy – incluso si es el sustento que guardas para mañana – es considerado evidencia de tu amor por este mundo. Por lo tanto, es mejor ofrecerlo en el Camino de Dios. Si posees más que el sustento de hoy, dicho exceso es permisible si tú das un poco de ello en el Camino de Dios.

El maestro Sufi Naqshbandi Shah Naqshband ق era muy rico. Dios le dió riqueza porque no la desperdiciaba, él sabía el valor de la riqueza y la preservaba. Su ejemplo fue uno de disciplina. Dios da riqueza a los santos porque ellos no la gastan sin sentido. No se pregunten porque ustedes no tienen lo que otros tienen; puede ser que Dios le esté dando más a esa persona porque él es más piadoso o más respetuoso de Sus regalos. Quizás si Dios te diera a ti tal riqueza, te volverías la peor persona en la tierra.

Para protegerte a ti mismo del amor por este mundo, no mires lo que los otros tienen; no es tu asunto. Mírate a ti mismo y lo que tú tienes. Vas a responder ante Dios por eso, no por otros.

LA LEALTAD DE LOS PERROS

Veamos el ejemplo de Sheik Abdul Wahhab Sha'rani ق, quien revisaba su casa por restos de comida todas las noches antes de ir a dormir. Si encontraba algo, lo distribuía entre los necesitados, sin dejar nada para sí mismo para el día siguiente. Una vez una

---

[63] Muslim.

persona vino a su casa mientras él estaba en la mezquita y le dió a la hija del sheik algo de carne, el cual ella puso sobre un armario en la cocina. Cuando el Sheik Abdul Wahhab Sha 'rani ق retornó a su casa, buscó para encontrar algo que pudiese distribuir a los pobres. El dió lo que encontró, y sólo después se retiró a su habitación a dormir. Extrañamente, esa noche no podía descansar; sentía que había algo en su casa que por descuido no había distribuido. Así terminó levantándose, y al registrar la casa por todas partes encontró lo que su hija había puesto sobre el armario. Luego salió de la casa con la carne, pero la calle estaba vacía y todos dormían. Por más que buscó, no encontró a nadie. Sin embargo, vio unos perros merodeando y terminó cortando la carne en trozos y alimentándolos con ella.

Hay una Tradición Profética del Profeta ﷺ, sobre un perro sediento y a un hombre tomando de un pozo cercano. Al ver el estado en que se encontraba el animal, el hombre introdujo su zapato en el pozo y lo llenó de agua para dársela. Dios perdonó a ese hombre por haber dado agua a un perro sediento. [64]

Después de que Sheik Abdul Wahhab Sha'rani ق alimentara a todos los perros, ellos siguieron al sheik a su casa moviendo sus colas en satisfacción. Los dejó afuera mientras dormía. En las horas de la mañana temprano, marchó a la mezquita a liderar a sus seguidores en la oración de la mañana. Sus seguidores estaban pasmados de ver docenas de perros siguiéndolo a la mezquita, y empezaron a echar a los perros. Sheik Abdul Wahhab Sha'rani ق los reprendió, diciendo, "¿Porqué los echan fuera? ¿Ustedes se creen mejores que ellos? Les ha dado comida sólo una vez y ellos se volvieron leales a mí. Les doy a todos ustedes sustento espiritual todos los días y todavía no son leales a mí."

---

[64] Bukhari.

الحقد

3. MALICIA (AL-HIQD)

El Mensajero de Dios ﷺ dijo:

No tengan malicia unos con otros. [65]

Y relató en otra Tradición el remedio para este rasgo negativo:

En todo aquel que mire a su hermano con amor, no habrá malicia alguna en su corazón. [66]

Una comunidad que sigue el Camino de Dios -el camino del Profeta Muhammad ﷺ, los Compañeros y los Santos- nunca desarrollará intenciones destructivas, porque en semejante comunidad ideal todos buscan el Camino Recto. Sin embargo, cuando alguien no puede controlar sus características negativas y anhela lo que otro tiene, en esa persona se desarrollan el odio y una intención de herir. Así, la malicia es algo cultivado, a diferencia de ciertas sensaciones de disgusto que a veces surgen involuntariamente.

En el Capítulo de la Caverna, leímos el ejemplo de dos hombres. [67] Dios dio a uno de ellos un jardín lleno de dátiles. El estaba muy orgulloso y dijo al otro: "Yo soy más rico que tú, tanto en dinero como en hijos. He hecho este jardín y soy su dueño". Aunque era un regalo de Dios, el jardín llegó a ser para él, como las casas y los autos para la gente de hoy, una fuente de orgullo. Entraba a su jardín con arrogancia, como un faraón.

Dios siempre está en contra de los tiranos. Si bien puede concederles tiempo para que se complazcan en su arrogancia y opriman a los demás, Él nunca los dejará impunes, ya sea en este

---

[65] Ibn Majah y *Musnad* Ahmad.
[66] Relatado por Ibn 'Abbas.
[67] Suratu 'l-Kahf [La Caverna], 18:3 2-44.

mundo o en el próximo. El amor a este mundo conduce al odio, y este resentimiento puede incluso desarrollarse en odio contra Dios y en la negación del Día del Juicio. Como al hombre a quien Dios dió ese hermoso jardín, dicha persona piensa, "No existe Dios. Yo soy aquel que hizo este paraíso. Nadie tiene algo mejor de lo que yo tengo."

Como es narrado en el Corán, Dios inspiró al vecino de ese hombre. Él era sincero y no tenía tal amor por este mundo. No estaba enojado, entonces no desarrolló resentimiento. El vecino respondió, "¿Porqué dices tales cosas? ¿Acaso no recuerdas que Dios te creó de la tierra? ¡Estás viniendo en contra de tu Señor! Dios es más grande que tú, y que cualquiera. Si entras a tu jardín diciendo, 'Esto es por voluntad de Dios,' es mejor. Recuerda que ese jardín proviene de Dios. Dios puede destruir lo que te dió, y darme a mí algo mejor."

Finalmente, Dios llevó todos los jardines del tirano a la ruina y le dio a su vecino creyente lo que no tenía antes y le dió el Paraíso en la próxima vida. Si ese buen vecino hubiese sido odioso, él hubiera conspirado contra el no creyente, en orden de destruirlo. Aquellos que corren atrás de este mundo y se olvidan de Él, Dios los hace perseguir el mundo toda su vida.

Dios es el Más Sabio de los Jueces (*Ahkam ul-hakimin*). Esta es una descripción, pero en realidad ninguna comparación es posible entre Dios y otro juez. Él sólo es el Juez Último, y Su Esencia está más allá de cualquier atributo y descripción. Lo que sea que Él decida es lo mejor; y así debes aceptar cualquiera sean Sus planes para ti. Aceptar, someterse y rendirse a Su Voluntad y Juicio. Lo que sea que tú hermano o hermana posee, Dios planeó y dio, a él o a ella. Si tú desarrollas resentimiento por ello, esto significa que no estás contento con tu Señor y te estás oponiendo a Sus Deseos. Cuando Dios quiere que algo pase – si Él quiere que una persona sea rica, sea amable, sea hermosa, ser apuesto, sea generoso – no puedes desafiar Su Voluntad. No puedes odiar los obsequios de esa persona, porque esto te llevará a un estado de no creencia.

Mucha gente no se da cuenta que posee este trato. Mírense a ustedes mismos y sean honestos. No están pensando acaso, "¿Porqué mi jefe me está presionando? Él no es mejor que yo. Es un estúpido; ¡no sabe nada!" ¿o algo por el estilo? No deben decir tales cosas; porque son sirvientes, y los sirvientes obedecen. Ustedes son Musulmanes, un creyente que se ha rendido a la Voluntad de Dios.

¿Qué es lo que un paciente dice a su doctor? "Ayúdeme!¿Qué es lo que usted piensa que tengo? ¡Yo lo voy a escuchar!" Todos debemos escuchar al Mejor de los Médicos, *Ahkam ul-hakimin*. [68] Cuando no aceptamos Sus decisiones, es cuando empezamos a desarrollar resentimiento frente a otros. Cuando una persona no acepta, lejos de estar feliz y satisfecho con los planes de Dios; por el contrario va en contra de sus planes y empieza a encontrar maneras de lastimar a la gente que él ve como recibiendo "más" logrando "más" o teniendo "más". Hoy en día, estamos viendo cuánto la gente se hieren unos a otros y cuánta gente inocente es usualmente matada o enviada a prisión. En el mundo entero el poderoso oprime al débil. A aquellos con resentimiento en sus corazones no les importa vivir en paz, ellos quieren controlar a todos y esclavizarlos.

Nuestro deber es someternos a la Voluntad de Dios, debemos decir, "Oh mi Señor, Tú sabes más. Los tiranos no están siguiendo Tu camino, pero lo dejo a Ti para tomar revancha sobre ellos. Yo vivo acorde a lo que Tú estás pidiendo de mí." Quizás, Él nos está probando a través de los tiranos. Quizás Él nos está limpiando. ¿Ustedes piensan que Dios lastimará a aquellos que dicen, "No hay más dios que Dios, y Muhammad es el Mensajero de Dios?" En el Día del Juicio ellos van a ser recompensados por creer en Él, pues quien sea que diga "No hay más dios que Dios (*la illaha ill-Allah*)" entrará al Paraíso, [ix] por la Misericordia de Dios y por la intercesión del Profeta ﷺ. Con todas las dificultades que vemos

---

[68] El título *hakim* cubre ambos al juez y al doctor, ya que su significado es "sabio".

alrededor del mundo, Dios está limpiando a los musulmanes. Por ende, no debemos pelear. Sino, debemos someternos. Deben aprender a decir desde vuestro corazón, "Oh mi Señor, si ésta es Tú Voluntad, yo no tengo resentimiento en mi corazón hacia nadie. Déjalos tener lo que quieran."

LA RESPUESTA DE MOISÉS

Dios le ordenó a Moisés ﷺ a hablar con palabras gentiles al Faraón, y Moisés ﷺ lo hizo, aunque el Faraón no lo escuchó. Entonces, Moisés ﷺ lo dejó y Dios le dijo, "¡Junta a los hijos de Israel y vé!" Él no encomendó a Moisés ﷺ combatir a los no creyentes. Dios envió a los Profetas Moisés ﷺ y Aarón ﷺ para que le mostraran al Faraón que estaba equivocado. Sin embargo, cuando el Faraón rechazó la verdad, Moisés ﷺ y Aarón ﷺ no levantaron a los Hijos de Israel contra él.

Esta es una de las lecciones que Moisés ﷺ nos enseñó a través de estos eventos, que no debemos matar por resentimiento – incluso resentimiento por un agresor. Moisés ﷺ desafió al Faraón con conocimiento y con fe. Su pedido al Faraón de que permitiese a los hijos de Israel salir de Egipto fue rechazado. Moisés ﷺ respondió con un milagro, e incluso cuando Faraón rechazó el milagro, Moisés ﷺ no peleó. Faraón reunió a sus magos para responder al milagro, clamando que éste era sólo magia. Ellos fueron incapaces de desafiar a Moisés ﷺ con sus simples trucos, y cuando atestiguaron la verdad de lo que Moisés ﷺ trajo – su bastón se volvió una serpiente que tragó la de ellos – todos ellos se postraron a Dios y aceptaron a Moisés ﷺ. Moisés ﷺ reunió a los Hijos de Israel y partió, y fue el Faraón quien fue sobrepasado por su resentimiento.

La rebelión y la represalia derivan del amor por este mundo y el resentimiento que sigue a ese impulso. El Faraón era movido por su amor a este mundo, el cual le inspiró a odiar a Moisés ﷺ, rebelarse contra el Plan Divino y buscar represalias. Con su ejército entero persiguió a Moisés ﷺ, y Dios dijo a Su Profeta ﷺ, "No te preocupes, vé hacia el mar" Moisés ﷺ siguió esta guía, y

3. MALICIA (*AL-HIQD*)

cuando llegó a la costa del Mar Rojo, Dios le habló de nuevo, diciendo, "Golpea el agua con el bastón." Cuando Moisés ﷺ lo hizo, el gran cuerpo de agua milagrosamente se volvió como un túnel, a través del cual Moisés ﷺ y los Hijos de Israel pasaron al otro lado, mientras que el Faraón y todos los que estaban con él perecieron.

El resentimiento destruye a los seres humanos. Está prohibido mostrar resentimiento hacia cualquiera. En vez de eso deben decir, "Oh mi Señor, por Ti no guardo nada contra nadie."

Una vez, cuando sus Compañeros estaban reunidos, el Profeta Muhammad ﷺ apuntó a uno de ellos y dijo, "El va a entrar al Paraíso." Sayyidina Umar ؓ, uno de los Compañeros más cercanos al Profeta ﷺ, quería saber qué es lo que esa persona estaba haciendo para alcanzar tal estación, para así poder imitarlo. Sayyidina Umar ؓ observó a ese hombre guardando las oraciones de la noche, y durmiendo luego. El hombre no se despertaba durante la noche para las oraciones superogatorias, aunque el seguía al Profeta ﷺ en la oración de la mañana y en todas las otras oraciones obligatorias - nada más y nada menos. Sayyidina Umar ؓ estaba atónito, por lo que finalmente le preguntó a ese Compañero, "El Profeta ﷺ dijo que entrarás al Paraíso, entonces yo busco saber qué es lo que tú haces para ser como tú. Pero no estoy viendo nada excepcional en tu conducta."

El hombre respondió, "Todavía hay algo que yo hago, que es la razón de las palabras del Profeta ﷺ." Entonces Sayyidina Umar ؓ preguntó, "¿Qué es eso?" El hombre respondió, "Antes de dormir perdono a todos los que me lastimaron. No dejo que el resentimiento entre en mi corazón hacia nadie. Cuando voy a dormir digo, "Oh mi Señor, por tu amor y el amor del Profeta Muhammad ﷺ perdono a todos." Si Dios me diese la posesión de toda la riqueza de este mundo, esto no me haría ninguna diferencia. Nunca estoy contento por tener algo, entonces si lo pierdo al final del día nunca estoy triste ni me lamento. Estoy sujeto a la Voluntad de Dios, y lo que sea que el haga conmigo, yo lo acepto."

El resentimiento prospera en no creencia y desobediencia. Debemos evitarlo siempre, porque aumenta la despreocupación en nuestros corazones. Es un velo que hace que nos olvidemos que Dios es el Más Sabio de los Sabios. Lo que Dios planea para nosotros, no debemos objetarlo. Si Dios da el bien a alguien, en este mundo o en el siguiente, debemos estar de acuerdo con Su decisión. Si Dios hace a alguien un doctor, un ingeniero, un rey, o un escolástico erudito, debemos aceptarlo. Si Él te hace un preceptor, limpiando lo que otros ensucian, deben decir, "Oh mi Señor, me has hecho un preceptor y estoy feliz con lo que has planeado para mí". Miren al lustrador de zapatos. Sus clientes vienen con zapatos sucios y se sientan en altas sillas, mientras que el lustrador se sienta abajo, debajo de todos, nunca quejándose. Le dan una propina y el está satisfecho con tan poco. Sólo con un poco de comida y suficiente dinero para pagar su humilde estilo de vida. Su corazón está contento.

Dios nos dió a todos de Su Gracia y aún así tenemos resentimiento hacia otros. Que Dios nos perdone y nos haga contentarnos con lo que Él nos dió y nos ayude a aceptar Su plan.

الحسد

4. Celos (*Al-Hasad*)

El Profeta ﷺ dijo:

No se envidien entre sí, no se odien entre sí y no se calumnien entre sí. Sean sirvientes de Dios, respirando todos al unísono. [69]

Aspirar a tener el mismo bien que otro posee es envidia, mientras que desear verlo removido de él son celos. Porque los celos son el tronco de un gran árbol entre las características negativas, los seres humanos necesitan que Dios los proteja de ellos.

Dios reveló a su Profeta ﷺ el Capítulo del Alba como una protección contra los celos y la magia negra:

> Me refugio en el Señor del Alba;
> del mal de lo que ha creado;
>
> y del mal de la noche cuando se esparce;
>
> y del mal de aquellos que soplan en los nudos;
> y del mal del envidioso cuando envidia. [70]

A través de este capítulo del Corán, Dios nos está enseñando a pedir, "¡Oh Dios! Dános refugio de todo tipo de temor y de todo tipo de daño y maldad." El pedido comienza con, "Oh Dios, buscamos refugio en Ti," y continúa, "de cualquier maldad que haya sido creada, cualquier cosa que pueda dañarnos, cualquier peligro." Especialmente, esto se refiere a protección del daño de aquellos que realizan conjuros recitando palabras, y luego soplan

---

[69] Ibn Majah y *Musnad* Ahmad, con las palabras adicionales, "y no está permitido para un Musulmán el alejarse de su hermano por más de tres días..."
[70] Suratu 'l-Falaq [Aurora], 113.

en nudos con el fin de realizar magia negra sobre la gente. Están pidiendo a Dios que los proteja de esta oscura forma de maldad.

Tal maldad proviene de los celos, los celos que una persona porta por otra. Esa gente es reacia a que otros reciban los favores de Dios. Ellos no quieren ningún bien para otros, sino que prefieren todo para sí mismos.

El resentimiento es diferente. Cuando una persona llena de odio ve que alguien tiene lo que ellos quieren, esa persona realiza una conspiración para poseerlo o para privarlo al otro de ello. Con celos, una persona quiere todo y no puede aceptar que otro tenga algo. Ellos no quieren que otros experimenten el bien o la felicidad, por lo cual intentan destruir a los otros.

Un ejemplo de esto es la causa del primer asesinato cuando Caín mató a Abel como está relatado en el Sagrado Corán.

> *Cuenta la verdad de la historia de los dos hijos de Adán.*
> *¡Deténte! Ambos presentaron un sacrificio a Dios: le fue aceptado a uno, pero no al otro.* [71]

Celos y amarga rivalidad habían crecido en el corazón de Caín, particularmente hacia su hermano Abel, a quien le había sido dada la más bella de dos hermanas en casamiento, y la última gota fue que Dios rechazó su sacrificio.[x] El Corán relata:

> *Dijo el último [Caín]: "Da por seguro que te mataré."*
> *"Ciertamente," dijo el primero, [Abel], "Dios acepta el sacrificio de aquellos que son rectos. Si tú estrechas tu mano contra mí para matarme, no será de mí estrechar mi mano contra ti para matarte: porque temo a Dios, el Señor de los Mundos."* [72]

Más allá de la violencia física, la peor manera de destruir a la humanidad es a través de la magia negra.

---

[71] Suratu 'l-Ma'ida [La Mesa Servida], 5:27.
[72] Suratu 'l-Ma'ida, 5:28.

4. CELOS (*AL-HASAD*)

El Sagrado Corán menciona dos ángeles, [73] Harut y Marut, quienes visitaron este mundo y se quedaron porque les había gustado mucho, causando que la maldición de Dios cayera sobre ellos. Es de estos dos que el arte de la magia negra deriva. Hasta este día, esta práctica prospera en el Caribe, a través de África, el sub-continente Indio y el Lejano Oriente.

Algunos ingenuamente aseveran que es dañino sólo si uno cree en ello. De todas maneras, rehusarse a aceptar un peligro de ninguna manera confiere inmunidad o protección ante la magia tanto como lo hace ante un tornado.

Este oscuro poder tiene un efecto muy devastador sobre la gente, lo reconozcan o no. No puedes simplemente decir que funciona si crees en ello. ¿Porqué Dios revelaría versos para protección de la magia negra si no existe?

Algunos practicantes de este oscuro arte trataron de practicar magia negra sobre el Profeta Muhammad ﷺ. Esta fue la causa de la revelación del Capítulo del Alba, ya que aunque el Profeta ﷺ estaba divinamente protegido, Dios quería que nosotros aprendiésemos de esta oscura práctica, para ser conscientes de ella, para estar protegidos de ella y para que nos cuidemos de ella. El lanzar hechizos o embrujos por medio de nudos atados en sogas era una forma favorita de hechicería practicada por mujeres pervertidas de esa época. Dichos artes secretos causan terror psicológico. Sus practicantes despliegan seductores encantos y diseminan falsos rumores que calumnian al inocente, y desaniman a sus víctimas de tomar una acción correctiva. Es por esta razón que Dios reveló el capítulo y dijo, "Oh Muhammad, recita *"y del mal de aquellos que soplan en los nudos"* y sóplate a ti mismo." Entonces el Profeta ﷺ recitó y sopló en sí mismo hasta que la magia negra fue disipada.

Dios nos está mostrando que, aunque no haya afectado al Profeta ﷺ, la magia negra puede afectarnos a nosotros.

---

[73] Suratu 'l-Baqara [La Vaca], 2:96.

Investigaciones históricas prueban que no sólo hay varias maneras de llevar a cabo magia negra a través de diversas prácticas y aplicaciones, sino que también este oscuro arte ha prevalecido en todas las variadas culturas del mundo hasta hoy en día. Algunas formas hacen uso de seres no-vistos conocidos como genios *(jinn)* y demonios *(shayatin)*.

EXORCISMO

Yo estaba visitando a un grupo de estudiantes hace algunos años, y me trajeron una mujer que era una seguidora de la práctica musulmana. Sin embargo, temían que alguien se hubiese dirigido a ella con magia negra. Ella hablaba francés y nada de árabe, sin embargo se iba fuera de control y comenzaba a hablar con fluidez y maldecir en árabe clásico, incluso yendo tan lejos como para blasfemar contra Dios y el Profeta ﷺ, repitiendo, "Yo no soy Musulmana!" una y otra vez. En otras ocasiones ella gritaba, "No hay Dios!" Los sonidos que hizo no eran humanos y, a veces, su cuerpo se iba violentamente fuera de su control.

Que Dios bendiga a nuestros maestros, Mawlana Sheik Nazim ق y Gransheik ʿAbd Allah ق, que nos enseñaron qué recitar en tales situaciones a fin de repeler los malos espíritus que poseen las personas. No todo lo que reciten necesariamente curará al paciente, y lo que deben recitar varía de un caso a otro. Yo recité lo que mis sheiks me guiaron a recitar en ese momento, siguiendo su instrucción. A medida que recitaba, el genio que poseía esa mujer, un demonio, repetía de vuelta lo que yo recitaba. Entonces grité, y el genio gritó. Todos los presentes sentían mucho miedo, ya que llegué a un nivel en la recitación en el cual o el genio sería expulsado de su cuerpo, o me quemaría a mí. En ese momento, Sheik Nazim ق apareció espiritualmente y me instruyó, "Recita tal y tal oración." Recité lo que Sheik Nazim ق me ordenó y el genio de repente fue derrotado. La mujer regresó a sus sentidos, y el genio salió de su cuerpo a través del dedo gordo de su pie.

4. CELOS (AL-HASAD)

La historia islámica está llena de estos sucesos, [74] proporcionando casos documentados e instrucciones para curar enfermedades específicas. Por ejemplo, si quieres curar ciertos tipos de enfermedades, indican estas tradiciones que debes entrar en seclusión por un período de cinco días durante la luna llena, desde la decimotercera específicamente hasta la décimo séptima del calendario lunar. Específicas deben ser las súplicas recitadas y actos específicos deben realizarse que están diseñados para aliviar la aflicción para que el paciente pueda ser curado. Esta es una ciencia que se ha transmitido a través de los siglos, y que incluye la protección contra el mal de ojo y la magia negra.

Estamos examinando a fondo estos detalles porque debemos comprender la causa de la magia negra, por qué existe y cómo se ha sostenido durante tanto tiempo. Debemos entender que es lo suficientemente grave y real como para que Dios revele todo un capítulo del Corán para abordar esta cuestión. Aún más, es importante comprender que la magia negra es generada y sostenida por los celos. Aquellos que practican este oscuro arte no quieren que los demás tengan nada. No les gusta que el Profeta ﷺ tenga profecía; que alguien hermoso posea belleza, que alguien rico disfrute de su riqueza ni que alguien bendecido con una habilidad pueda beneficiarse de ella. Los celos y la envidia son muy poderosos estados que pueden afectar a cualquier de nosotros. Es por esto que recitamos el último verso del Corán, el capítulo del Alba, *"y del mal del envidioso cuando envidia."* [75]

Aquel que es envidioso, cuyo corazón está lleno de celos, trabajará para destruirte, incluso matarte. Por esta razón, es importante no decirle a la gente todo lo que hacemos y lo que recibimos de riquezas, porque entonces los celos serán dirigidos hacia ustedes. Las personas celosas no pueden aceptar que se encuentren en una buena situación en lugar de ellos. No les gusta

---

[74] El último Sheik Metwalli Sha'rawi de Egipto relató muchos sucesos contemporáneos en sus libros y lecturas.
[75] Suratu 'l-Falaq [Aurora], 113:5.

que ustedes vayan a beneficiarse y a estar bien. Recuerden, la envidia maligna traducido en acción pretende destruir la felicidad, material o espiritual, que disfrutan los otros. La mejor defensa en contra de ella es siempre la confianza en Dios con pureza de corazón.

Esta advertencia no se contradice con el verso: *"Y en cuanto a la abundancia de tu Señor, proclámala."* [76] Dios permitió que los celos existan en algunos corazones, para enseñarnos a seguir Su Camino y no el camino de Satanás. Cualquiera que siga el Camino de Dios nunca se convertirá en envidioso de los demás, ésta es una característica reservada exclusivamente para los seguidores de Satanás. Sin embargo, el Profeta ﷺ alentaba la competencia entre los Compañeros en buenas obras y adoración, para inspirarlos a ellos y a otros a la bondad. Ser envidioso de alguien que oró 500 ciclos de oración, o que dió una gran suma en caridad o que abre una mezquita, es permitido ya que estos son actos que inspiran a la bondad y la piedad. Son hechos por los que todos debemos luchar. Es competencia por la bondad, y es aceptable. Pero los celos que tienen por objeto impedir a los demás el bien, no son aceptables. Ese tipo de celos es una enfermedad que sólo puede empeorar, hasta que destruye a la persona afligida por ella. Estas personas envidiarán a cualquiera, incluso a sus propios padres, hijos o cónyuges, a veces incluso a sí mismos. El Profeta ﷺ dijo:

> *Los Celos consumen las buenas acciones al igual que el fuego consume la madera.* [77]

Según Gransheik 'Abd Allah ق, la forma de eliminar los celos es observar la Oración voluntaria de la Salvación (Salat-Najat). Esto se hace por la mañana antes de la oración (Salat al-Faŷr) y después de la oración por la ablución (Salat tahiyat al-wudu). En

---

[76] Suratu 'd-Duha [La Claridad de la Mañana], 93:11.
[77] Abu Dawud, Ibn Majah con las palabras adicionales "y la caridad extingue pecados como el agua extingue la llama; la oración es la luz de un creyente y ayunar es su protección del Fuego."

su conclusión, se hace la postración y se recita lo siguiente: "Oh mi Señor! Los celos consumen mis buenas obras como el fuego quema la madera, remuévela de mí".

Los celos devoran las buenas obras mediante la creación de malas intenciones hacia los demás, provocando al celoso complotar en contra de aquellos que tienen algo más. Tal descontento, es en realidad, un desafío a Dios, que es, en última instancia la Fuente de todas las bendiciones. A veces, a pesar de nosotros mismos, malos pensamientos entran en nuestros corazones. Tal vez, cuando nos enteramos de que alguien ha recibido una gran suma de dinero, uno piensa, "¿Cómo consiguió ese dinero? Aquí estoy, trabajando tan duro, luchando en dos puestos de trabajo, y le llegó a él!" En esos momentos es mejor recordar que el Mejor de los Planificadores es Dios. Es mejor pensar, "Mi Señor quiere que esa persona tenga ese dinero. Dios sabe lo que necesito y me dará lo que necesito, entonces estoy feliz. Todas las alabanzas se deben a Dios. Incluso si Él no me da lo que he pedido, tengo que ser feliz. Tengo que aceptar la decisión de Dios. "

Somos pecadores. Estamos luchando. No digas, "No tengo celos." Todos nosotros estamos infligidos por ellos. Si somos conscientes de ello y luchamos contra eso, entonces estaremos seguros. Por otro lado, rendirse a ello sólo hace que los celos crezcan más fuertes.

Nosotros decimos, "Que Dios ciegue el ojo celoso", porque si la persona celosa no pudiese ver, él o ella serían curados de esta enfermedad. Una gran carga de los celos es que Dios hace al celoso ir a la tumba con ellos. Por lo tanto, es destructivo en esta vida y en la próxima. Que Dios nos proteja.

5. Vanidad (*Al-'Ujb*)

Dios no ama al orgulloso.[78]

En una Tradición Sagrada Dios dice:

El orgullo es Mi manto y la Grandeza es lo que Me cubre. Quien compita conmigo en relación a ellos, Yo lo enviaré al infierno. [79]

La vanidad es un atributo muy peligroso. Hoy, a los niños constantemente se les enseña, "Sean orgullosos de ustedes mismos." Alguien que es orgulloso se ve a sí mismo como el más fuerte, el más lindo, el más inteligente, el más rápido, el mejor. Piensan que pueden alcanzar lo que ningún otro puede. Esta enseñanza inculca en los niños un sentimiento de desenfrenada independencia, alentando la creencia de que ellos saben más y cualquiera alrededor de ellos sabe menos. Esto también los motiva a rechazar el consejo, ya que ellos fueron enseñados que su propio pensamiento es suficiente y superior.

También, hoy es común escuchar a los padres alabar a sus hijos diciendo, "Estoy muy orgulloso de ti." Ustedes pueden decir, "Estoy feliz contigo," pero usar la palabra "orgulloso" enseña al niño vanidad, a verse a él mismo o a ella misma como mejor que cualquier otro, y esto alimenta la vanidad y la arrogancia en el niño, como también en los padres "orgullosos". Este pensamiento también lleva a los niños a rechazar a sus padres más tarde en la vida, a verlos como ignorantes, retrógrados, pasados de moda, y vergonzosos. En vez de pensar, "Estoy orgulloso de mi padre porque él me crió," ellos piensan acorde con lo que fueron enseñados en su niñez: "Estoy orgulloso de *mí mismo*."

---

[78] Suratu 'n-Nahl [La Abeja], 16:23.
[79] Abu Dawud.

JIHAD DEL SER INTERIOR

Retornando de una campaña militar contra agresores que buscaban exterminar a la comunidad de creyentes, el Profeta ﷺ dijo a sus Compañeros:

Venimos del combate menor (jihad) y estamos frente el combate mayor. [80]

Él quería decir que aunque habían luchado contra agresores enemigos, ellos seguían frente al desafío de pelear las maneras bajas del ser interno. El ego siempre quiere estar por encima. Este no acepta estar por debajo. Uno debe cortar la vanidad y hacer que el ser interno se postre ya que alguien que realmente se somete a su Señor no puede someterse más a sí mismo. Una vez que ese estado es alcanzado, la oración es puramente para Dios. Por esta razón, el Profeta ﷺ dijo:

Lo que más temo para mi Comunidad es el politeísmo oculto. [81]

Él temía para su comunidad no el politeísmo externo como la adoración de ídolos, ya que había sido informado por Dios que su comunidad estaba protegida de eso para siempre,[xi] sino del politeísmo secreto, el cual es hacer algo únicamente por la apariencia. El Profeta ﷺ no podía asociar nunca a nadie con Dios, porque él es el servidor de Dios más perfecto. Aún así, le fue dicho que diga:

Soy un ser humano como ustedes, pero la inspiración ha venido a mí de que Dios es uno... [82]

El Profeta ﷺ mostró su simplicidad y humildad al decir, "Soy un ser humano como vosotros, pero Dios me está enviando Su revelación." Aunque el Profeta ﷺ permanece siempre – entonces y ahora – en la Presencia de Dios, incluso con este privilegio

---

[80] Al-Khatib al-Baghdadi, al-Bayhaqi, al-Ghazali.
[81] Al-Hakim en *al-Mustadrak* (auténtico). Similarmente, se ha reportado que el Profeta ﷺ ha dicho, "La asociación con Dios (*shirk*) es sigilosa en esta comunidad como las hormigas que se arrastran."
[82] Suratu 'l-Kahf [La Caverna], 18:110.

5. VANIDAD (AL-'UJB)

inigualable, él es completamente humilde y desprovisto de arrogancia, considerándose a sí mismo "como vosotros," cuando esta expresión incluye a todos los seres humanos. Uno ve en esto exactamente lo opuesto de la vanidad, ya que el Profeta ﷺ trató de hallar cualquier manera de acercarse la gente, a fin de familiarizarse con ellos y eventualmente abrir sus corazones a la verdad.

Los escolásticos contemporáneos de la secta Wahhabi del Islam han interpretado erróneamente este dicho como significando, "El es un ser humano como nosotros." Por el contrario, la explicación del Imán Suyuti de este verso es que éste fue revelado al Profeta ﷺ en el contexto del verso que le precede, afirmando que si todos los océanos del universo se volviesen tinta y todos la árboles plumas y esas plumas usaran toda esa tinta para escribir, nunca podrían todas las Palabras de Dios ser escritas. En ese conocimiento incomparable en el cual Dios puso a Su más amado Profeta ﷺ, el Profeta ﷺ se comparó a sí mismo a esa Grandeza y dijo, "Oh mi Señor, soy simplemente un ser humano," Su declaración es relativa a esa grandeza, no a otros seres humanos. El Profeta ﷺ se describe a sí mismo como un ser humano por temor, sobrecogido por estar en la Divina Presencia. Por tanto, no puede decir "Yo soy algo." Entonces se puso a sí mismo en humildad.

Si el Profeta ﷺ, que es en realidad el único que tiene derecho a tener orgullo, aquel a quien Dios elevó a Su Propia Presencia en el Viaje Nocturno y la Ascensión, no estaba orgulloso, ¿Porqué la gente de hoy se siente orgullosa? ¿Quién les dió la autoridad de enseñar a sus hijos a ser orgullosos? No deberíamos asociar buenas acciones con nosotros mismos, pues si no es por el favor de Dios no hubiésemos podido hacerlas. Como dijo en el Sagrado Corán:

Cuando Allah os ha creado a vosotros y a lo que hacéis! [83]

Entonces no sean orgullosos de ustedes mismos. Que Dios nos perdone.

---

[83] Suratu 's-Saffat [Los Que se Ponen en Filas], 37:96.

6. Mezquindad (*al-Bukhl*)

Aquellos que se salven de la codicia de sus almas, ellos son lo que alcanzarán la prosperidad. [84]

El Profeta ﷺ dijo:

Aquel que es generoso es cercano a Dios, a la humanidad y al Paraíso, y lejano al Infierno. El miserable es lejano de Dios, de la humanidad y del Paraíso, y cercano al Infierno. Un ignorante generoso es más amado por Dios que un adorador mezquino. [85]

El Profeta Muhammad ﷺ nos alentó a tener las mejores maneras y a seguir sus pasos. Acerca de Su Amado Profeta ﷺ, Dios dijo:

Ciertamente tú eres de un carácter magnánimo. [86]

En esta declaración, Dios está describiendo a su Profeta ﷺ, y en este caso la palabra "magnánimo" significa "sin límite". Las buenas características del Profeta ﷺ no pueden ser descriptas adecuadamente ya que no tienen límite. Somos incapaces de describir lo que Dios le ha dado al Profeta ﷺ. Con el ejemplo de su magnánimo carácter, el Profeta ﷺ quiere que su comunidad deje las malas características y siga sus pasos.

La gente puede ejemplificar la mezquindad de muchas diferentes maneras, incluso tan simplemente como reteniendo una sonrisa.

El Profeta ﷺ dijo:

---

[84] Suratu 'l-Hashr [La Concentración], 59: 9.
[85] Tirmidhi.
[86] Suratu 'l-Qalam [Del Cálamo], 68:4. "Carácter magnánimo" en árabe: *khuluqin 'adhim*.

Hacer feliz a alguien es desde la fe. [87]

Si tienes la habilidad de hacer a la gente feliz, házlo. Si te guardas este poder para ti mismo, eres mezquino.

La mezquindad es una característica de Satanás. Con sus celos e ira, Satanás cuestionó la creación de los seres humanos. Cuando Dios le ordenó postrarse ante Adán ﷺ, Satanás se opuso por su mezquindad. El se vió a sí mismo como grandioso. No quería que nadie más que él mismo se beneficiara, entonces no quiso que Adán ﷺ permaneciera en el Paraíso. Satanás conspiró contra él para cortar el honor que Adán ﷺ estaba recibiendo.

Dios es generoso. Él dijo que por cada buena acción Él acredita para nosotros diez buenas acciones. [88] Por una oración en la congregación del Viernes Él nos da crédito por veintisiete. [89] No sean mezquinos. "Una persona mezquina es un enemigo de Dios y una persona generosa es un amado de Dios."

El Profeta ﷺ dijo:

Incluso quitar algo dañino de la calle es desde la fe. [90]

Si quitar algo dañino del camino de los seres humanos es desde la fe, entonces ignorar el daño que pueda caer sobre otros es un acto de mezquindad. Si tú no tienes fe, serás mezquino, de hecho, te vestirás con cada uno de los tratos ruinosos.

GENEROSIDAD DE LOS MUSULMANES

El Profeta ﷺ dijo:

La persona mezquina es aquella que, cuando mi nombre es mencionado, no invoca bendiciones sobre mí. [91]

---

[87] At-Tabarani.
[88] Como es narrado en una Tradición Profética de Ibn ʿAbbas, en Bukhari y en Muslim.
[89] El mensajero de Dios dijo, "Rezar en congregación es veintisiete veces más meritorio que una razón hecha individualmente." Bukhari y Muslim.
[90] Bukhari y Muslim.
[91] *Kanz al-ʿUmmal.*

El Profeta ﷺ no es mezquino. Por cada oración que tú le envías, él te envía diez en cumplimiento de su promesa:

Quien sea que rece sobre mí, Dios rezará sobre él diez veces. [92]

¡Cuántas veces la gente dice "Muhammad, Muhammad" sin respeto, como si estuviesen hablando sobre su amigo o colega de la escuela! Imán Shafi'i nunca dijo "Muhammad" sin decir "Profeta Muhammad". En la oración ritual, algunas Escuelas de Ley recitan: "Oh Dios, bendice a Muhammad y a su Familia como has bendecido a Abraham y a su Familia." Imán Shafi'i disputó esta práctica y enseñó a sus estudiantes a añadir el título "Sayyidina" "nuestro Maestro", al nombre del Profeta, "Oh Dios bendice a Sayyidina Muhammad y a su Familia así como has bendecido a Sayyidina Abraham y a su Familia." Así es como el Imán Shafi'i mantenía el respeto por el Maestro. ¿Cuál podía ser la objeción de añadir "Sayyidina" a la recitación? Esta declaración no es sino una declaración de generosidad.

Durante el gobierno Otomano, cuando fuese que el nombre del Profeta ﷺ era mencionado en la Corte Imperial, el Sultán y todos los que atendían se paraban, por respeto. Hoy día, todos se paran por los gobernantes, sin embargo se sientan cuando el Profeta ﷺ es mencionado.

Tenemos malas características que no podemos ver. Cada momento que pasa sin que nuestras lenguas estén humedecidas en Recuerdo de Dios, somos mezquinos.

Alguien vino al Profeta ﷺ y preguntó, "Oh Mensajero de Dios, encuentro que todas estas diferentes reglas de la religión son demasiado difíciles. Por favor, dame algo fácil que yo pueda realizar." El Profeta ﷺ respondió, "Haz que tu lengua esté humedecida con el Recuerdo de Dios." [93]

---

[92] Ibn Abi Shaybah, Ahmad, 'Abd bin Hamid y at-Tirmidhi.
[93] Ahmad, Tirmidhi, Ibn Majah, e Ibn Hibban (*hasan*).

Dios nos está enseñando, "No seas mezquino en recordarme, Oh Mi sirviente."

Cuando los ritos de la Peregrinación se acercan a completarse, Dios instruye específicamente a los peregrinos en el Corán:

> *Celebren las alabanzas a Dios, como ustedes solían celebrar las alabanzas de sus antepasados – pero, con mucho más corazón y alma.* [94]

Los hijos llaman a sus padres cuando sea que ellos se encuentran en problemas. Dios nos recuerda que debemos llamarlo a Él incluso más de lo que llamaríamos a nuestros padres. Fallar en recordar a Dios y en llamarlo a Él es también mezquindad. Debemos tener en mente el recuerdo de *"Aquellos que recuerdan a Dios, parados, sentados o acostados."* [95] La lección es no dejarse a ustedes mismos ser mezquinos en ningún momento de sus vidas. ¡Observen cuán generoso es Dios en todo cuanto Él nos da! Volviendo al ejemplo anterior del luchador, incluso cuando arrojamos algo a un árbol frutal y lo dañamos, ¿qué es lo que éste devuelve sino fruta? Ellos no son mezquinos. Los santos son como árboles frutales. Por más que la gente los dañe, ellos devuelven recompensas.

Gransheik Abd`Allah ق nos da un ejemplo clásico de cuán generosos son los santos. Cuando Sayyidina Bayazid al Bistami ق fue atacado por la gente de su pueblo, él preguntó a Dios, "Oh mi Señor, abre Tu puerta para mí." Una respuesta fue revelada a él espiritualmente: "Oh Bayazid, debes primero volverte un basurero para Mis sirvientes. Para alcanzar ese nivel, debes llevar los pesos de Mi Creación." Sayyidina Bayazid al Bistami ق luego retornó a su gente y se volvió un basurero para ellos, llevando todo su dolor y sufrimiento. Ellos incluso le arrojaron piedras hasta que se volvió inconsciente. Y cuando tuvieron la certeza de que estaba muerto, llevaron su cuerpo y lo pusieron sobre un montón de basura.

---

[94] Suratu 'l-Baqara [La Vaca], 2:200.
[95] Surat Ali-'Imran [Familia de 'Imrán], 3:191.

Cuando Sayyidina Bayazid ق recobró la conciencia, rezó, "Oh mi Señor, aquellos que me dañaron, perdónalos y envíalos al Paraíso. Yo desearía morir y que Tú me crearas de nuevo, para que ellos pudieran dañarme nuevamente y yo pudiera pedir por su perdón. Entonces, déjalos matarme. Voy a llevar su dolor, sufrimiento y pesar; y Tú puedes perdonarlos de nuevo." Dios replicó, "Quien sea que perdona y hace la paz, Dios lo recompensa. Por ti yo estoy perdonando a todos y haciendo la paz."

Mezquindad significa rechazar el dejar ir algo, y por tanto siempre lleva a la codicia. La más mezquina de la gente es aquella que busca prevenir que otros obtengan la misericordia de Dios. Ellos dicen, "Ellos se irán al infierno, por esto y por aquello que solían hacer." ¿Qué es lo que Dios dice?

> *"Deténganse! no son estos hombres quienes vosotros juraron que Dios nunca iba a bendecir con su Misericordia? Entren al Jardín: ningún temor será sobre ustedes ni ningún pesar."* [96]

Que Dios nos proteja.

---

[96] Suratu 'l-'Araf [Las Alturas], 7:49.

7. Avaricia (*Al-Tama*)

Les hicimos la vida cómoda y confortable! Aún así ambicionan aún más. [97]

El Profeta ﷺ dijo:

La avaricia quita la sabiduría de los corazones de los escolásticos. [98]

La avaricia es otro vicio, definido como tener un ojo en lo que los otros poseen y no teniendo ningún límite al atesoramiento de las propias posesiones. Si ustedes tienen todo y su vecino no tiene nada, deben codiciar su nada para adherir a vuestro todo. La codicia es la esencia de todos los problemas, haciendo que vuestros ojos nunca estén satisfechos. No están viendo a Dios ante ustedes; están solamente viendo cómo pueden tomar una porción más grande de este mundo. Si ven algo bonito lo quieren. Vuestros ojos nunca están llenos.

Como ejemplo, imaginen que están yendo a una cena. El anfitrión sirve muchos platos, y por supuesto no puede ponerlos a todos en frente de ustedes. La persona codiciosa es aquella cuyos ojos están enfocados en el plato del otro lado de la mesa; lejos, más allá de su alcance. De hecho, no está satisfecha hasta que consigue una porción de aquel plato, sin importarle a quien le causa problemas o inconvenientes.

Cuando Adán ؑ vino a la tierra, Dios lo quiso probar. Él envió al Arcángel Gabriel ؑ a la tierra con la forma de un hombre. Y Adán ؑ dijo, "¿Tú también estás viviendo en este planeta?" "Sí," respondió el ángel, "¿Estás viviendo aquí?" Adán ؑ respondió,

---

[97] Suratu 'l-Muddaththir [Del Envuelto en el Manto], 74:14, 15.
[98] As-Suyuti, que lo dio como auténtico.

"Sí. Estoy, por lo tanto debemos dividir la tierra entre nosotros." Gabriel ﷺ dijo, "Tú toma la mitad y yo tomaré la otra mitad." Adán ﷺ dijo, "No. Tú eres una persona mientras que nosotros somos dos. Eva y yo. Entonces tú toma un tercio y nosotros tomaremos dos tercios." Entonces Gabriel ﷺ dijo, "No. Tú toma una mitad y yo tomaré la otra mitad. No me importa cuántos sean ustedes."

Adán ﷺ dijo, "No. Yo debo tomar dos tercios." Gabriel ﷺ se negó y Adán ﷺ insistió. Finalmente empezaron a pelear. Gabriel ﷺ, siendo más fuerte, puso a Adán ﷺ contra al piso. Luego tomó un palo y dibujó una línea y dijo, "Este es mi lado y aquel es tu lado." Más tarde Gabriel ﷺ dijo, "El viento y el agua pueden borrarla. Pongamos piedras para marcarla." Ellos pusieron una gran piedra como una marca entre los dos "territorios". Pero a Adán ﷺ no le gustó. Dijo, "Esa piedra está un poquito más de mi lado. Debe estar un poquito más en el tuyo." Gabriel ﷺ dijo, "No. Así está bien." Adán ﷺ dijo, "Debe ser movida" Gabriel ﷺ dijo, "No, está bien así." Y empezaron a pelear nuevamente y Gabriel ﷺ puso a Adán ﷺ de vuelta contra el piso. Pero incluso cuando él tenía a Adán ﷺ contra el piso, previniéndolo de alcanzar la piedra, Adán ﷺ pudo estirar su pie en orden de empujar la piedra con él y así poder ampliar su territorio.

La mitad del mundo y querían más. Hoy están poniendo fronteras en todos los países. El Sagrado Corán dice:

Espaciosa es la tierra de Dios! [99]

No había fronteras 200 años atrás. La gente podía ir a donde quisiera. Ellos podían moverse y migrar sin estorbo alguno. Uno era capaz de viajar a los países musulmanes tanto como era capaz de viajar a Europa, África y América. En ese momento no había fronteras, visas o restricciones en cuanto a lo que traías o sacabas afuera. Es por eso que han erigido las fronteras hoy – aprendiendo de Adán ﷺ y Gabriel ﷺ.

---

[99] Suratu 'z-Zumar [Los Grupos], 39:10.

7. AVARICIA (*AT-TAMA'*)

Por esa razón los Sufis dicen, "Nada llena el ojo codicioso del hombre salvo el polvo," significando que el deseo de uno nunca estará satisfecho, sin importar cuánto uno adquiera, hasta que sea llenado por el polvo de la tumba. Dios dice:

Y no dejes que aquellos que avariciosamente retienen los regalos que Dios les ha dado de Su Gracia, piensen que eso es bueno para ellos: Por el contrario, es lo peor para ellos: todo lo que escatimaron con codicia pronto será atado a sus cuellos como un collar enrollado, en el Día del Juicio. La herencia de los cielos y de la tierra pertenece a Dios; y Dios conoce lo más recóndito de vuestras acciones. [100]

---

[100] Surat Ali-'Imran [La Familia de Imrán], 3:180.

8. COBARDÍA (*AL-JUBN*)

La gente está siempre poniendo su voluntad antes que la Voluntad de Dios. La voluntad de Dios viene primero. Lo que Dios quiere de nosotros, nosotros tenemos que hacer. Si no lo hacemos, esto significa que estamos poniendo nuestro ego entre nosotros y nuestro Señor.

¿Qué es un cobarde? Un cobarde es alguien que corre de las situaciones difíciles. Su personalidad es débil, entonces huye de las dificultades. El opuesto de la cobardía es la valentía.

La cobardía es una de las diecisiete características que no son aceptadas por los gnósticos en el viaje a la Divina Presencia. El viaje a la Presencia Divina es el camino que pisaron los buscadores espirituales de la manera en que los santos de Dios lo recorrieron, imitando a los profetas y mensajeros de Dios. Eso significa imitando también, las dificultades que llevaron.

Mira cómo el profeta Jonás ﷺ enfrentó las dificultades ante él cuando la ballena se lo tragó. ¡Mira a Zacarías ﷺ, padre del Profeta Juan ﷺ! Cuando la gente lo perseguía para matarlo, Dios causó que un árbol se abriese, y él entró en su interior. Viendo esto, la gente vino y cortaron el árbol por la mitad con el fin de reducirlo a pedazos. Él resistió bajo esta pena terrible. Todos los profetas de Dios fueron valientes ante las dificultades.

El Profeta Muhammad ﷺ dijo: "Ningún Profeta cargó con tantas dificultades como yo" [101]

Las personas piadosas deben seguir los pasos del Profeta ﷺ, siendo valientes. El Profeta ﷺ se puso de pie por sí solo, llamando

---

[101] Imán adh-Dhahabi en su *Tarikh al-Islam*.

a ir hacia Dios sin ningún tipo de apoyo. Se requiere un gran coraje y valentía, lo contrario de la cobardía.

Los santos de Dios, los que murieron y los que están vivos, son siempre valientes contra los cuatro enemigos de los seres humanos: el ego (*nafs*), los deseos mundanos (*dunya*), la lujuria (*hawa*) y Satánas.

Cuando sigues tus bajos deseos, tu ego se pone muy feliz. Estos deseos se relacionan con las cosas de este mundo y esta vida. Cuando te enamoras de algo que es mundano, te alejas de los hermosos nombres y atributos de Dios, corriendo hacia algo que en algún momento se va a desintegrar en polvo. Esto es lo que llamamos malos deseos, los deseos de nuestra naturaleza inferior. Todos estos llevan al más alto nivel del mal: Satánas. Esos son los cuatro enemigos de los seres humanos: Ego, deseos mundanos, la lujuria y Satánas. La cobardía te hace huir de la dificultad que enfrentas al pisar sobre estos cuatro. Quien se opone a ellos, será considerado valiente en la Divina Presencia.

¿Porqué fue Sayyidina 'Ali llamado Asadullah al-Ghalib, el Victorioso León de Dios? Esto es porque se impuso a su demonio. Él no fue cobarde. Fue valiente, capaz de moverse.

¿Porqué fue Sayyidina Abu-Bakr-as Siddiq, llamado el Veraz? Porque fue valiente. *Sidq*, veracidad, viene de la firmeza de la creencia, él creyó en todo lo que el Profeta dijo. Se impuso a sus dudas y a los susurros que Satánas le hacía en sus oídos. Su atención fue solamente para el Profeta. Él solamente escuchó lo que el Profeta tenía para decir, para poder escucharlo y hacerlo.

Sayyidina Umar fue llamado "al-Faruq." Al-Faruq es aquel que ha separado la verdad (*haqq*) de la falsedad (*batil*). Él derrotó a la falsedad. Fue valiente. No fue un cobarde. No dejó que la cobardía lo tomase. Sayyidina Umar creía, luego separaba la verdad de la falsedad, trayendo la verdad y la realidad a arriba y poniendo la falsedad abajo.

El tercer Califa, Sayyidina Uthman Dhu 'n-Nurayn, tampoco fue un cobarde, particularmente cuando llegaba el momento de

8. COBARDÍA (AL-JUBN)

dar. La gente hoy se ha vuelto cobarde en dar, entonces cuando alguien pide algo de ellos – una donación o caridad – sus manos tiemblan. Sayyidina Uthman ﷺ dio y dio y siguió dando y su mano nunca tembló.

Es la cobardía la que causa de que nos perdamos en la oscuridad de esta vida transitoria, mundana. Es por esto qué es un trato dañino que debemos eliminar de nuestras vidas. Todo lo que vemos ante nosotros lleva a la cobardía, porque no somos lo suficientemente valientes para enfrentar la oposición de nuestros cuatro enemigos íntimos.

Si atraviesas una luz roja sin detenerte, ¿qué sucede? Te hacen un ticket y te multan. Hay luces rojas en la vida de cada persona que el o ella no deben cruzar. Sin embargo, debido a nuestro carácter débil y cobardía cruzamos estas luces rojas. Ciertamente, todos sabemos cuantas luces rojas estamos pasando y cuantos tickets estamos recibiendo. Satanás nos ha conquistado porque no estamos desafiándolo ni repeliendo sus avances. Entonces, en el Día del Juicio, Dios nos va a dar nuestros tickets – y habrá tantos, más allá del hecho de que Dios es generoso y no multiplica nuestras faltas como Él si hace con nuestras buenas acciones.

Los pecados no son multiplicados. Un pecado es solo registrado como una mala acción por los ángeles escribanos que nos atienden. Sin embargo, las buenas acciones son multiplicadas. Cuando tú rezas, ayunas o das caridad, esto es recompensado muchas veces más, porque Dios es el Más Generoso con lo que Él está dando. En este mundo, si tú no pagas tus multas a tiempo, el juez puede incrementar vuestra multa muchas veces más. Puedes incluso ir a la cárcel. Dios nos está dando tiempo para pagar nuestras multas y arrepentirnos. Sin embargo, Él nos está diciendo que no seamos cobardes; que no sigamos a Satanás.

Para prevenir que la cobardía sobrepase a nuestros corazones, debemos guardar a nuestros corazones siempre despiertos a través del recuerdo de Dios. Cuando tú recuerdas a Dios, tú estás despierto, en guardia. ¿Cuál es la protección más fuerte contra

Satanás? Satanás es temeroso de acercarse a un creyente. Guardando vuestro corazón en constante recuerdo de Dios, Satanás no puede acercárseles, porque no puede acercársele a alguien que tiene protección completa.

¿Qué es lo que uno debe alcanzar para tener protección completa? Uno debe mantener siempre la ablución (*wudu*). Cuando sea que la pierdas renuévalo y vé y realiza dos ciclos de oración. Entonces tú estarás protegido de Satanás. Ese es el primer escudo que te protege de las trampas de Satanás. El segundo es mantener el corazón despierto con el recuerdo de Dios. Cuando lo haces, la satisfacción viene a tu corazón. Dios dijo:

Ciertamente, por el recuerdo de Dios, satisfacción, paz, calma y tranquilidad entrarán en el corazón. [102]

El pavimento de tu corazón, entonces, debe volverse el recuerdo de Dios.

Una persona fue preguntada, "¿Porqué duermes tanto?" El respondió, "El sueño de un opresor es alabanza." Ese hombre vio que estaba oprimiendo el alma que Dios le había dado, porque no estaba respetando sus derechos. Por eso dormía. Cuando alguien duerme, es como si estuviese en un coma. Cuando tú duermes estás "fuera", entonces Satanás no se acerca. Más que esto, cuando tú te vas a dormir con la ablución y después de rezar dos ciclos, te es escrito en la Divina Presencia como alguien que estuvo en constante oración. Entonces te despiertas para la oración de la mañana, y te vas a dormir nuevamente. Te despiertas y rezas la oración de media mañana, después duermes; rezas la oración del mediodía, luego duermes, rezas la de la tarde y luego duermes, rezas la oración del atardecer y luego duermes, y así. Lo que esto significa en metáfora es que haz que tu ego duerma del deseo de este mundo.

Los santos de Dios saben que no son lo suficientemente valientes para enfrentar a sus egos. Ellos saben que se oprimirían a sí mismos si ellos se permitieran a su ego tomar su propio

---

[102] Suratu 'r- R'ad [Trueno], 13:28.

camino. Por eso duermen. Esto significa que se someten a la voluntad de Dios, durmiendo en la Divina Presencia. Eso es sumisión. Cuando alguien duerme, está en completa sumisión, ni siquiera moviéndose. Es por esto que es dicho en la Tradición Profética que después de que alguien duerme tras hacer la ablución, nueve partes de las diez partes de su alma son llevadas fuera del cuerpo. Esa alma estará haciendo postración bajo el Trono del Misericordioso (*'Arshu r'-Rahman*).

Cuando alguien se está sometiendo, recordando que es un opresor de sí mismo, rezando dos ciclos de rakats, por lo tanto dejando que la Voluntad de Dios maneje su propia voluntad, Dios hace a su alma venir bajo el Trono y hacer postración (*sajda*). En contraste, aquellos que gastan sus noches y días entreteniendo a sus egos no encuentran tiempo para la alabanza a Dios. Esto es porque la alabanza a Dios es el peso más difícil en el yo. Por esa razón, la gente no es lo suficientemente valiente como para detener lo que están haciendo y moverse hacia la Divina Presencia.

Oh creyentes, Oh gente espiritual, ustedes son la luz de este universo. Ustedes quienes están espiritualmente iluminados buscando la realidad y la verdad, trabajando duro para progresar, no dejen que la cobardía entre en sus vidas. Esta es una de las peores de las características rechazadas. Esa cobardía es algo que Satanás está tirando a nuestros corazones. Que Dios tome esa cobardía de nosotros y nos haga mover hacia la Divina Presencia, Para ser valientes al enfrentar las dificultades de la vida y buscar el mejor resultado.

9. Indolencia (*Al-Batalah*)

El Profeta ﷺ dijo:

La peor cosa en el mundo es la inactividad. [103]

Y él ﷺ dijo:

No me gusta un hombre inservible. El no está ni comprometido en las actividades de este mundo ni en las del mundo por venir. [104]

Un alto nivel de desempleo o inactividad en la sociedad lleva a la recesión económica. En una recesión, la habilidad de sostener un buen nivel de vida para la comunidad se reduce. La economía puede incluso colapsar. Es lo mismo con los seres humanos. Tan pronto como nos volvemos haraganes y dejamos de seguir el Camino del Profeta ﷺ, la calidad de nuestras vidas disminuye.

No debemos permitirnos el volvernos inactivos. Somos sirvientes, Dios nos ha dado empleo a todos:

Ciertamente he creado a los jinns y a los hombres, solamente para que Me alaben. [105]

La misericordia de Dios abarca a aquellos que permanecen firmes en el Camino, diciendo sus oraciones, ayunando, dando caridad, y realizando el Peregrinaje. Aquellos que se vuelven inactivos dejan el Camino que Dios ha definido para ellos. Debemos seguir lo que Dios quiere para nosotros, de otra manera nos volveremos como Satanás, dirigidos hacia la no creencia (*thumma kafaru*). Dios nos dirigió hacia la fe (*thumma amanu*) y dijo,

---

[103] Tradición Profética..
[104] Bayhaqi, Ahmad.
[105] Suratu 'dh-Dhariyat [Los Que Levantan un Torbellino], 51:56.

"Tú eres un sirviente creyente. No estés inactivo, no dejes Mi trabajo por el de Satanás." Satanás dijo, *"Voy a desviarlos a todos."* [106] Empezó con el Profeta Adán, pero no fue capaz de alcanzar al Profeta Muhammad.

Inactividad es cuando los musulmanes dejan el empleo en el camino del Profeta Muhammad. Desempleo del Islam lleva a empleo con Satanás. La inactividad lleva a seguir deseos equivocados, porque uno se está alejando de aquellas buenas prácticas que ayudan a mantener el ego bajo control. Debemos estar provechosamente empleados en la construcción de nuestra vida por venir. Luego Dios nos fortalecerá, acorde al verso:

> Dios no cambia las malas circunstancias de la gente hasta que ellos no se tornan en sí mismos hacia Él. [107]

Esto nos desafía a no estar inactivos, sino a seguir lo que Dios ha comandado y Su Profeta ejemplificó.

LA PROMESA PRIMORDIAL DEL EMPLEO

El Profeta nos enseñó el camino para ser un buen sirviente, un buen empleado, cuando dijo, *"Si tú verdaderamente amas a Dios, sígueme; Dios te amará."* [108]

El Profeta exhibió el perfecto balance de la vida en el Camino del Islam: construcción de la comunidad, estructura de gobierno, vida religiosa, vida social, crecimiento económico. Estamos empleados a trabajar en todas estas cosas. Somos sujetos. Cuando recitamos el Testimonio de Fe, aceptamos trabajar de acuerdo a esta promesa, a no estar inactivos. Esa declaración fue atestiguada por el Profeta y dos ángeles. En el Día del Juicio, Dios presentará todos estos acuerdos y contratos diciendo, "Mi sirviente hizo un acuerdo conmigo. Él afirmó el Testimonio de Fe, entonces envíalo al Paraíso. Mi Misericordia estará con aquellos que mantuvieron su acuerdo." Pues aquellos que hicieron ese

---

[106] Suratu 'l-Hijr, 15:39.
[107] Suratu 'r-R'ad [Trueno], 13:11.
[108] Suratu 'n-Nisa [Mujeres], 3:31.

9. INDOLENCIA (*AL-BATALAH*)

acuerdo y trabajaron para cumplirlo, Dios les dará recompensas más altas y más altas. Él los elevará para que se vuelvan oficiales, gerentes, directores, directores ejecutivos y presidentes. Dios los elevará de un Paraíso a otro. Ellos respetaron al Empleador y vivieron como empleados de la fundación, la cual es el Islam.

La inactividad es el desempleo espiritual, un estado donde no estamos respondiendo verdaderamente a nuestro Empleador, a nuestro Creador. La gente es despedida de sus trabajos si no están cumpliendo los estándares de la empresa. Sin embargo, Dios nos prometió, "No los despediré. Ustedes están conmigo. Pero sigan Mis instrucciones."

No pierdan vuestro tiempo en propósitos frívolos, yendo sin parar a los shoppings, a los cines y jugando juegos de computadora. No pierdan vuestro tiempo siguiendo a Satanás que los induce a malos deseos. Vayan a sus necesidades o a llevar a sus familias a algún entretenimiento, pero no excedan los límites del Camino.

Sigan recordando a Dios en vuestro tiempo libre, recitando en vuestro rosario, "No hay más Dios que Dios" (*la ilaha ill-Allah*). Recuerden a Dios en cada respiración. Recuerden que Él les dio esa respiración con Su poder y Su energía. Cuando ustedes inhalen, digan *la ilaha ill-Allah*; cuando ustedes exhalen digan *la illaha ill-Allah*. Esto es para recordar a Dios en cada momento, lo cual es lo opuesto a ser inactivo. Dios les dió empleo; cumplan alabándolo a Él.

10. Arrogancia (AL-KIBR)

El mal ciertamente será la estancia de todos aquellos dados a la arrogancia. [109]

El Profeta Noé dijo a su hijo:

> No entres a la tumba y tengas una pizca de arrogancia en tu corazón. Arrogancia es el vestido de Dios, y aquel que compite con Él, Dios está enojado con él. [110]

En el tiempo del Profeta, un grupo de gente conocido como la Gente del Banco, *Ahl as-Suffah*, solía sentarse mañana y tarde detrás de la casa del Profeta recitando Corán, recordando a Dios y alabando al Profeta. Abd' Allah ibn Masud relató:

> *Un grupo de entre los Quraysh pasó cerca del Mensajero de Allah, mientras Suhayb, Bilal, Ammar, Khabab y otros Musulmanes pobres estaban con él. Ellos le dijeron al Profeta, "Oh Mensajero de Dios, ¿Haz elegido a esta clase de gente de entre todos tus seguidores para ser tus más cercanos? ¿Quieres que sigamos a tal gente? ¿Son éstos a quienes Dios a elegido de entre todos nosotros para Sus más íntimos favores? Líbrate de ellos y quizás, si lo haces, te seguiremos.*

Es entonces que Dios reveló:

> *Y no eches (Oh Muhammad), de tu lado, a los que invocan a su Señor mañana y tarde, anhelando su faz. Ni te incumbe pedirles cuentas de nada a ellos, ni a ellos les incumbe pedírtelas a ti. Si los echas de tu lado estarás entre los injustos. Y así es como probamos a unos con otros para que digan: '¿Son éstos a quienes*

---

[109] Suratu 'n-Nahl [La Abeja], 16:29.
[110] Tradición Profetica.

Allah ha favorecido de entre nosotros?' Es que acaso Allah no conoce mejor a aquellos que son agradecidos? [111]

Arrogancia es considerarse a uno mismo más elevado que los demás. Aquellos con arrogancia no gustan sentarse con aquellos de una clase más baja, porque ellos se ven a sí mismos como elite. Sólo desean asociarse y ser vistos con otros miembros de la alta sociedad y evitar a todos los demás. Ellos dan invitaciones con la estipulación de "Vengan con atuendo formal".

Dios nunca nos pidió acercarnos a Él con ropa formal. Él dice, "Vengan en ropa *interna* formal, con vuestra simplicidad. Ven a Mí, Mi sirviente, con humildad. No estés lleno de arrogancia (*mutakabbir*). Incluso si tienes el más alto título de este mundo, éste es nada. Yo soy Aquel Que Da Títulos."

Dios dió títulos divinos al Profeta Muhammad ﷺ, a todos los Profetas, a los Compañeros y a quien sea que Él quiere. Los títulos celestiales de Dios tienen inmenso valor y significado, mientras que los títulos mundanos no. Incluso títulos como señor, señora, caballero y dama no significan nada para Dios. Honor, respeto y dignidad son para los creyentes, pero supremacía y superioridad son solo para Dios. Nadie más puede ser al-Mutakabbir, el Imperioso.

El Profeta Muhammad ﷺ fue en el Viaje Nocturno y en la Ascensión a la presencia de Dios. Cuando retornó, nunca se ensalzó o intentó exaltarse a sí mismo. El sólo dijo, "Oh mi Señor, soy Tu sirviente (*'abd-Allah*)!" Estaba feliz de ser conocido como Sirviente.

Alabado sea Allah que llevó a Su sirviente a Su Presencia. [112]

El Profeta ﷺ dijo: "El mejor momento de toda mi vida, de principio a fin, es cuando Dios me llamó Sirviente!" En árabe el término abd significa ser más que un siervo. Su significado literal

---

[111] Suratu 'l-Ma'idah [Los Rebaños], 6:52-53.
[112] Suratu 'l-Isra [El Viaje Nocturno], 17:1.

es "esclavo". Así nos encontramos en este magnífico ejemplo de humildad que el Profeta ﷺ es feliz de ser un esclavo de Dios.

No crean que son algo - ¡no son nada! No debemos tener arrogancia en nosotros mismos. Iblis tenía tal arrogancia cuando protestó a Dios: "Pero Tú lo creaste a partir de arcilla, de la suciedad. Me has creado a partir de la energía, del fuego. Yo soy mejor que él. No voy a postrarme ante él!" Y así Dios lo maldijo. A cualquier persona que tiene un átomo de arrogancia en su corazón, Dios lo maldice. Si Dios nos maldice, inmediatamente vamos a decir, "¡Oh Señor perdónanos!" Porque somos creyentes, no como Iblis. Pedimos a Dios que nos mantenga informados, para arrepentirnos después de cada pecado que cometemos. Cometemos pecados cuando la arrogancia nos vela de nuestro Señor. La arrogancia es la raíz de todo pecado.

Reflexionen sobre la historia del profeta José ﷺ como es narrada en el Corán. [113] Fue, según todas las fuentes, de belleza legendaria. La señora Zulaika lo deseó y trató lo más que pudo de despertar su deseo carnal, rasgando su camisa, invitándolo a la fornicación. José ﷺ se había visto a sí mismo como el más bello de los hombres, porque lo era, y si hubiese sido arrogante, hubiese sido velado de su Señor y caído en el pecado. En vez de eso, pensó: "Dios me está viendo." Entonces él suplicó, "Oh Dios, si no me proteges voy a caer". [114] Recordó que el más grande es Dios, y que Dios está observando todas las cosas.

La arrogancia nos ciega de cualquiera que esté por encima de nosotros. Las personas que tienen arrogancia se ven a sí mismos como la más alta, la mejor, la más inteligente y la autoridad sobre todos los temas, sin duda como expertos en sus respectivos campos. Para ellos, todos los demás son tan insignificantes como una hormiga, pequeñas y sin valor, indignos de respeto. Estas personas no ven nada en frente de ellos. Ellos están preocupados

---

[113] Surah Yusuf [José], 12:22-34.
[114] Surah Yusuf, 12:33.

en satisfacer sus egos. La arrogancia es un medio eficaz que Satanás utiliza para llegar a nosotros, y entonces esta prohibido en el Islam. La arrogancia genera rechazo. Las personas arrogantes siempre están en un estado de rechazo. No aceptan ideas, sugerencias, opiniones, creencias comunes o las cuestiones de interés común de los demás, ni tienen respeto por nadie. La arrogancia es un estado en el que la creencia que Dios puso en el corazón es rechazada.

EL OCEANO DE HAMBRE

Cuando tu Señor sacó sucesivamente de los Hijos de Adán - de su espalda - sus descendientes -, y les hizo atestiguar, (diciendo): "¿No soy Yo vuestro Señor (que los aprecia y sostiene)?" – Ellos dijeron: "Sí! Damos testimonio!" Para que en el Día de la Resurrección no pudieran decir: "De eso nunca se nos advirtió." [115]

En el Día de las Promesas, cuando Dios reunió a todas las almas en Su Presencia, Él preguntó, "¿Quién soy Yo y quiénes son ustedes?" Los profetas y sus compañeros respondieron: "Tú eres nuestro Señor y nosotros tus siervos." Con arrogancia, incluso frente a la potencia con la que Dios los había creado, todos los demás respondieron: "Tú eres quien Tú eres, y nosotros somos lo que somos." En realidad, *"Somos de Dios, y a Dios es nuestro regreso"* [116]

En realidad, Dios dijo acerca de la creación del Profeta Adán ﷺ que Él sopló en él de Su Poder para darle vitalidad. [117] Sin esa energía, Adán ﷺ hubiese sido una forma de arcilla desamparada, incapaz de moverse. Así pues, la arrogancia pertenece sólo a Dios, no a Adán ﷺ y sus descendientes. En ese tiempo, todas las semillas a partir de la cual la raza humana descendería fueron colocadas en la espalda de Adán ﷺ. Cuando los arrogantes negaron la grandeza de Dios diciendo: "Tú eres quien Tú eres, y nosotros somos

---

[115] Suratu 'l-'Araf [Las Alturas], 7:172.
[116] Suratu 'l-Baqara [La Vaca], 2:156.
[117] Suratu 's-Sajdah [La Postración], 32:9.

quienes somos," Dios tiró todas sus semillas al Océano de Hambre.

Cuando ustedes tienen hambre, no sólo se debilitan, pierden su arrogancia. Si están a punto de morir de hambre, comen cualquier cosa que encuentren. Rápidamente se convierten en humildes. Dios los humilló hasta el punto que dijeron: "Oh Señor, creemos en Ti!" Él los sacó luego de los Océanos de Hambre, y de nuevo preguntó: "¿Quién soy yo y quiénes son ustedes?" Ellos sabían entonces que ellos no eran nada.

Los Profetas son inocentes de cualquier pecado. Los Compañeros del Profeta también están protegidos por Dios. Sin embargo, la gente normal como nosotros es pecadora. Somos débiles. Es por eso que Dios nos tiró en ese Océano de Hambre, de modo que cuando saliéramos, creyéramos. Nosotros dijimos: "Señor, Tú eres nuestro Señor y nosotros somos sus siervos." Después de que vinimos a este mundo, hacemos el bien un día y el mal otro día, circulando entre los dos estados, pero al final nos arrepentimos de nuestros pecados, y entonces Dios tiene piedad de nosotros. Aquellos que no eran creyentes continuaron respondiendo arrogantemente, "Tú eres quien eres, y nosotros somos quienes somos".

Esta es la diferencia. Es difícil encontrar una persona de fe con arrogancia. Algunos pueden tenerla, pero la mayoría no. Ayunamos para negar nuestros estómagos, para mantenernos humildes. Damos caridad para recordar la pobreza y ayudar a los necesitados. Incluso en la oración, nos inclinamos hacia abajo. Por lo tanto, Dios nos ha bendecido con maneras de mantener a raya la arrogancia. Que Dios nos perdone y proteja.

11. Ostentación (*Al-Riya'*)

Pero, ¡ay de aquellos que rezan siendo negligentes en su oración! Esos que hacen ostentación y niegan la ayuda imprescindible. [118]

El Profeta Muhammad ﷺ dijo:

Dios no acepta una acción si hay alguna cantidad de ostentación en ella. [119]

Aquellos que se muestran están orgullosos de lo que hacen, y quieren que todos sepan de sus acciones. Los buenos modales exigen que reconozcamos el poder de Dios en nuestros logros y nuestra propia incapacidad para lograr cualquier cosa, salvo por la misericordia de Dios y Su gracia. Mostrarse nos impide de reconocer el papel de Dios.

Por ejemplo, una persona está enferma y va al médico para recibir tratamiento. El médico le prescribe una medicina que cura al paciente de su enfermedad. No debemos creer que el médico curó al paciente, lo cual es una forma oculta de asociar a otros (*shirk*) con Dios. Más bien, debemos saber que Dios curó al paciente. Si el médico comete el error de pensar que él es el que cura a los pacientes, y se jacta de sus esfuerzos y los resultados obtenidos a partir de su brillante perspicacia médica, ese médico está tratando de usurpar la posición de Dios al darse a sí mismo la función de curandero. En realidad, Dios es el Sanador, y el médico es un instrumento de la Voluntad de Dios.

---

[118] Suratu 'l-Ma'un [La Ayuda Imprescindible], 107:4-7.
[119] Imam Ghazali, *Ihya 'Ulum ud-Din* (*Renacimiento de las Ciencias Religiosas*).

Hoy en día, se ha convertido en un lugar común para aquellos que donan dinero por una causa o apoyan un proyecto el tener sus nombres inscritos en hermosas placas para que todos las vean, o el recibir otros premios y reconocimiento público por su caridad. Pero, ¿de dónde proviene realmente ese dinero? Dios le dió dinero a esa persona, y si Dios lo quisiera de otra manera, esa persona no tendría nada. Así pues, en realidad, lo que sea que una persona dona es de Dios, no de ellos, pues Dios es el Dueño.

Por lo tanto, es una mala característica el darse crédito en tal situación. Es mostrarse. El que se muestra quiere que su nombre sea visto. Si alguien está haciendo algo en beneficio de la comunidad, pero celebra su nombre, no es aceptado. Más bien, se muestra. ¡Que Dios nos perdone de caer en esta forma oculta de *shirk*!

En el tiempo del Profeta ﷺ, a un cierto compañero le gustaba ayudar a la gente, pero también gustaba de que todos conocieran sus buenas acciones. Concerniente a esto, Dios reveló el último verso del Capitulo de la Cueva:

> *Dí: Soy solo un mortal como ustedes. Mi Señor me inspiró que vuestro Dios es un Dios Único. Así pues quien espera el encuentro con su Señor, déjalo que obre con rectitud y que al adorar a su Señor no Le asocie a nadie.* [120]

Imam Suyuti interpreta este versículo de esta manera:

Dios está diciendo, "Si ustedes están pidiendo por venir a Mí, estar en Mi Paraíso en el Día del Juicio, deben hacer un buen trabajo, pero ese buen trabajo no debe ser acompañado por la ostentación. No se atribuyan ese trabajo a ustedes mismos, sino a Mí, como algo que les he concedido a ustedes personalmente."

---

[120] Suratu 'l-Kahf [La Caverna], 18:111.

11. OSTENTACIÓN (AR-RIYA')

La razón de la revelación de este verso era que uno de los Compañeros tenía el hábito de hacer buenas cosas y después decirle al Profeta ﷺ, "Yo hice esto! Yo hice aquello!" Pidió reconocimiento. Entonces Dios reveló este verso. [121] Al hacerlo, Dios está diciendo: "¡Oh Muhammad! Dile que si quiere hacer algo bueno, permíteselo hacer, pero que lo haga exclusivamente para Dios, no para el reconocimiento de sí mismo. Debe ser puramente para Mí."

Cuando hagan algo, háganlo por Dios solamente, no para nadie más. Entréguense a Dios desde las profundidades de su corazón, sin pedir nada a cambio. A menudo, cuando la gente recibe algo bueno, por error dicen, "Estamos obteniendo nuestras recompensas de Dios." Significa que están haciendo buenas obras por una recompensa. Los santos, que están más alto en el entendimiento espiritual, nos animan a no buscar recompensas. Si Dios quiere recompensarlos o no, déjenselo a Él. Ustedes podrían ganar un premio mayor de lo que piden, ¡por lo que no deseen algo pequeño a cambio! Busquen Su misericordia oculta y eviten las formas de idolatría, *shirk al-asghar*. [122] Los creyentes no asocian a nadie con Dios, incluyéndose a sí mismos cuando hacen una buena obra.

LA LIMPIEZA DE LA MUERTE

Dios quiere limpiar a Sus siervos. En la muerte, Dios no quiere tomar el alma cuando está en un estado de idolatría oculta, *shirk al-khafi*, un estado que Él hace evidente en el cuerpo del moribundo. Debido a este proceso de limpieza, algunas personas pueden tener dificultades para respirar en el momento de la muerte. Otros sudan profusamente ya que Dios está limpiando sus almas. Estas personas trataron de vivir en el Camino de Dios, pero Satanás jugó con ellos, pero al final, se arrepintieron. Ven

---

[121] Al-Hakim en *al-Mustadrak*.
[122] "la idolatría menor," también conocida como *shirk al-khafi*, "la idolatría escondida."

cuán misericordioso es Dios con ellos y se sienten avergonzados, por eso sudan. Dios quitará la oscuridad de la idolatría oculta cuando estén pasando de este mundo. Dios dijo: *"Hemos honrado a los hijos de Adán."* [123] Él nos honra al limpiarnos. Él no quiere que los creyentes lleguen a él sin haber sido purificados. Él nos limpiará de la mancha de la ostentación, y de todos los vicios en que hayamos caído, siempre y cuando nos acordemos de nuestro contrato, el Día de las Promesas, cuando declaramos, "¡Tú eres nuestro Señor, y somos Tus siervos."

Cuando Dios nos tiró en el Océano de Hambre, [124] por 70.000 años, Dios no nos dió nada salvo oscuridad. En esa horrible separación, teníamos hambre no sólo por comida, sino también por Su amor, Su belleza, Su misericordia, Su paciencia, Su perdón y por todos Sus hermosos Nombres y Atributos. Quiera Allah mantenernos en Su Presencia y en el Paraíso con Sus profetas y mensajeros y maestros guías en la iluminación.

---

[123] Suratu 'l-Isra [El Viaje Nocturno], 17:70.
[124] Ver el capítulo acerca de la arrogancia.

12. Apego (*Al-Hirs*)

El Profeta ﷺ dijo:

> *El hijo de Adán ؑ es negligente cuando dos cosas crecen dentro de él: deseo de riqueza y deseo de vivir largamente.* [125]

El apego se refiere al amor por este mundo y por todo lo que está en él. Las personas que padecen la enfermedad del apego desean largas vidas, e incluso si ellos viviesen por mil años, nunca estarán satisfechos, nunca diciendo, "¡Suficiente!" El Profeta Muhammad ﷺ no tenía apego. El Ángel de la Muerte, el Arcángel Azrail, vino al Profeta ﷺ y dijo: "¡Oh Muhammad! ¿Quieres ir a tu Señor en la Divina Presencia, o quieres quedarte en este mundo? Dios te está dando la elección." El Profeta ﷺ fue el único en este universo al que se le dió esta elección, y eligió ir a Dios.

Sayyidina Ali ؑ dijo, "Haz para la vida de este mundo como si fueses a vivir para siempre, y haz por la vida del otro mundo, como si fueses a morir mañana."

No seas ávido por este mundo; no vivirás para siempre, y el mundo por venir es mejor, y en comparación a este, por lejos más duradero.

> *Encontrarás que son los hombres con más apego a este mundo, como les ocurre a algunos idólatras, que desearían les fuese dada una vida de más de mil años, pero aunque los vivieran eso no los salvaría del castigo, Dios ve todo lo que ellos hacen.* [126]

Incluso si vivieras por mil años, no encontrarás un beneficio genuino en este mundo. Quiera Dios guardarnos de estar corriendo tras él.

---

[125] Tradición Profética.
[126] Suratu 'l-Baqara [La Vaca], 2:96.

LOS DOS SIGNIFICADOS DEL APEGO

Dios dijo sobre el Profeta ﷺ:

En verdad os ha llegado un mensajero salido de entre vosotros; es penoso para él que sufráis algún mal, está empeñado en vosotros (harisun) y con los creyentes es benévolo y compasivo. [127]

En este caso, el término *hirs* ha adoptado un significado diferente, positivo, al referirse al apego emocional del Profeta ﷺ con su Comunidad. En el sentido negativo, *hirs* significa estar apegado a este mundo y a todas sus riquezas, el siempre querer más para consumir, el nunca estar satisfecho con lo que tienes. Sin embargo, cuando *hirs* es por amor a Dios, como la ardiente búsqueda del Profeta ﷺ por la Misericordia de Dios para con Sus siervos, está permitida. Puedes estar apegado a Dios y estar hambriento de más alabanza, bendiciones y misericordia, pero el hambre por este mundo está prohibido.

Uno debe buscar el equilibrio en la vida, el cual se logra siguiendo la Ley Divina. El buscar fama y fortuna y el pasar un buen momento en este mundo carecen de fundamento. Construir para la Otra Vida aumenta nuestro amor para adorar a Dios y nos trae más honor, más favores divinos y más dignidad.

Que Dios nos perdone y nos proteja.

---

[127] Suratu 't-Tawbah [Arrepentimiento], 9:128.

13. Superioridad (*Al-'Azamah*)

Y ciertamente Faraón fue altivo en la tierra; y más seguro fue de los extravagantes. [128]

Clamar grandeza (*adhama*) es un trato de Satanás, quien le respondió a Dios cuando Él le ordenó postrarse ante Adán :

¡Yo soy mejor que Adán ! Tú lo creaste de barro y a mí de fuego, entonces porque debería postrarme ante él. [129]

Debemos conocer nuestros niveles como sirvientes. Aceptamos la sumisión (*Islam*), la fe (*Imán*) y la excelencia (*Ihsan*), y aceptamos al Profeta Muhammad . Por lo tanto, debemos seguir a nuestro Profeta , quien nunca se pensó a sí mismo como grande en comparación con Dios. Fue la persona más humilde.

Gransheik Abd Allah al-Fa'iz ad Daghestani (q) cuenta una historia que demuestra este rasgo negativo en los seres humanos. Un hombre recibió un tanque de agua y su trabajo consistía en distribuir el agua a los sedientos viajeros. La gente venía y él vertía el agua fría en una taza. Un día fue superado por el engreimiento. Compró una serie de tazas, a cada una la pintó de un color diferente. Cada vez que alguien buscaba un refresco y le pedía le alcanzase una taza de agua, él decía, "No. Esa no, toma la copa verde." "No, esa taza no, toma la taza roja." De este modo, empezó a agrandarse a sí mismo por un poder sobre la gente que no era válido, necesario o útil.

Mirarse a uno mismo como grande es una indicación de que Satanás está entrando en tus venas. En el cuerpo humano, la

---

[128] Sura Yunus [Jonás], 10:83.
[129] ver Suratu 'l-Baqara [La vaca], 2:34 y Sura TaHa, 20:116.

sangre viaja a través de las venas al corazón, y en el corazón hay un coágulo negro (*mudgha*).

El Profeta ﷺ dijo:

Ciertamente, hay un pedazo de carne en el cuerpo. Si está bien, todo el cuerpo esta bien. Si está mal, todo el cuerpo está mal. [130]

Ese lugar en el corazón es donde Satanás entra y juega, convirtiendo a la humildad en arrogancia y haciendo a la gente cacarear como gallos.

Alejandro Magno conquistó la mayor parte del mundo. A su muerte, dió instrucciones a sus ministros de que sus manos debían salir extendidas de su tumba. "Quiero mostrar a la gente que Alejandro Magno dejó este mundo con las manos vacías", dijo. Que este sea un ejemplo para todos nosotros. Van a morir, y no se llevarán nada de este mundo con ustedes, excepto sus buenas acciones. Independientemente de cuánto tiempo ustedes vivan en este mundo, un día van a dejarlo con las manos vacías. Ustedes no son el más grande. Dios es el Más Grande, y ese hermoso atributo divino está reservado exclusivamente para Él. Reclamar grandeza es reclamar algo que no es nuestro, por lo que se asemeja a robar. La grandeza no pertenece a nadie excepto a Dios.

Dios describió al Profeta ﷺ:

En verdad os ha llegado un Mensajero salido de entre vosotros mismos; es penoso para el que sufráis algún mal, está empeñado en vosotros y con los creyentes es benévolo y compasivo. [131]

"Lleno de Piedad" (Ra'uf) y "misericordioso" (Rahim) son los nombres de Dios, que Él ha compartido con el Profeta ﷺ. Pero Dios nunca comparte el atributo de grandeza con nadie. No tenemos ningún derecho a reclamar, y si lo hacemos, Dios nos quite de Su misericordia. ¡Tengan cuidado!

Dios nos dijo hagamos postración, que es la única manera de matar cualquier pretensión de grandeza que se esconde dentro de

---

[130] Bukhari, Muslim, Ibn Majah, ad-Darimi, Ahmad.
[131] Suratu 't-Tawbah [Arrepentimiento], 9:28.

13. SUPERIORIDAD (AL-'AZHAMAH)

nosotros. En el Sagrado Corán, hay catorce puntos en el curso de completar su recitación en donde debemos prosternarnos. Con ellos, Dios nos recuerda: "No levanten la cabeza, porque Yo soy el Señor! No creas que eres grande, porque yo soy el Señor! Prosternaos a mí." Los santos tomaron conocimiento del Profeta ﷺ y en cuanto a la manera de protegerse contra el proclamar grandeza. La protección viene por la oración de Salvación y de la postración que sigue a ella, [132] o incluso por hacer una postración después de cada oración.

Satanás se acercó al ancestro de toda la humanidad, el Profeta Adán ﷺ, en el Paraíso y lo tentó a comer del árbol prohibido, diciendo: *"Se te dará la vida eterna! Se te hará grande!"* [133] Después de que lo hizo, ¡Adán ﷺ supo que había pecado! En arrepentimiento, hizo cuarenta años de postración. Dios entonces lo perdonó. Por otro lado, Satanás, antes de la caída de la gracia, fue un devoto siervo de Dios, se postró a Él en cada lugar de la creación de Dios, porque él trató de ser conocido como un devoto. Pero cuando Dios ordenó: Póstrense ante Adán ﷺ, se negó. Esto aún no era el final de su rebelión, incluso después que Dios le había condenado, se negó a pedir perdón.

> Gransheik 'Abd Allah ق relató:
> Se dice que una vez Satanás llegó a un erudito espiritual, un santo, en una visión, y le hizo esta pregunta, "Dios dijo: *"Mi misericordia abarca todo"* [134] ¿Estoy incluido en ese "todo", o fuera de él?" Ese santo no respondió, ya que eso está en el reino de la Voluntad de Dios, por lo que lo dejó sólo, sin decir "sí" ni "no".

Los santos siempre se someten a la Voluntad de Dios. No interfieren en juzgar a los demás, sino que se centran únicamente en su propia persona. Así que él miró a su propio ser, a sabiendas

---

[132] Ver el capítulo acerca de los celos.
[133] Surah TaHa, 20:120.
[134] Suratu 'l-'Araf [Las Alturas], 7:156.

de que es responsable sólo por sus propias acciones, y la necesidad de purificarse a sí mismo, y dejó sin respuesta la pregunta de Satanás. "Sí" significaría que Satanás está bajo la misericordia de Dios, pero porque Dios ha envilecido a Satanás, él tenía miedo de decirle "sí". Tuvo igualmente miedo de decirle "no", porque Dios había dicho "todo" sin condiciones. Tenía miedo de dar respuesta. Así que no dió ninguna, poniéndose en contra del deseo de su ego de dar una respuesta y demostrar superioridad sobre el maldito Satanás.

Gransheik 'Abd Allah (q) nos dijo:

Está relatado que Satanás hizo esta misma pregunta cientos de años más tarde a otro santo, que dio otra respuesta. Esa respuesta embrolla a la mente, pero nunca puede agitar el corazón. Él le dijo: "Tú caíste junto con "todo". Estás bajo la misericordia de Dios!"

"¿Quieres el perdón?", preguntó. "Sí", respondió Satanás. "Yo recomiendo hacer una cosa", dijo el santo. "¿Qué es eso?" preguntó Satanás. "Ir a la tumba de Adán ﷺ y postrarse ante él, arrepintiéndote de tu anterior negativa, y podría ser que Dios te perdone, pero eso está en las manos de Dios".

"¿Qué?" Satanás respondió, "Cuando estaba vivo me he negado a postrarme delante de él. Ahora que está muerto y enterrado quieres que haga eso?" Así, Satanás se negó a rebajarse a sí mismo, lo que demuestra su egoísmo último; a pesar de saber muy bien que estaba en el mal y que el resultado de su continua desobediencia sería nada más que más desgracia. Para Satanás, el siguiente versículo del Corán es el más apropiado:

Cuando le es dicho a él, "Teme a Dios", él es llevado por la arrogancia a más crimen. [135]

---

[135] Suratu 'l-Baqara [La Vaca], 2:206.

13. SUPERIORIDAD (*AL-'AZHAMAH*)

Una vez el famoso santo sufí, Ibrahim ibn al-Adham ق, se encontraba en un bosque, porque solía deambular por la tierra en la búsqueda de la Divina Presencia. Estaba nevando fuertemente y él no encontró reparo sino en una cabaña construida en la parte superior de unas escaleras. Debajo de las escaleras había un espacio que estaba la mitad cubierto por la nieve, por lo que se acomodó allí para tomar su descanso y esperar el amanecer. Mientras dormía, llegaron tres personas y subieron las escaleras que conducían a esa apartada habitación, trayendo con ellos botellas de vino para beber. Quería dormir, pero estas personas se mantuvieron chocando las copas juntos, brindando y así. ¿Qué hizo ese santo? Dijo sólo una palabra. Él dijo, "*Alhamdulillah*", es decir, como todo el mundo lo entiende, "toda alabanza pertenece a Dios."

Pero para Dios es completamente diferente, porque Él conoce las intenciones, Él conoce los corazones, Él sabe. Tan pronto como Ibrahim ibn al-Adham ق dijo esto, escuchó una voz dirigirse a él diciendo: "Te voy a tirar de Mi Presencia, si hablas de esta manera otra vez!" En ese momento, un borracho salió de la choza y al ver a Ibrahim ibn al-Adham ق, lo regañó gritando "¿Por qué estás aquí?" Dios hizo ir a ese borracho a hacer eso, para castigar a Ibrahim ibn al-Adham ق por decir "toda alabanza es para Dios", en la forma en que lo quiso decir.

Ahora permítannos explicar: ¿Con qué intención había exactamente Ibrahim ibn al-Adham ق dicho, "toda alabanza es para Dios?" Dijo con el sentido de "Gracias a Dios que mi Señor no me hace como ellos, un borracho, y que Él me ha mostrado Su Luz y me hizo una buena persona." Alabó a Dios en ese sentido, por lo que Dios no se complació y lo amonestó. Es bueno decir, "toda alabanza es para Dios", pero no quiere decir que, en el sentido de, "Yo soy mejor que ellos", con la intención de desvalorizar a otros y agrandarse a uno mismo, pensando que es mejor que todos. Es un aspecto de la justicia de Dios el haber hecho a algunas personas de una forma y a otros de otra manera.

Se hizo así con el fin de que este mundo se moviese, y esa es la sabiduría detrás que los seres humanos no entienden.

Cuando el Profeta Muhammad ﷺ nació, inmediatamente entró en postración. Jesucristo ؑ, cuando nació y su madre lo llevó a su pueblo, dijo, "*Yo soy el siervo de Dios.*" [136] Estos ejemplos muestran cómo Dios quiere que se refieran a Él, con Él como El Mejor y nosotros como sus humildes servidores. Que Dios nos proteja.

---

[136] Suratu 'l-Kahf [La Caverna], 18:30.

14. Distracción y Pereza
(AL-GHABAWAH WA 'L-KASALAH)

Si la pereza es asesinarse también lo es la distracción. [137]

La pereza y la distracción son similares. La pereza se manifiesta en el interior (*jawhar*), mientras que la distracción se encuentra en el exterior de uno mismo, el cuerpo físico (*jawareh*). La negligencia se pone de manifiesto cuando uno se comporta en el nivel más bajo de la energía intelectual, sin el cuidado de aplicarse a uno mismo. Si uno le pide a alguien con esta enfermedad espiritual que atienda el teléfono, contestará, "¡Ah! Es demasiado. No tengo energía para eso." Si les sugieres a ellos, "Vamos a la tienda a comprar víveres para nuestra cena", darán cualquier excusa para evitarlo. Estas personas están esperando la muerte. Estas personas pierden su tiempo y no se benefician a ellos ni a otros.

Dios creó veinticuatro horas en cada día. Él dijo, *"Oh Muhammad! Diles, '¡Hagan!'"* [138]

Hay una famosa historia del gran emperador, Harun ar-Rashid, cuya generosidad es renombrada. Construyó un lugar en el que se proporcionaba a sus súbditos alimento, vivienda y ropa. Por lo tanto, ellos no tenían ningún incentivo para trabajar. Su hermano Bahlul era un santo que observó que, debido a esta facilidad, todo el país se estaba deteriorando. Harun ar-Rashid le consultó acerca de lo que se necesitaba hacer, y su hermano Bahlul aseguró que él tenía un plan.

Comenzó por ir a la vivienda más grande y la prendió fuego. Los ocupantes escaparon, todos salvo dos que no pudieron

---

[137] Dicho árabe.
[138] Suratu 't-Tawbah [Arrepentimiento], 9:105.

incluso correr fuera del edificio. Cada uno se encontraba en su lugar con el fuego casi rodeándolo. Uno dijo: "Por favor, muévete hacia allí un poco," a lo que el otro respondió: "No, por favor muévete *tú* un poco hacia el otro lado." De esta manera, la pareja demostró que ellos realmente no eran capaces de cuidar de sí mismos. Un ministro hizo que se retirase a ambos y ordenó que una gran casa sea construida para ellos, ya que ellos merecían ser atendidos también. En cuanto a los otros, que sólo pretendían ser incapaces, se les ordenó volver al trabajo.

La pereza es la manifestación interna de la dejadez. Esta aflige al carácter y no puede ser vista. El perezoso demora todo, ya que no tiene importancia para él. Incluso retrasa la oración, las buenas obras y la responsabilidad. Toda bondad escapa de su corazón, incluso el amor y el temor de Dios. Es su naturaleza nunca ayudar o intervenir en situación alguna. Si ve que tiene la solución a un problema y puede de alguna manera beneficiar a otros, él todavía no prestará asistencia. Si el perezoso se da cuenta de que la sociedad en su conjunto, o incluso su propia comunidad, se enfrenta a una catástrofe y él sabe cómo evitar esa catástrofe, no intervendrá. Más bien dejará que todo el mundo sufra, porque le gusta que todo y todos se deterioren junto con él mismo. Que Dios nos proteja.

15. Ansiedad (AL-HAMM)

Se ha reportado que el Mensajero de Dios ﷺ dijo:

Digan a menudo, "No hay fuerza ni poder excepto en Dios." Sin duda es un tesoro del Cielo, y en él hay un remedio para cada enfermedad, el menor de los cuales es la ansiedad.

Otra Tradición Profética relata que el Profeta ﷺ dijo:
Quien diga: "No hay más dios que Dios," disipa de él noventa y nueve tribulaciones, la menor de las cuales es la ansiedad.

La preocupación se desarrolla a partir de la dejadez. Cualquier persona con esta característica está desprevenida del hecho de que sólo Dios es el Proveedor (*ar-Razzaq*), y de que Él salva de todo daño. El olvido de Dios, del Profeta ﷺ, del Islam, del Camino y del otro mundo conduce a una preocupación excesiva. Las personas con este problema sienten la carga de preocupación y no saben cómo aliviarla porque no someten sus vidas y sus corazones a Dios.

Dios dice:
El Malvado te amenaza con la pobreza y te invita a la acción indecorosa. Dios te promete Su perdón y favores. Y Allah se preocupa por todos y Él sabe todas las cosas. [139]

El Islam nos instruye a someternos a Dios en esta vida, de entregar nuestros problemas y cargas al cuidado de Dios, de evitar el cargar preocupación. Es por esta razón que los santos nunca llevan preocupación por este mundo, sólo les concierne la Otra Vida.

---

[139] Suratu 'l-Baqara [La Vaca], 2:268.

El Profeta ﷺ estaba preocupado por la posición de su Comunidad en el mundo por venir, no por lo que sus miembros tienen en este mundo. Cuando la gente le preguntó acerca de cómo conducir su comercio, él les dió direcciones, y cuando el comercio falló, ellos vinieron protestando al Profeta. Él dijo: "Yo les estoy enseñando para que construyan su vida en el otro mundo, no para este mundo." Algunas personas desatentas han interpretado erróneamente este incidente, alegando que el Profeta cometió un error. Pedimos perdón de Dios por un reclamo así; el Profeta no comete errores. Él nos enseñó a no preguntarle por esta vida, sino a pedirle por la Otra Vida. Cuando tú no sabes, cuando estás haciendo caso omiso del plan de Dios al que debes someterte, entonces llevas todas las preocupaciones de esta vida.

TRABAJANDO SIN PREOCUPACIÓN

Sayyidina Sheik Sharafuddin ق, nuestro gran Gransheik, vivía en un pueblo fronterizo llamado Rashadiyya. En su tiempo, la época Otomana, la invasión de los ejércitos enemigos se acercaban a la zona. Los pobladores corrieron a él por consejo, diciendo: "Sus ejércitos están a dos noches de distancia de nosotros! ¿Deberíamos dejar este pueblo?"

Él respondió: "No. Vayan y planten sus cultivos."

Ellos estaban sorprendidos. "¿Plantar nuestras semillas?" se preguntaron.

"Sí, ustedes están a salvo", él dijo. "No se preocupen por el enemigo. Vayan y planten sus semillas."

Siguieron su consejo y plantaron sus cultivos. Al día siguiente, el enemigo siguió acercándose, y los aldeanos de nuevo fueron a Sheik Sharafuddin ق, preguntándole que era lo que debían hacer. Él dijo, "Dejen el pueblo."

Sorprendidos, imploraron, "¿Por qué? Plantamos las semillas, tal como usted nos dijo!"

Sheik Sharafuddin ق respondió: "No sean perezosos! Dios les dio trabajo en esta vida, entonces complétenlo."

La lección aquí se refiere a cómo disciplinarnos para la Otra Vida. Dios hizo para nosotros obligaciones en esta vida, tales como el cuidado de nuestras familias, nuestra salud y nuestros deberes religiosos. Construir para la próxima vida no es sólo sentarse con un rosario, rezando y leyendo el Corán, ya que el Profeta ﷺ dijo:

Dios El Exaltado, ama a un creyente que se involucra en un medio lícito de ganarse la vida. [140]

Si cumplimos nuestras obligaciones para con Dios, no tenemos que preocuparnos por nuestro futuro. Dios se está encargando de ello. Debemos hacer lo mejor para trabajar, con el fin de proveer a nuestra familia, viviendo con nuestros propios medios. Algunos ganan más que otros, de acuerdo con lo que Dios ha asignado, y debemos estar contentos con lo que Él nos ha dado. Cuando están contentos, no se preocupan. Cuando no se preocupan, no se van a deprimir.

---

[140] Tabarani, Bayhaqi.

16. Depresión (AL-GHAMM)

Entonces Nosotros lo trajimos a él, (Oh Moisés), de vuelta a su madre, para consuelo de sus ojos y para que no se entristeciera. [141]

Una Tradición Profética dice:

Verdaderamente Dios, El Glorioso y Majestuoso, por Su sabiduría y exaltación creó facilidad y confort en contentamiento y certeza; y Él creó depresión y miedo en duda y descontento.

Preocuparse es externo. Para aquel en quien la depresión crece, esta característica negativa penetra profundamente en los intersticios del cuerpo físico, en las venas y el corazón. Dicha persona siente la depresión en cada parte del cuerpo y prefiere estar solo y no ver a nadie.

Una persona deprimida desea que el tiempo volase de nuevo, pero, por el contrario, los minutos parecen horas, las horas días y los días semanas. Por lo general, las personas que carecen de buenas salidas para su energía y se sienten insatisfechas son sujetos para estos sentimientos. Las personas que sufren de depresión tienden a dormir todo el día y a permanecer despiertas durante la noche, lo que les permite evitar a otros. Por la noche se dedican a actividades frívolas que encuentran entretenidas, como ver la televisión, jugar video juegos o algún otro pasatiempo que les da placer.

Que Dios nos perdone y proteja.

---
[141] Sura TaHa, 20:40.

17. Los ochocientos actos prohibidos (*AL-MANHIYAT*)

Aquellos quienes evitan los pecados graves y las acciones vergonzosas, sólo (cayendo) en pequeñas faltas - ciertamente el Señor es amplio en el perdón. Él los conoce bien cuando Él los sacó de la tierra, Y cuando estaban escondidos en los vientres de sus madres. Entonces no os justifiquéis: El conoce mejor quién es aquel que se guarda contra el mal. [142]

Hay 500 actos que el Profeta ﷺ nos ordenó hacer (*ma'murat*) y 800 actos que el Profeta ﷺ nos prohibió (*manhiyat*) de hacer.

El Profeta ﷺ dijo:

Dejar un átomo del peso de las prohibiciones de Dios, es más hermoso para Dios que el culto de todos los seres vivos.

El dejar un acto prohibido por la causa de Dios, es equivalente a la ejecución de todas las 500 acciones ordenadas, porque dejar un acto prohibido es sumamente difícil para el ego.

Imán al-Qushayri señaló que, de los 800 actos prohibidos mencionados en el Sagrado Corán, 477 son graves (*min al-kaba'ir*). Mencionó además que si una persona puede eliminar las dieciséis características censurables que hemos explicado en las secciones anteriores, resulta fácil el evitar caer en el resto de los actos prohibidos. Así pues, los 800 actos prohibidos son considerados uno de los diecisiete rasgos ruinosos. Tenemos la intención de describir estos con mayor detalle en otro volumen en el futuro.

---

[142] Suratu 'n-Najm [La Estrella], 53:32.

En el paso tres de la próxima sección, en caminando en el Camino al discipulado, el buscador debe hacer frente a este rasgo ruinoso con el tratamiento de la auto-examinación, *muhasabah*. Este método requiere que el buscador tenga un diario, y que cada día durante las actividades de su día a día anote todos los malos rasgos de carácter que observe en sí mismo. Estos son los rasgos que sólo él posee, pues no hay dos individuos iguales.

Cuando ese diario es finalmente completado, este detallará un número de 800 actos prohibidos que ese individuo posee en su personalidad.

الخطوات العشر

LOS DIEZ PASOS AL DISCIPULADO
AL-KHUTUWATU 'L-'ASHAR

الهجرة والمراقبة

Meditando y Migrando
(Al-Hijrah wa 'l-Muraqabah)

Cuál es el significado real del peregrinaje o migración? ¿Puede el verdadero significado ser sólo moverse de una ciudad a otra, o entre países o adquirir una nueva nacionalidad? Ese es el significado físico: dejar un lugar para ir a otro. Hoy el mundo se ha convertido en una aldea global. Puedes estar en muchos lugares, prácticamente al mismo tiempo. Donde sea que estés - en la luna, o en una montaña - puedes estar en contacto con cualquier otra parte del mundo por medio de la tecnología. Puedes dirigir a tu empresa desde las alturas de los Himalayas si tienes una computadora y puedes conectarte a un satélite. Este mundo se ha vuelto tan pequeño que la gente está tratando de ampliar su territorio. Esa es la razón por la que están tratando de llegar a Marte, porque imaginan que pueden ir allí - incluso vivir allí. Tal vez eso sería una verdadera migración, porque quien fuese allí nunca volvería. La migración exige salir de un lugar, pero no regresar. Si lo haces, no es una verdadera migración.

La verdadera migración espiritual, *hijrah*, es aquella en la cual el Profeta Muhammad ﷺ lideró a sus Compañeros. Son sus enseñanzas. Las enseñanzas del Profeta ﷺ encarnan la más alta comprensión de la migración; él nos dio los principios de la migración en la perfección. Si observamos, experimentamos y actuamos según estos principios, vamos a lograr la verdadera migración que es anhelada por todos. No una migración de la Tierra a Marte, o de la Tierra a la Luna. Una migración así aún estaría dentro de los límites de este mundo, pues "este mundo" incluye todo lo que ustedes pueden ver de estrellas, planetas y galaxias en el espacio. Lo que el Profeta ﷺ nos ha dado es la migración del carácter, de la corrupción a la pureza, de la fealdad a la bienaventuranza, de la oscuridad a la luz. Él nos enseñó a comprender valores morales, y que por alcanzar la perfección del carácter logramos la satisfacción y felicidad de Dios.

Cuando realizan la migración de los malos deseos y características al buen carácter y maneras, cuando alcanzan el más alto nivel de virtud moral, logran el poder de la ascensión espiritual y la auto-realización. En ese punto, su ego se cuadra en su límite, sin traspasar el ámbito de la moralidad y las maneras. Maravillas se abrirán para ustedes en ese momento. Sin embargo, cuando lleguen a ese nivel, no pretendan que tal poder o visión les pertenezca a ustedes; en realidad, es de Dios. Remitan todo de nuevo a su fuente: los Nombres y Atributos de Dios.

En ese momento, la verdadera migración - el más alto nivel de entendimiento - se abrirá para ustedes a través de su meditación, *muraqabah*. La gente anhela ese nivel, y trata de practicar la meditación de todas las maneras posibles para alcanzarlo. Algunas personas imaginan que han logrado el más alto nivel a través de su meditación, porque han llegado a lo que sea que estaban tratando de alcanzar. Pero más allá de lo que han alcanzado, permanecen allí niveles infinitamente más altos por alcanzar.

La gente dice, "Estamos meditando." Pero, ¿sobre qué están meditando? Ellos dicen, "Estamos tratando de conectar con la más alta energía universal, con el cosmos. Estamos tratando de llegar a la Divina Presencia... "

La Meditación (*muraqabah*) no es algo que agarras. Es como una oración, una forma de pedido. En verdad, la meditación no tiene ninguna estructura, ninguna forma; es universal. Todos están pensando, y la meditación es un pensamiento. De hecho, no es más que pensamiento. Quizás el pensamiento de convertirse en ingeniero viene a ti. Eso es meditación. Estudiar medicina es meditación. Estudiar carpintería es meditación. Estudiar filosofía es meditación. Estudiar espiritualidad también es meditación. La meditación no es algo que adquieres, sino más bien un medio para obtener algo. Cuando llegas a lo que estabas pensando, tu contemplación de ello ya no es más meditación sino otra cosa, dado que has llegado a eso que estabas contemplando. La meditación es sólo un medio de llegar, paso a paso. Es como una escalera. Si la escalera se pierde mientras estás escalando, te caerás. Sin embargo, una vez que alcances el techo, la escalera ya no es necesaria, pues has llegado a tu destino.

Es por eso que el Profeta ﷺ dijo: *"Una hora de reflexión (tafakkur) es mejor que setenta años de devoción."* Es más eficaz que la alabanza ordinaria. Es más rápida en relación a dicha devoción tal como un cohete lo es en relación a un auto. Por lo tanto, los beneficios de una hora se aceleran para igualar los beneficios de setenta años. [xii]

¿Ven ustedes cuánta importancia le dio el Profeta Muhammad ﷺ a la meditación? Sin embargo, es sólo una ayuda para llegar a un cierto nivel. Cuando ese nivel es alcanzado, no hay más necesidad de este tipo de meditación. El proceso meditativo ya no es adecuadamente llamado "meditación" una vez que el objeto de la meditación ha sido alcanzado. Puede que la gente se oponga a la utilización de esa palabra. Sin embargo, es una realidad y está en el Sagrado Corán:

> *Ciertamente en eso hay Signos para aquellos que reflexionan.* [143]

Cuando meditan y deciden dejar las malas características y moverse hacia las buenas características, entonces la meditación se convierte en una escalera que suben, ascendiendo a posiciones más y más altas. Como Dios dice:

> *Y aquellos que luchan en Nuestra (causa), ciertamente los guiaremos a Nuestros Caminos: pues verdaderamente Dios está con quienes hacen el bien.* [144]

---

[143] Suratu 'r-Ra'd [Trueno], 13:3. Esta frase es repetida en otros cinco versos.
[144] Suratu 'l-'Ankabut [La Araña], 29:69.

El Profeta ﷺ dijo a los Compañeros, *"Ahora estamos volviendo de la jihad menor a la jihad mayor."* La más grande *jihad* es la lucha contra el ego. Aquellos que luchan contra el ego son los orientados a Nuestros Caminos. Esta *jihad* es oponerse al deseo por medio de lo que a uno no le gusta. Luchar contra el ego significa que cualquier cosa que tu ego pida, haces lo contrario.

La meditación en sí misma no es una lucha en contra del ego; por lo tanto no es el nivel más alto. De hecho, hacerla los hace felices y puede hacer que su ego se enorgullezca. Puede que digan, "Estoy meditando, estoy logrando algo." Cuando piensan en y buscan lograr algo y ser premiados, lo que están haciendo no es una forma pura de meditación para Dios. Todavía están pidiendo algo a cambio de sus acciones. Los santos nunca piden nada a cambio de su devoción. Ellos entienden que Dios los creó y los trajo a este mundo con Su Voluntad. Lo que sea que tengan que hacer, dondequiera que sean llevados, depende de Su Voluntad. No están pidiendo por recompensas o incluso por el Paraíso.

En contraste, algunas personas están diciendo, "Dános la Divina Presencia." Eso se convierte en algo parecido a un negocio o comercio. Es como si estuvieran diciendo: "Dános esto, y nosotros te daremos aquello." En niveles superiores de espiritualidad, eso no es aceptado. En los niveles superiores uno debe ser como una hoja seca, volando en la brisa de otoño. La hoja no dice, "¿Por qué me mueves a la derecha?" o "¿Por qué estás moviéndome a la izquierda?" La hoja es como un velero en el océano, yendo a donde el viento lo lleve. No piensen que todo será como ustedes quieran. Los veleros en el océano se mueven de acuerdo al viento. Ese viento no está en sus manos, está en las Manos de Dios.

Si hay algo que estén buscando en la meditación, ésta nunca terminará. Los pasos en cualquier escalera de meditación son infinitos. Sin embargo, cuando dicen, "Oh Dios, vengo a Ti, sin pedir nada", entonces la ascensión toma menos tiempo. Por lo tanto, digan, "Lo que quieras hacer conmigo, hazlo, Oh mi Señor. Mi religión es la religión del amor, amarte a Ti es mi religión. Tú has enviado a Tus mensajeros, Tus profetas y Tú has enviado al Profeta Muhammad, entonces te amo a Ti y te sigo a Ti."

Hoy en día, a menudo hablan de "amor incondicional." Amor incondicional es amor universal. Si lo tienes, entonces todos son iguales a tus ojos, todos los seres humanos. Dios los creó de la misma manera. Tú tienes oídos, ellos tienen oídos, tú tienes ojos, ellos tienen ojos, tú tienes una boca y cada uno de ellos tiene una boca. Ellos no son diferentes. Ellos son iguales.

Dios nos dio a todos nosotros tres conjuntos de puntos. Un de los conjuntos tiene siete puntos focales que debemos reconocer y observar. Otro conjunto tiene cuatro de dichos puntos importantes. Otro conjunto tiene nueve. Cuatro, siete y nueve: estos números están relacionados con la aritmética fundamental y composición esencial del cuerpo. Estudiándolos, aprenderán esa aritmética y comprenderán esa composición. Si mantenemos el grupo de cuatro, el grupo de siete y el grupo de nueve puntos limpios, entonces lograremos algo.

El primer grupo, compuesto por cuatro puntos, es llamado el "Secreto", "Secreto del Secreto", "Oculto" y "Más Oculto". Estos cuatro niveles se encuentran en el misterio del corazón.

Otros cuatro puntos se nos han dado en conformidad con el dicho del Profeta ﷺ:

Mi siervo continúa acercándose a Mí a través de la alabanza voluntaria hasta que Yo lo amo. Y cuando lo amo Yo voy a ser los oídos con los que oye, voy a ser los ojos con los que ve..."

Así pues, los oídos y los ojos son cuatro puntos. El dicho continúa:

...voy a ser la lengua con la que habla, voy a ser la mano con la que actúa, y seré el pie con el que camina. [145]

---

[145] Bukhari.

Aquí hay tres puntos adicionales, completando el grupo de siete. Estos siete puntos son muy importantes para nosotros. El orden en que las acciones mencionadas están enumeradas es importante. El último paso en esto es caminar, mientras que empiezan con las orejas, ojos, lengua y mano. Cuando establecen su ver y su escuchar, cuando son capaces de oír y ver lo que la gente no oye ni ve, entonces recibirán guía. Entonces pueden hablar. Luego se les dará el poder de la mano, para cambiar lo que sea que quieran en este mundo, ya que el Profeta dijo:

Quien vea algo malo, debería tratar de cambiarlo con sus manos...[146]

Una acción que pueden realizar con su mano es firmar algo. Firmar un papel tiene significado en este mundo. Cuando firmen el Acuerdo Divino entonces también cambiarán todas las cosas; entonces estarán caminando por el Camino Recto.

Los nueve puntos son representados por el Eneagrama. Debemos activar estos puntos a fin de llegar a un nivel más alto de meditación.

Como musulmanes, Dios nos ordenó hacer la ablución primero. En la ablución, lo primero que hacemos es tomar agua en nuestras manos y lavarlas. Lavamos y a continuación pasamos agua entre los dedos. Si miran sus manos verán el número 18 escrito en árabe en la mano derecha y el número 81 escrito en árabe en la izquierda. Juntos, estos números suman 99.

---

[146] Narrado con una variedad de frases similares en Muslim, Ahmad, Tirmidhi, Abu Dawud e Ibn Majah. El recuerdo del hadith es "y si él es incapaz, entonces con su lengua; y si es incapaz de hacerlo, entonces con su corazón, y esa es la fe más débil."

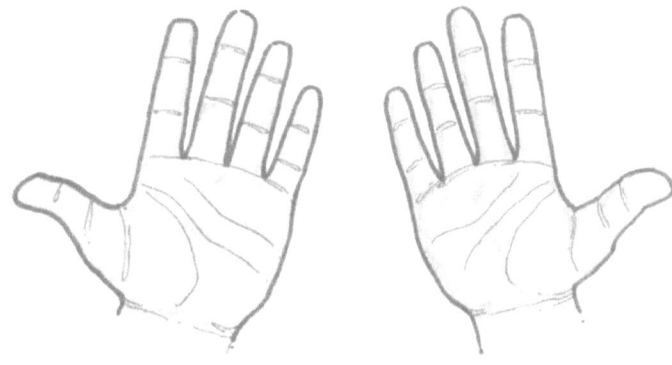

Números árabes: Izq. 81; Der. 18

Hay 99 Hermosos Nombres y Atributos de Dios. Lavando y frotando sus manos empiezan a activar la energía de las manos, entrando a ese Código Divino. En numerología, 18 y 81 cada uno da nueve. Nueve y nueve suman 18, que numerológicamente se reduce de nuevo a nueve. Más allá del nueve, el cero se introduce. Ese punto de nadidad se encuentra en el centro del Eneagrama, a donde la real migración conduce.

ACERCA DE LA QIBLAH

La gente puede alcanzar el Este, Oeste, Norte y Sur, sin embargo, dondequiera que vayan su enfoque es uno - la *Qiblah*. Dios dijo que cuando quieras orar, dirige tu rostro hacia la Santa Casa de Dios, la Ka'ba:

> *Vemos (O Muhammad) que vuelves tu rostro por guía a los Cielos: ahora vamos a darte una Qiblah (dirección) que te satisfaga. Vuelve entonces tu rostro hacia la Mezquita Sagrada [Ka'ba]: Dondequiera que estés, vuelve tu rostro en esa dirección. La Gente del Libro sabe*

*bien que esa es la verdad de su Señor. Tampoco está
Dios inadvertido de lo que hacen.* [147]

Donde sea que estén, dirijan su rostro hacia la mezquita de la Ka'ba en La Meca. Debido a la presencia de la Ka'ba, el lugar que la rodea es sagrado. Ese lugar es llamado el *Haram*, que significa "prohibido"; es un lugar en donde los pecados están prohibidos, un santuario. Incluso las malas intenciones en sus Santos Recintos son escritas en contra de ustedes. Es llamada mezquita, pero Dios la ha hecho más que eso. En realidad, es un lugar en donde los pecados no pueden ser aceptados. Esa es la razón de que su nombre árabe sea *Masjid al-Haram*, la "Mezquita Prohibida". [148]

*Gloria a (Dios) Quien tomó a Su sirviente en un Viaje
por la noche desde la Mezquita Sagrada a la Mezquita
más lejana, cuyos recintos Nosotros hemos bendecido,
para que podamos mostrarle algunos de Nuestros
Signos. Él es Quien oye y Quien ve (todas las cosas).* [149]

Donde sea que este lugar es mencionado, siempre es *Masjid al-Haram*. El nombre *Masjid al-Haram* significa que nadie puede actuar allí por malos deseos - incluso nadie puede tener malos pensamientos allí. Sólo buenos deseos y buenos pensamientos son aceptados, no así las características de los animales. Los animales actúan sin ningún límite en su comportamiento. Por lo tanto, *"Masjid al-Haram"* quiere decir la mezquita en donde el comportamiento degradante es inaceptable. El mejor símbolo para la ignorancia es el burro. Cuando las personas tienen esta característica, los describiremos como exhibiendo "burradas." Hoy en día, la gente lleva esta característica. Su ignorancia los lleva a un comportamiento bestial, y realizan todo tipo de acciones inaceptables.

---

[147] Suratu 'l-Baqara [La Vaca], 2:144.
[148] También traducida como la "Mezquita Sagrada."
[149] Suratu 'l-Isra [El Viaje Nocturno], 17:1.

Cada persona tiene el objetivo y la esperanza de llegar a un lugar santo, y para los musulmanes ese lugar es *Masjid al-Haram*. El foco del musulmán es alcanzar un perfeccionado nivel de carácter, aprender de él y ser iluminado por él. Dios conoce el corazón. De acuerdo a su sinceridad y trabajo, Dios los conecta con su anhelo.

> *Aquellos quienes combaten por Nosotros, Los guiaremos a las vías correctas, las vías que sean correctas para ellos.*[150]

Hay niveles de realización. Debemos progresar más allá de nuestro estado de ignorancia, aprendiendo y educándonos a nosotros mismos manteniendo la compañía de una persona iluminada.

Dios dice:

> *¡Creyentes! Teman a Dios y estén con aquellos que son verdaderos (de palabra y de obra).*[151]

El pulido corazón de un creyente sincero y verdadero (*sadiq*) es el receptáculo para que se manifiesten las luces celestiales de Dios y las bendiciones divinas. Tal persona es para nosotros como el sol. Cuando el sol se eleva, el mundo entero brilla a partir de esa fuente de energía que hace visibles todas las cosas. Estaba oscuro y, a continuación, brilla. De acuerdo a su personalidad y de acuerdo a cuánto se hayan liberado de sus "burradas", en ese momento, Dios les otorgará niveles más altos.

El enfoque de todos es, y debe ser, el lugar sagrado. Si logramos algo, pero todavía llevamos nuestras "burradas", empezamos a imaginar que sabemos algo. Si sabemos algo, tenemos que actuar con ello y seguirlo de acuerdo a nuestro entendimiento.

---

[150] Suratu 'l-'Ankabut [La Araña], 29:69.
[151] Suratu 't-Tawbah [Arrepentimiento], 9:119.

SIGUIENDO LÍDERES REALES

Se ha relatado que el Profeta ﷺ dijo:

Líderes serán nombrados entre ustedes, los que reflejarán su comportamiento, características y personalidad.[152]

Hay líderes que seguimos erróneamente por ignorancia. Tales líderes también piensan erróneamente, a través de su propia ignorancia, que son líderes reales. Ellos "guían", pero en realidad no mejoramos a través de ellos. En la medida en que se liberen de las "burradas", serán conectados con un mayor nivel de guías que los llevarán a la iluminación rápidamente.

Las "burradas" aumentan la arrogancia en nosotros. No puedes aceptar ningún consejo si sufres de "burradas" La arrogancia hace que la gente rechace el aceptar cualquier cosa excepto ellos mismos.

Un sheik, o alguien que lidera o guía, debe estar conectado a través de un linaje de sheiks al Profeta ﷺ. No todo aquel que dice: "Soy un sheik," se convierte en un auténtico sheik. Es posible que tengas permiso para conducir *dhikr*, pero cualquier persona puede conducir *dhikr*. La habilidad de guiar y dar consejos no está abierta a cualquiera. Eso no está en manos de gente ordinaria.

Hay seis poderes del corazón abiertos en el primer nivel de discipulado. Si faltan estos poderes, una persona no se ha convertido en un auténtico discípulo (*murid*). Fuera del Círculo de Discípulos está el Círculo de Amantes, aquellos que aman al Profeta ﷺ y a los santos. Los que están en este círculo hacen todo lo que pueden, pero aún no se han pulido a sí mismos como para alcanzar el nivel del discipulado.

Dios le dio estos seis poderes a toda la humanidad, porque todos nacen en el Islam. [153] Estos niveles están dentro suyo, pero necesitan purificarse para poder alcanzarlos. No pueden llegar a

---

[152] Ibn Najjar en su *Tarikh*.
[153] "Los seres humanos nacen en inocencia." Bukhari.

ellos hasta que lleguen al nivel de ser un discípulo y sus guías los abran.

Los seis poderes son:

- ❖ La Realidad de Atracción
- ❖ La Realidad de las Bendiciones Celestiales [154]
- ❖ La Realidad de Enfocar y Curar [155]
- ❖ La Realidad de la Intercesión
- ❖ La Realidad de Moverse en el Espacio[156]
- ❖ La Realidad de la Guía

En el primer nivel de discipulado, verán todos estos seis poderes. Por lo tanto, sólo es necesario preguntar a los que afirman ser sheiks que enumeren los seis niveles del corazón que son abiertos al discípulo en el Camino de los Conocedores para determinar si realmente son lo que ellos dicen ser. Si no lo hacen, ¿cómo pueden ser guías? Puede que sean contadores de cuentos. Eso está bien, ya que por lo menos trae bendiciones. Pero una persona así no debe engañarse a sí misma ni a las personas que asisten a sus reuniones de pensar que él es algo que no es.

Una vez la gente hizo arrestar a Bayazid al-Bistami ق y lo envió al rey. Se determinó que debía ser ejecutado. [xiii] Así que, escoltado por soldados a caballo, fue conducido a través del desierto a la presencia del rey.

En un sueño, el rey vio al Profeta Muhammad ﷺ, quien le avisó que uno de sus santos se acercaba a través del desierto y lo instó a ir a verlo. El rey persistió en dormir, y vio el mismo sueño de nuevo. Durmió de nuevo y vio el mismo sueño. Por fin, se

---

[154] Esto se refiere al poder de los discípulos de atraer bendiciones celestiales sobre ellos mismos.

[155] Esto se refiere al poder de los discípulos de usar los ojos del corazón concentrar Energía Divina como un rayo láser, dirigirlo a una persona y curarla.

[156] Esto se refiere al poder de los discípulos de aparecer en un lugar con el cuerpo entero mientras su propio cuerpo permanece en otro lado.

despertó, llamó a sus ministros y ejército, y salieron a caballo. Bayazid ق estaba a siete días de distancia.

Cuando llegó a Bayazid al-Bistami ق el rey desmontó y caminó a él. Levantando las cadenas del santo, puso a Bayazid ق en su caballo y lo llevó a pie de vuelta al palacio. Le tomó varios días volver caminando. Llevó a Bayazid ق dentro del palacio, lo duchó, frotó su espalda y lo escondió en un lugar en donde la gente no fuera capaz de encontrarlo. Todos tenían miedo del castigo del rey.

Después de siete u ocho días, centenares de seguidores de Bayazid llegaron a las puertas del palacio. El rey se preguntaba quién había filtrado la información sobre el escondite de Bayazid ق, y preguntó a sus seguidores cómo habían llegado a saber. Ellos dijeron: "Hemos seguido las huellas de luz que conducían a este palacio." Ellos fueron capaces de rastrear sus pasos basados en la luz que venía del camino que habían viajado.

La santidad no es una broma, ni tampoco lo es el poder de Guiar. No es simplemente para cualquiera el reclamar el poder de guiar. Es muy importante conectar a un verdadero sheik. Si te conectas con un sheik real, puedes volar. Pero si te conectas con un sheik que, aunque piadoso, no ha alcanzado la verdadera santidad, sólo estarás caminando. Esto se debe a que los sheiks santificados están conectados a la Divina Presencia.

Cuando tienen estos seis poderes y abren la boca para hablar, hay gente con receptores que escucha su emisión desde la estación principal. En ese momento, ustedes son la fuente, ya no más transmitiendo lo que ha sido dicho por otros.

Hoy en día, hay transmisiones en vivo y emisiones grabadas. Las grabadas son extraídas de las transmisiones en vivo. La grabación resultante puede ser obsoleta y anticuada, al igual que las grabadoras de cinta de antaño; a mitad de camino, la cinta se puede romper, y entonces tienes que empalmarla junta de nuevo. El Sheik de Bendiciones (*Sheik al-Baraka*) es así. Sin embargo, con el sheik que está conectado a la Divina Presencia, ángeles, seres espirituales y santos están todos escuchándolo, recibiendo información cuando habla.

Tan pronto como dicen "*Allah*", cualquiera con un receptor puede recibir. Es una onda. Ésta no muere, continúa. Es por eso que siempre está siendo escrito. Si programan su computadora para decir "*Allah ... Allah ...*", se mantendrá haciéndolo hasta el Día del Juicio sin parar. Esa longitud de onda mencionando el nombre "*Allah*" se está moviendo. Pueden recibir esa longitud de onda si tienen un receptor y extraen el sonido de ella. Esa es la gran diferencia entre un verdadero Sheik de Guía (*irshad*) y un Sheik de Bendiciones.

Para uno en el camino real de la santidad, el primer nivel a ser alcanzado es la vigilia. Este es el nivel de preparación y de atención - conciencia de la Divina Presencia de Dios, de Su mirada sobre nosotros. Uno que ha llegado a ese nivel siempre está consciente de lo que va a pasar. Deben ser conscientes de todo lo que alrededor suyo los aleje de Dios.

Tengan cuidado, porque en cualquier momento su ego los puede tirar abajo. No dejen que las "burradas" de su ego los superen. No permitan que su ego les ordene hacer esto o aquello. Tienen que someterse a Dios. Si escuchan y obedecen los caprichos y deseos de su ego, corriendo hacia lo que quiere y huyendo de lo que odia, entonces estén alertas. Un momento de descuido puede ser suficiente para destruirlos completamente. Es por esta razón que necesitan un guía.

Tomen la analogía de un abogado. Para proteger a sus clientes, un abogado puede decirles que no hagan ciertas cosas, que aunque puedan parecer inocuas, de hecho son ilegales. Él, o ella, pueden aconsejar en contra de cosas que son técnicamente legales, pero que tienen la apariencia de deshonestidad o ilegalidad. Puede ser que aconseje en contra de acciones legales que puedan llevar a un comportamiento fuera de la ley. El abogado quiere eliminar cualquier posibilidad de que su cliente sea demandado o se enfrente a una persecución penal. Por lo tanto, un abogado se convierte en un instrumento para informar a su cliente acerca de estos peligros y prevenirlo de transgredir con comportamientos ilegales. Los abogados te recuerdan. Ellos saben que un error es suficiente. Ustedes pueden cometer mil errores sin ser vistos, pero si uno de esos errores es descubierto, entonces van a estar en problemas.

Del mismo modo, si conducen su automóvil con un policía sentado junto a ustedes en el asiento del pasajero, no conducirán demasiado rápido, sino que diligentemente observarán todas las normas y reglamentos de la carretera. Sabiendo que él los detendría, se abstienen.

Los trucos de Satanás y del ego pueden hacerlos caer de inmediato. No tener un "abogado" espiritual, un guía, es como estar distraído de las leyes que la policía hace cumplir alrededor suyo. Un verdadero sheik es un defensor espiritual. Usando los poderes de la telepatía (ver la Realidad del Enfoque) que Dios le confirió, es capaz de advertirles. Es capaz de comunicarse a través de su corazón, incluso cuando está lejos, ayudándolos a permanecer conscientes y a evitar la desatención. Por lo tanto, ustedes se vuelven concientes de todo aquello que podría llevarlos al error. De esta manera, la iluminación comienza a tomar control de su corazón.

Quizás *todas* nuestras acciones son despreocupadas, y quizás todas pasen, sin ser vistas o perdonadas. Pero un acto irresponsable que no es perdonado puede destruirnos completamente. El guía nos guarda de ese acto, al igual que el abogado nos protege de conductas que transgredan la ley. Estamos bajo el microscopio del sheik, y él nos está probando.

Este es el primero de los diez diferentes niveles en el camino de gnósticos que deben alcanzar. Alcancen estos diez niveles, y sólo entonces abrirán los seis poderes que están en su corazón.

Debemos centrar nuestra atención en el mismo punto en el que todos los musulmanes se centran, el *Masjid al-Haram*. Ése es el lugar en donde no se pueden cometer pecados. El corazón del creyente debe ser tratado de la misma manera, porque Dios dijo: "Mi cielo y mi tierra no Me pueden contener, pero el corazón de Mi creyente puede contenerme." Siguiendo este camino, el corazón se vuelve como el *Masjid al - Haram*, un lugar donde los pecados están prohibidos. Se convierte en un lugar dedicado a Dios.

> *El Profeta Muhammad dijo: "No hay uno entre vosotros, sin que un compañero de entre los genios le haya sido asignado." Ellos (los Compañeros presentes) dijeron: "Incluso tú, Oh Mensajero de Dios?" Él dijo: "Incluso yo, pero Dios me concedió la victoria sobre él y se convirtió en Musulmán, por lo que sólo se une a mi para hacer lo que es bueno."*[157]

No podemos tirar nuestros demonios fuera, pero tenemos que seguir luchando contra ellos. Somos servidores débiles. Oh nuestro Señor, si Tú no nos apoyas, nosotros fallamos; con Tu apoyo, tenemos éxito.

---

[157] Muslim.

El Foco del Corazón

El corazón es un lugar que debe estar limpio, pues está narrado que Dios dijo, *"El corazón del creyente es la casa del Señor."* xiv Las revelaciones vinieron al Profeta ﷺ; las inspiraciones vienen a los corazones de la gente normal. Ya que el foco es el corazón, debes mantenerlo limpio.

Cuando ustedes tienen una casa la limpian todos los días. Barren y limpian con el fin de que aparezca limpia a sus ojos y a los ojos de sus invitados. Si mantienen su casa limpia, entonces qué de aquello que Dios les ha confiado para que mantengan limpio. Dios nos está diciendo, "Yo les estoy dando Mi Casa, a donde vienen todas las inspiraciones, a través de la cual todas las bendiciones vienen a ti. ¿Cómo van a recibir Mis inspiraciones? ¿Las van a recibir en un corazón finamente pulido, o en un empañado, nublado corazón?" Es muy importante purificar nuestros corazones de la corrupción de este mundo. También es importante quitar la contaminación de aquellos cuya energía negativa nos afecta en nuestras vidas y destruye el respeto que Dios puso en nuestro corazón por Él. Hoy en día, lamentablemente, la gente está respetando a Satanás más de lo que está respetando al Misericordioso Señor.

Un sheik guía a sus seguidores al Camino de Dios. El foco de todo el mundo debería ser dirigido hacia la *Masjid al-Haram*, que es la realidad del corazón. Una vez más, el Profeta ﷺ dijo: *"El corazón del creyente es la Casa del Señor"*. Dios dijo que la Ka'ba es Su Casa. Para que tu corazón pueda convertirse en una Ka'ba, todo allí debe estar limpio. No puedes ir a la Ka'ba y hacer algo mal. Está prohibido. Un pecado cometido allí puede ser igual a 100.000 pecados en otro lugar, así como una oración allí se valora tanto como 100.000 oraciones realizadas en otro lugar.

Hoy hay coches que funcionan utilizando baterías. Otros utilizan diesel, mientras que otros utilizan gasolina. Cada tipo tiene una capacidad diferente. Si quieres ir a sesenta millas por hora, puedes usar un coche que funciona con baterías, pero no pueden ir más rápido que eso. Si quieres ir más rápido, puedes utilizar un automóvil diesel. Si quieren ir más rápido todavía, debes usar gasolina. Si desean moverse aún más rápido, hay combustible para aviones.

El guía te da un *dhikr* diario para recitar con el fin de limpiar tu corazón. El *dhikr* diario está diseñado para hacer que llegues a diferentes niveles del corazón. En meditación, la gente dice, "¡Oh mi Señor, estamos yendo a Ti." Ellos conectan sus corazones al corazón del sheik, desde su corazón, al Profeta ﷺ, y del Profeta ﷺ a Dios. Ese es el camino y es aceptable, pero no puedes venir a esa práctica con un corazón sucio. No puedes conectarte a la Divina Presencia de Dios y contemplar los Hermosos Nombres y Atributos con un corazón sucio, así como no puedes sentarse en una casa sucia o usar una alfombra sucia para rezar.

Tantas personas cometen errores en su meditación. Hacen *dhikr* – "*Allah, Allah*" o "*La ilaha ill-Allah,*" [158] - y se concentran en eso. Es bueno eso, pero antes de hacerlo deben meditar y reflexionar acerca de la negatividad en ustedes mismos, en sus pecados, en su propio mal carácter. Por la noche, tomen un cuaderno y un lápiz, y anoten lo que hicieron durante el día, comenzando con el momento en que se despertaron. Cuando se despiertan, es *sunnah* renovar su Testimonio de Fe, la *shahada*, porque es un nuevo día. Han hecho eso? Si no es así, cuéntenlo como un error. Después de eso, deben realizar la ablución. La han hecho? Si no es así, regístralo como otro error. Procedan de esta manera, paso a paso, y registren todos sus errores. Este registro se convertirá en un diario de sus pecados y errores: "Hablé duramente con mi esposa... Me fui a trabajar y vendí un artículo a un cliente por $ 10 cuando el precio justo era de $ 5... Robé... Engañé... Mentí... Caminaba por la calle, vi algo prohibido, y no bajé la mirada... "

---

[158] No hay Dios excepto Dios.

En el Islam, sabemos que hay 500 buenas acciones por hacer y 800 acciones que el Profeta ﷺ nos ordenó evitar. Antes de empezar a meditar en Dios a través del *dhikr*, tienen que meditar sobre la manera de tirar la suciedad - las características típicas de burro y la ignorancia - de su corazón. Esa es la razón por la que el Profeta ﷺ dijo: *"Contemplar durante una hora es mejor que setenta años de devoción."*

Háganse una auditoría a ustedes mismos. Si la oficina de impuestos del gobierno viene y dice, "Queremos hacerte una auditoría," ¿qué harías? Te preocuparías de que puedan encontrar un error, aunque hayas intentado lo mejor posible el no cometer ningún error. Puede que tiembles. Si tiemblas ante el auditor fiscal, ¿cómo crees que será ante Dios, cuando Él te llame para una auditoría?

> *Entonces quien haya hecho un átomo de peso de bien, lo verá!*[159]

¿Acaso no creen en el Día que se aproxima? Para los santos, ese Día es todos los días. Sus discípulos deben hacerse una auditoría a sí mismos. Si te haces una auditoría, es como si hubieras rezado por setenta años.

Una vez Gransheik 'Abd Allah ق dijo: "Es muy fácil rezar dos ciclos de oración o ayunar un día, pero es muy difícil abandonar una acción prohibida." Por ejemplo, miras algo prohibido y lo sigues mirando, porque tu ego no te permite detenerte. Todos nosotros estamos bañados e inundados en malas acciones. La ira es una de las peores características. El Profeta Muhammad ﷺ dijo: *"La ira es incredulidad."* ¿Quién no tiene rabia? Ustedes no pueden pretender que no lo tienen; la verdad es que se enfadan con todos.

Es muy importante mirar nuestras características negativas. El sheik, cuando los mira, sabe de qué clase de negatividad son portadores. Los Guías Espirituales enumeran diez pasos que

---

[159] Suratu 'l-Zalzala [Temblor], 99:7.

tienen que tomar cuando se embarcan en su viaje buscando conocimiento.

الاستقامة

1. Pararse por la Verdad
(AL-ISTIQAMAH)

Dí: "Los exhorto en un punto: que se paren ante Dios,- (Puede ser) de a pares, o (puede ser) de uno en uno,- y reflexionen (en ustedes mismos): vuestro Compañero no es un poseso: él no es nada menos que un advertidor para ustedes, frente a un terrible Castigo."[160]

Pararse por Dios significa pararse por la Verdad contra la falsedad. ¿Quién está de pie por la Verdad en contra de la mentira hoy en día? Antes de mirar a los demás para juzgarlos, párense por la Verdad contra el mal dentro de ustedes. Luchen contra el diablo en ustedes mismos. Párense por Dios contra Satanás, porque Satanás está siempre allí, susurrando en su corazón. Pararse por El Compasivo significa mantener los ojos abiertos y ser consciente de todo lo que está dentro de ustedes. Esto conduce a la auto-realización.

Mírense a ustedes mismos en el espejo de su maestro y guía, y observen cuántas malas características pueden contar. Volviéndose consciente de estas características negativas, se vuelven conscientes de que Dios los está observando y saben que deben ir a Su Presencia. Deben levantarse por Él. Para hacerlo, tienen que eliminar los rasgos negativos de su carácter.

VIGILANCIA (AL-MURAQABAH) المراقبة

La conciencia y la atención eliminan la desatención. Si alguien es distraído, es descuidado de las consecuencias, ignorante del resultado de sus acciones. Deberían estar atentos constantemente,

---

[160] Sura de Saba [Saba], 34:46.

manteniendo altas sus defensas. ¿Cuál es el arma espiritual de un creyente? La ablución.

El Profeta Muhammad ﷺ dijo:

La ablución es el arma del creyente.[161]

La ablución los purifica y abre todas sus células para que reciban innumerables bendiciones y manifiesten los hermosos Atributos Divinos.

Hay animales que no pueden ver, pero que tienen antenas. Hay personas ciegas que no pueden ver, pero llevan un bastón. Antenas y bastones son utilizadas para recolectar información. Para tales personas, éstos son sensores, recopilando información sobre lo que está a su alrededor. Al interactuar con el mundo a través de sus sensores, personas y animales toman conciencia de todo peligro que acecha en la cercanía.

Cuando se despiertan en una noche oscura y tienen que caminar en la oscuridad, pueden hacerlo con las manos extendidas para poder sentir su camino de ese modo. Utilizan sus sentidos. Conciencia espiritual significa que su cuerpo entero es consciente de Satanás y de sus trampas. Sin esta conciencia, puede que se pierdas en el descuido. Un momento de descuido es suficiente para destruirlos. No saben cuando la Ira de Dios vendrá sobre ustedes, por lo tanto deben ser atentos y evitar acciones que estén prohibidas.

Al-Junayd ق dijo:

Mi maestro en el camino de la vigilancia, *muraqabah*, es el gato: Un día, estaba pasando por la calle, y vi un gato sentado y mirando al agujero de un ratón, tan absorto en su agujero que ni uno de sus pelos se movía. Me dejó perplejo por su concentración y vigilancia, y fui llamado en lo más íntimo: "¡O tú con la débil determinación! No me dejes ser en tu propósito menos

---

[161] Árabe: *Al-wudu silaah ul-mu'min.*

que el ratón, y tú, no seas en la búsqueda menos que el gato." Entonces me desperté, me adherí a la senda de la vigilancia, y logré los resultados que tengo.

Cuando a través de la vigilancia, tratan de distanciarse de la desatención, su corazón se parará por Dios. Serán conscientes de todo acerca de ustedes y de ese modo empezarán a eliminar la interferencia de Satanás. Eliminen la desatención, y su corazón empezará a estar limpio y pulido. La opacidad será removida y la luz vendrá. Cuando se estén parando por Dios, Él los bendecirá y los bañará con Su luz, por consiguiente, su corazón se volverá iluminado.

El Profeta ﷺ dijo:
La fe de una persona no estará firme y en obediencia a Dios (istiqamah), hasta que su corazón esté parándose por Dios. Y su corazón no estará parándose por Dios, hasta que su lengua sea para Dios.[162]

CONCIENCIA DE SÍ (*AL-YAQAZAH*) اليقظة

El estado de atención, *al-yaqazah*, es el primer nivel, el comienzo del viaje del gnóstico. En el Camino Sufi, *tariqat*, hay tres categorías: el principiante, *mubtadi'*, el preparado, *musta'id*, y el discípulo, *murid*. Cuando alcanzan ese nivel de atención, el nivel de pararse por Dios, están viajando entre el nivel de preparación, *musta'id*, y el nivel del discípulo, *murid*. Hay diez pasos que tienen que subir para alcanzar el nivel de discípulo. Este es el primero.

Mediten sobre la negatividad en su corazón. Ahora, así como meditan, son como alguien jugando con un juguete. Cuando se elevan a través de los diez niveles, los seis poderes se abrirán para ustedes. Entonces, ya no estarán jugando con un vehículo de juguete, como un niño, sino que tendrán un verdadero vehículo para conducir. Van a empezar a visualizar y a escuchar

---

[162] Ahmad.

inspiraciones auténticas. Sin embargo, primero deben eliminar la negatividad de su corazón, y detener la opresión de su alma. Dios dice:

> *Oh, vosotros que creéis! Permanezcan firmes en establecer la justicia, dando testimonio por Allah, aunque vaya en contra de ustedes mismos, o de sus padres, o de su clan, y ya sea si son ricos o pobres: pues Dios puede proteger a ambos mejor. No sigáis la lujuria no vaya a ser que los desvíe, y si cambian o se niegan a hacer justicia... verdaderamente, Dios está bien informado de lo que hacéis.*[163]

Cuando ya no sean un opresor, serán vestidos con el atributo de la justicia. Uno que tiene ese atributo es lo opuesto a un opresor. Justicia es pararse por Dios contra Satanás, los atractivos mundanos, la lujuria y la conspiración, el yo egocéntrico, y recorrer el Camino Recto, sin desviarse ni a la derecha ni a la izquierda.

Que Dios nos perdone.

---

[163] Suratu 'n-Nisa [Mujeres], 4:135.

2. Arrepentirse a través del Profeta
(*At-Tawbah*)

Y quienes no se vuelvan en arrepentimiento, esos son los injustos.[164]

Todavía somos principiantes, tratando de encontrar nuestro camino en un largo viaje. Es un viaje largo porque está lleno de obstáculos. Algo lleno de dificultades siempre parece largo. El tiempo pasa rápido si se entretienen, pero alguien ocupado con el trabajo observa el tiempo que lleva a sus vacaciones como interminable. El viaje de la auto-realización es largo, pero a su final llegarán a la verdadera felicidad, sintiendo el placer del recuerdo de Dios, *dhikrullah*. Sepan que, hasta que lleguen a su meta, se enfrentarán a muchos obstáculos.

Cuando se quieran arrepentir, Dios los quitará de la lista de opresores.

Y quienes no se vuelvan en arrepentimiento, esos son los injustos.[165]

No desesperen de la misericordia de Dios. Dios perdonará; Dios es el Más Grande. Dios dice en el Sagrado Corán:

> *Di: "Oh mis Servidores que han transgredido en contra de sus almas! No desesperen de la misericordia de Dios, pues Dios perdona todos los pecados. Él es el Todo-perdonador, el Más Misericordioso."*[166]

---

[164] Suratu 'l-Hujurat [Los Aposentos Privados], 49:11
[165] *Ibid.*
[166] Suratu 'l-Zumar [Los Grupos], 39:53.

Y en otro verso:

> .... *Si ellos sólo, cuando fueron injustos consigo mismos, hubieran venido a Ti (Oh Muhammad) y pedido el perdón de Dios, y el Mensajero hubiera pedido perdón por ellos, ellos habrían encontrado a Dios, ciertamente lo hubiesen encontrado favorable hacia ellos, Más Misericordioso.*[167]

Y en otro verso:

> *Y no Te hemos enviado (Oh Muhammad) sino como una Misericordia para todas las criaturas.*[168]

No pierdan la esperanza, porque Muhammad ﷺ está con ustedes, y él intercederá por ustedes. No pierdan la esperanza en la Misericordia de Dios; porque por el Profeta Muhammad ﷺ, Dios nos perdonará todos los pecados. Cuando ponen estos versículos juntos, ven que el Profeta Muhammad ﷺ *es* la misericordia que Dios envía, y Él está diciendo a aquellos que han oprimido a sus propias almas que no pierdan la esperanza. Pidan por intercesión y el perdón de Dios en la puerta del Profeta ﷺ. A fin de acercarse a esa puerta, deben realizarse una auditoría a ustedes mismos y hacer un registro. Entonces pueden pedir perdón.

¿Cómo pedir perdón? Dicen: "He hecho esto mal, pido perdón, (*astaghfirullah*)." El Profeta ﷺ está obligado a pedir perdón por aquellos que lo soliciten. Una vez que tengan la aprobación oficial del Profeta ﷺ, los arrepentidos encontrarán a Dios Indulgente y Misericordioso. Este es el segundo nivel, el arrepentirse a través del Profeta ﷺ, después de haber identificado las malas características de uno en el primer nivel.

Cuando te dan cuenta de que eres un pecador con problemas, también te das cuenta de que necesitas un intercesor - alguien que

---

[167] Suratu 'n-Nisa [Mujeres], 4:64.
[168] Suratu 'l-Anbiya [Los Profetas], 21:107.

sea más sincero - que te lleve de la mano. El más sincero, el mejor intercesor, es el Profeta Muhammad ﷺ. Sin embargo, tampoco se puede ir directamente al Profeta ﷺ. Necesitan alguien que sea un heredero del Profeta ﷺ, que conoce los obstáculos que enfrentan y que los llevará de la mano.

> *Si ellos sólo, cuando fueron injustos consigo mismos, hubieran venido a Ti (O Muhammad) y pedido el perdón de Dios, y el Mensajero hubiera pedido perdón por ellos...* [169]

Hay diferentes tipos de instrumentos para cortar la vegetación. Hay cortadoras de césped, algunas mejores que otras, y hay tractores. Sin embargo, si van a la selva en África o en el Sudeste Asiático, no pueden entrar con este tipo de máquinas. Se necesita una excavadora. Incluso puede que necesiten dinamita para despejar el terreno. Si su guía es como una cortadora de césped, él puede borrar un área pequeña ante ustedes. Si él es más poderoso, puede aclararla aún más. Si es como una excavadora, será capaz de abrir un espacio amplio; y si es como dinamita, entonces puede abrir un camino para que puedan alcanzar su destino, incluso a través de muchos tremendos y tozudos obstáculos.

Necesitan un heredero que haya seguido el camino y atravesado todo el viaje, que pueda verlos y guiarlos a través de su corazón. Su responsabilidad es auditarse a ustedes mismos.

---

[169] Suratu 'n-Nisa [Mujeres], 4:64.

3. Auditarse a sí mismo (*Al-Muhasabah*)

¡Creyentes! Teman a Dios, Y que cada alma espere para el mañana lo que él mismo se haya buscado. Y, teman a Dios, porque Dios está bien informado de (todo) lo que hacen. [170]

Este verso muestra que el alma, no el cuerpo, tiene que preparar la provisión para la próxima vida. Por eso, deben comenzar a hacer el seguimiento de todas sus cuestiones negativas. Esto sólo puede hacerse tomando el arma de la pluma en contra de su enemigo, el ego.

¿Cómo auditarse a uno mismo?

'Umar ibn al-Khattab ﷺ, el segundo califa del Profeta ﷺ, dijo: *Júzguense a ustedes mismos antes de que sean juzgados, y sopesen sus acciones en la balanza antes de que sean sopesadas. Cuando mañana sean traídos para rendir cuentas, será mucho más fácil para ustedes si ya han hecho la cuenta hoy...*[171]

Este paso implica hacerse auditoría a ustedes mismos manteniendo un diario de sus obras, tal como los Ángeles Registradores lo están haciendo. Una vez que comiencen a anotar las acciones equivocadas que hacen durante el día, acabarán con un diario lleno de temas negativos. Aquellos que no los tienen en cuenta no pueden arrepentirse. ¿Cómo saben que han hecho algo malo? Cuando se hagas auditoría a ustedes mismos, podrán ver sus errores. Todo aquel que no pueda frenar su mala acción es un opresor, un tirano. Por supuesto, todos estamos haciendo mal, pero sólo aquellos que fallan en arrepentirse son opresores.

---

[170] Suratu 'l-Hashr [La Concentración], 59:18.
[171] Ahmad y Abu Nu'aym.

No sólo es cuestión de decir al final del día, "Oh Dios, he cometido muchos errores hoy, perdóname." En lugar de eso deben anotarlos y arrepentirse de cada error. Luego giren a la página del día siguiente. Al día siguiente cometen errores, y los escriben. A continuación, los correlacionan para ver si son nuevos o los mismos. De esta manera entran en un período de autodescubrimiento, identificando todo tipo de malas maneras y rasgos nocivos que en realidad nunca se dieron cuenta que tenían. Por consiguiente, estas malas características se vuelven conocidas para ustedes, por lo tanto debes arrepentirse de ellas. Dios quitará a los que lo hacen de la "lista de opresores".

Continúen registrando sus malas características y malos modales cada día. En tres a seis meses, habrán encontrado de 200 a 300 malas características. Al eliminarlas, estarán listos para recibir las manifestaciones que vienen a alguien llamado "discípulo."

Después que decidan arrepentirse, y empiezan a revisarse a sí mismos y a observar sus deseos desde la base, el verdadero viaje comienza. En su auditoría, descubrirán lo que han hecho mal. Entonces deben arrepentirse de sus malas acciones y vicios. Anoten cada acto prohibido que hayan cometido y decidan por ustedes mismos si van a hacer ese acto de nuevo, o a avanzar y mejorar.

Una vez un Beduino llegó en medio del sermón de la oración del Viernes y preguntó al Profeta ﷺ cuando ocurriría el Día del Juicio. Al principio, el Profeta ﷺ no le respondió, sino que continuó dando el sermón. El Beduino preguntó por segunda vez, y el Profeta ﷺ todavía no respondió. Entonces, el Beduino preguntó de nuevo – mostrando verdadero celo, pasión e interés – entonces el Arcángel Gabriel se acercó y le dijo al Profeta ﷺ, "Respóndele. Él es sincero".

El Profeta ﷺ dijo, "Es un largo camino para el Día del Juicio. ¿Por qué preguntas? ¿Qué tipo de provisión has puesto aparte para ese día?"

El significado de esta declaración es que el camino a ese Día está lleno de dificultades y problemas. Cada paso del camino están tropezando con su ego, confiando confidencialmente en su demonio personal, siguiendo su dirección donde sea que él les diga que vayan y obedeciendo continuamente a sus malas inclinaciones. Ésta es la situación en la que estamos. Por lo tanto la declaración "Es un largo camino" es, en sí misma, una amonestación para prepararnos. ¿Qué están esperando? ¿Qué estamos preparando? Necesitamos excavadoras y dinamita para despejar el camino hacia ese Día si queremos que sea uno feliz para nosotros.

Y toma una provisión (contigo) para ese viaje, pero la mejor provisión es la buena conducta.[172]

El Beduino era sincero, puro, un amante. Era alguien que entendía la sabiduría. Por lo tanto, él respondió, "Amor por ti, Oh Mensajero de Dios."

Esto significa, "No tengo nada. ¿Qué voy a encontrar? ¿Cómo voy a resolver mi problema? ¿Cómo voy a hacer mi viaje sin tu amor? Tu amor es mi faro, mi linterna, mi foco, mi sol, mi luna y todas las estrellas en mi universo, guiándome como la Estrella del Norte guía a todos."

Y por las estrellas (los hombres) se guían.[173]

Cuando se están moviendo en la vida o en espiritualidad, siempre tienen que asegurarse de que se están moviendo más alto, mejorando. Así como el norte es la más alta referencia, también el Profeta ﷺ es el norte. Él es el punto central de referencia para todo viaje espiritual, la guía para todo, la Estrella del Norte de la navegación espiritual.[174]

---

[172] Suratu 'l-Baqara [La Vaca], 2:197.
[173] Suratu 'n-Nahl [La Abeja], 16:16.
[174] La Estrella del Norte es llamada *qutb* (polo) en árabe; ésta palabra también se aplica a la más alta autoridad espiritual en cualquier dominio particular.

> *¡Creyentes! Teman a Dios, Y que cada alma espere para el mañana lo que ella misma se haya buscado. Y, teman a Dios, porque Dios está bien informado de (todo) lo que hacen.*[175]

En el momento de su encuentro con Él, temerán a Dios. Si han hecho algo mal y no se han provisto para su futuro, no tendrán nada. Si no le temen a Él, no se han provisto de nada para su vida futura.

El Profeta ﷺ estaba complacido con siete grupos de personas a las que Dios dará sombra en el Día del Juicio de su terrible calor y del miedo aterrador. Uno es la niña o niño criados en obediencia a Dios. [176] Si han cumplido con el pacto que hicieron con Dios en el Día de las Promesas e hicieron lo que Dios les pidió que hagan en su vida, estarán a salvo. De lo contrario, serán un perdedor. Es por eso que tienen que arrepentirse. Deben proveer a su alma arrepintiéndose de los pecados que su cuerpo ha hecho. Pidan arrepentimiento por piedad, de mantener la sinceridad con Dios. Cuando tengan sinceridad y piedad, Dios les enseñará.

> *…Si les haces (daño a ellos) es un pecado tuyo. Dios te enseñará, y Dios es Conocedor de todas las cosas…*[177]

Cuando tienen amor por el Profeta Muhammad ﷺ, y están demostrando su amor moviéndose con su guía a través de la selva de la parte oscura de ustedes mismos, entonces Dios les dirá: "Esa es suficiente sinceridad para Mí. Sé que son débiles. Sé que Satanás está detrás suyo, tal como estuvo detrás de Adán ﷺ - pero necesitan ese amor. Antes de venir a Mi amor, tienen que venir al amor del Profeta ﷺ."

---

[175] Suratu 'l-Hashr [La Concentración], 59:18. C.f. también, *"(Entonces) cada alma sabrá lo que adelantó y lo que atrasó."* Suratu 'l-Infitar [Arrollamiento], 82:5.
[176] Bukhari, an-Nisa'i, *Muwatta* Malik, Tirmidhi.
[177] Suratu 'l-Baqara [La Vaca], 2:282.

Como el Beduino dijo, él sólo había preparado amor por el Mensajero de Dios.

El Profeta ﷺ le dijo al Beduino, "Eso es suficiente, porque estarás con aquel a quien ames"[178]

Así, el amor del Beduino por el Profeta ﷺ era suficiente para estar con el Profeta ﷺ en el Día del Juicio. El Beduino ni siquiera entró a la mezquita después de hablar con el Profeta ﷺ. En vez de eso simplemente se alejó, porque estaba tan feliz, tan abrumado de que el Profeta ﷺ haya hablado con él. Ese acontecimiento fue tan inmenso para él. Se sentía como cuando a una persona le dirige la palabra un rey o un presidente - muy contento de que alguien en una posición tan alta lo reconozca. Sin embargo, para ese Beduino, su sentimiento iba más allá de eso, ya que lo Mejor de la Creación le dijo que su amor era suficiente. Eso lo abrumó, y no sabía qué hacer. Cuando el Profeta ﷺ dijo: "Es suficiente," se fue. Era una persona inocente, sin impurezas en su corazón. Estaba limpio.

Ese evento también fue inmenso para todos los presentes. El narrador de esta Tradición Profética, Anas bin Malik ؓ, dijo que los Compañeros nunca se alegraron tanto como lo hicieron cuando oyeron esta Tradición Profética.

El amor por el Profeta ﷺ es un signo de sinceridad. Hay muchas personas que no aman a Dios. Están cayendo en tantas dificultades, y no saben por qué. Pero hay algunas personas que aman a Dios; y Dios dijo: *"Sé piadoso y sincero, y Dios te enseñará."* [179] Dios también dijo: *"Por encima de todo conocedor hay uno que sabe más."* [180] Eso significa que Él los seguirá elevando a través de los

---

[178] Bukhari y Muslim.
[179] Suratu 'l-Baqarah [La Vaca], 2:282.
[180] Surah Yusuf [José], 12:76.

niveles de conocimiento, dándoles conocimiento sobre conocimiento.

Cuando el Señor les enseña a través de inspiración a su corazón, aprenden lo que nunca han escuchado; aquello que es imposible de aprender a través de los libros. Académicos tradicionales, maestros como Imam Ghazali ق, Ibn 'Arabi ق, Shah Naqshband ق, Ahmad al-Faruqi ق y Jan-i-Janan[xv] ق recibieron conocimiento de Dios a través de sus corazones. Ellos estaban entre los gigantes de la erudición Islámica, como los Compañeros. Así, también, fueron los cuatro Imanes de la Ley Divina capaces de escribir y explicar la jurisprudencia, porque Dios inspiró sus corazones. Tal conocimiento se filtra abajo desde los niveles superiores.

El motor que incesantemente produce este conocimiento es la piedad y la sinceridad: *"Se piadoso y sincero, y Dios te enseñará."* [181] De esta manera, pueden aprender más y más. Si fallan en aprender a través de la sinceridad y la piedad, estarán perdido, incapaces de atravesar la selva de su negatividad. A veces, en la selva, los árboles crecen muy juntos y el espacio es tan estrecho que ni siquiera puedes moverte – el camino es muy difícil.

La gente toma sus cuentas y hace recuerdo de Dios, *dhikr*. Sin embargo, el camino correcto no es hacer *dhikr* primero. El camino correcto es eliminar sus errores en primer lugar. Recitar el Nombre de Dios *"Allah, Allah"* 5.000 veces puede tomar quince minutos. Recitar las palabras santas, *"*No hay dios excepto Dios - *La ilaha ill-Allah"* 1.000 veces puede tomar siete minutos. Estas prácticas son sencillas, pero lo que es verdaderamente difícil es evitar que uno mismo mire lo que está prohibido. Gransheik 'Abd Allah ق dijo que si ven algo malo una vez, no es escrito en contra suyo; sin embargo, la segunda mirada está prohibida. Si ven algo malo, miren hacia otro lado y digan: "¡Oh mi Señor, eso está prohibido!." Esto es mucho mejor que hacer 500 obligaciones. Dejar una cosa prohibida es más valioso para Dios, porque es ir

---

[181] Suratu 'l-Baqarah [La Vaca], 2:282.

contra su ego y dejar un pecado por Su causa. Es muy difícil dejar algo que desean, que el ego quiere, pero esto es lo que necesitamos hacer.

No dejen el *dhikr*; pero también trabajen cada día para eliminar sus pecados. Por cada uno que hayan contado, tienen que decir, "*Astaghfirullah* - me arrepiento, y no voy a repetir ese pecado." Ese es el nivel de la auditoría. Ese es el nivel de alcanzar el punto en el que cada alma debe comprobar lo que ha provisto para su futuro. Ese es el camino para alcanzar el siguiente nivel en el camino de convertirse en un discípulo.

Los sheiks no bloquean los susurros de sus demonios. Ellos quieren que bloqueen los susurros por ustedes mismos. Cuando llegan al nivel de un verdadero discípulo, entonces bloquearán los susurros. Hasta que lleguen a ese punto, ellos quieren que se desarrollen por ustedes mismos. Cuando se convierten en un discípulo, ellos protegen y mantienen la luz que tienen. Un verdadero discípulo es como un receptor para los sheiks, ven a través de sus ojos, escuchan con sus oídos, actúan con sus manos.

Cuando están en la presencia del sheik, innumerables insinuaciones oscuras llegarán al corazón. Cuando están en su presencia, él está causando que esos susurros "salgan." Todos esos rumores son elevados desde el corazón y purgados.[xvi]

¿Cómo funciona el hecho de que el sheik escuche a todos sus estudiantes? Lo hace a través de una conexión digital, no analógica. Incluso sin iniciación, si está escrito para ti el estar en el grupo del sheik, él te probará - aunque no serás conscientes de ello. Algunas personas ni siquiera recibieron iniciación física, pero fueron asignadas en el Día de las Promesas para estar en su grupo. Algunas personas ven a Sheik Nazim ق en un sueño incluso antes de haberlo conocido en esta vida, y luego van a reunirse con él en la dimensión física.

4. Tornarse humildemente hacia el Señor, sometido (AL-INABAH)

Vuélvanse a su Señor (en arrepentimiento) y póstrense a Su (Voluntad), antes de que el castigo caiga sobre ustedes: luego de eso no podrán ser ayudados.[182]

El buscador que pisa firmemente en el camino para encontrar la verdad y la realidad necesita un guía para abrir ese camino, para conducirlo a la presencia del Profeta ﷺ. El segundo paso es tomar conciencia de sus defectos, y entonces tienen que arrepentirse y rendir cuentas de sus acciones. El cuarto paso es tornarse humildemente en entrega a su Señor - la esencia del Islam. Sin embargo, la fe del Islam, consta de tres niveles, según ha sido descrito por el Profeta ﷺ en la famosa Tradición del Arcángel Gabriel ﷺ, donde 'Umar ﷺ relató:

Mientras estábamos sentados con el Mensajero de Dios ﷺ un día, de repente un hombre vino a nosotros. Vestía ropas extremadamente blancas. Su cabello era negro azabache. No había signos de viaje en esta persona. Nadie de nosotros lo conocía. Fue a sentarse cerca del Profeta ﷺ, apoyando sus rodillas en las rodillas del Profeta ﷺ y poniendo sus manos en sus muslos. Él dijo: "Oh Muhammad! Dime algo sobre el Islam (el estado de Sumisión)." El Mensajero de Dios ﷺ dijo: "El Islam es dar testimonio de que no hay más Dios que Dios, y que Muhammad es el Mensajero de Dios; realizar la oración; dar caridad a los pobres; ayunar durante Ramadán, y hacer la peregrinación a la Casa de [Dios] si son capaces de ir allí." El hombre dijo: "Has hablado la verdad."

---

[182] Suratu 'z-Zumar [Los Grupos], 39:54.

> *Nos maravillamos por él, "¿Cómo podría este estar preguntando al Profeta ﷺ y confirmándolo al mismo tiempo?"*
> *Luego dijo: "Háblame del Imán (el estado de Creencia)." El Profeta ﷺ dijo: "Imán es creer en Dios, Sus ángeles, Sus libros, Sus mensajeros, en el Último Día y creer en el Destino, tanto su bien como su mal."*
> *El hombre dijo: "Has hablado la verdad. Ahora cuéntame acerca del Ihsan (el estado de Excelencia de Carácter)." El Profeta ﷺ respondió: "La excelencia es adorar a Dios como si Lo vieses, porque aunque no lo veas, Él ciertamente te ve."*
> *... Luego se fue y el tiempo pasó. Más tarde, él [el Profeta ﷺ] me dijo: "Oh, 'Umar, ¿Sabes quién era ese que hacía preguntas?" Yo dije: "Dios y Su Mensajero saben más." Me dijo: "Él no era otro que Gabriel ﷺ. Vino a ustedes para enseñarles su religión."*
> xvii

Esta Tradición Profética muestra que la religión se compone de tres grandes etapas, la primera es Islam, la sumisión, siendo la segunda el Imán, la creencia, y la tercera el Ihsan, la excelencia de carácter. En los diez pasos al discipulado que estamos describiendo, los primeros tres pasos son necesarios para llevar al aspirante de un estado de desobediencia y rebeldía a un estado de entrega a la Voluntad de Dios, la etapa del Islam.

Esta entrega es lo que su Señor quiere de ustedes. Este paso, el volverse a Dios (*al-inaba*), se convierte en sí mismo en un punto decisivo de su vida. Esto inicia un punto de inflexión, la entrada en el Islam plenamente, sin mezclarlo con pecados. Dios dice:

> *Oh ustedes que creen! Entren en el Islam con todo el corazón; y no sigan los pasos del maldito; pues él es para ustedes un enemigo declarado.*[183]

A pesar de que ya pasaron por el proceso de eliminar los diecisiete tratos ruinosos, en el proceso de dar un paso adelante en el Camino a la Divina Presencia, en tanto se purifiquen más,

---

[183] Suratu 'l-Baqara [La Vaca], 2:208.

descubrirán todavía más rasgos negativos de los que deben alejarse. Este es un proceso repetitivo, ya que lo más puro que se convierten, sus fallas serán más evidentes, y su conciencia de ellas será mayor. Así, deben volver una y otra vez para hacer inventario en un proceso continuo de refinamiento.

Los siguientes representan los principales defectos que deben separar al volverse a Dios. Ellos representan las principales cualidades negativas a las cuales se debe estar atento y eliminar a través de la auditoría que se hacen todos los días. Algunos de estos son de los diecisiete tratos ruinosos; mientras que otros, aunque no tan graves, no obstante, deben eliminarse en esta etapa.

El Profeta ﷺ dijo:

Dios el Exaltado reveló a Musa ibn 'Imran (Moisés) en la Torá que la fuente de todos los errores son tres: arrogancia, envidia y avaricia."[184]

ONCE DEFECTOS QUE DEBEN SER ELIMINADOS

Ocho de estos once son de los diecisiete tratos ruinosos y ellos son la arrogancia, la envidia, la avaricia, la ira, el rencor, la codicia, la ostentación y el amor por la fama y la alabanza. Tres tratos adicionales son: alabar a los ricos, despreciar a los pobres, y el engaño.

1. ARROGANCIA (AL-KIBR) الكبر

Sufyan ath-Thawri dijo:

A cada acto de desobediencia cometido debido a la pasión, su perdón es esperado. A cada acto de desobediencia cometido debido a la arrogancia, su perdón no es esperado, porque la raíz de la desobediencia de Satanás fue la arrogancia, mientras que la raíz del lapso de Adán fue la pasión. [185]

---

[184] Ibn Hajar al-Asqalani.
[185] Ibn Hajar al-Asqalani.

2. ENVIDIA (*AL-HASAD*)

Otra mala característica es la envidia, por ejemplo la envidia a una persona rica, o incluso a una persona pobre, o a una persona sabia, o a una persona sana. Incluso, es posible que tengas envidia de ti mismo.

3. AVARICIA (*AT-TAMA'*)

Wahb ibn Munabbih al-Yamani  dijo:

> Está escrito en la Torá: Aquel que es avaro es de hecho pobre, aún cuando poseyese el mundo entero.[186]

4. IRA (*AL-GHADAB*)

> Está reportado que el Profeta dijo, "La ira corrompe la creencia."

5. RENCOR (*AL-GHILL*)

> Y quitaremos de sus corazones cualquier sentimiento de rencor; los ríos correrán a sus pies; y dirán: "Alabanzas a Dios, que nos ha guiado a esta felicidad."[187]

Una mala característica que a Dios no le gusta es que tengan rencor en su corazón contra su hermano, contra su comunidad o contra toda la humanidad. El rencor tiene muchos aspectos. Pueden manifestarlo diciéndose a ustedes mismos: "Estoy harto de esto y esto." Ese rencor puede ser como una brasa ardiendo en su corazón contra su esposa, su hermana, su hermano o sus hijos. O podría estar contra la comunidad, la nación, los Compañeros o incluso en contra del Profeta. Incluso puede que digan: "¿Cuál es la diferencia entre yo y el Profeta? Yo soy educado y él no lo estaba."

---

[186] Ibn Hajar al-Asqalani.
[187] Suratu 'l-'Araf [Las Alturas], 7:43.

6. AMOR POR LA FAMA Y LA ALABANZA (*TALABU 'L-'ULUW*)

Ibn Mas'ud dijo:

Cuántos son engañados por los elogios sobre ellos.[188]

Amor a la alabanza es otra característica mala. No necesitan gente que les de importancia, necesitan que Dios les de importancia.

El Profeta ﷺ dijo:

Mis compañeros son como las estrellas.[189]

A pesar de esto, ni un compañero puso una descripción de sí mismo delante de su nombre. Se ha convertido en una enfermedad espiritual generalizada el que todos deban tener algún honorífico añadido adelante de sus nombres. Los oradores no hablarán en las conferencias a menos que pongan todo tipo de títulos en frente de sus nombres. Antes de una conferencia, puede que un orador les dé una biografía de treinta páginas de largo, con toda su historia de vida, enumerando cada artículo que ha escrito, y cada conferencia en la que ha hablado.

Digan: "No soy nada. Estoy buscando la verdad y la verdad no puede ser alcanzada sin dejar mi ego atrás y convertirme en nada."

A la gente le gusta ser alabada. Si no los alabas, se enfurecen; así que hay que seguir alabando a todos. Mientras introducen oradores, la gente alaba lo que han hecho a lo largo de sus vidas. ¿Cuál es el valor en esto? Están alabando a la persona para que hacer al ego más arrogante.

---

[188] Citado por Ibn Hajar al-Asqalani, *Preparándose para el Día del Juicio*.
[189] 'Abd ibn Humayd's, al-Daraqutni's *Fada'il as-Sahaba*, al-Bayhaqi en *al-Madkhal*, al-Bazzar, (*da'eef*).

7. OSTENTACIÓN
(*AR-RIYA'*)   الرياء

Y no seáis como esos que salieron de sus casas con arrogancia y para ser vistos, y para desviar a los hombres del camino de Dios. Pues Dios abarca todo lo que hacen. [190]

8. MEZQUINDAD
(*AL-BUKHL*)   البخل

Abu Bakr as-Siddiq dijo:

El mísero no se escapará de siete cosas: o el morirá y aquel que herede su riqueza la gastará en aquello que Dios ha prohibido; o Dios le dará poder a un tirano sobre él quien le quitará toda su riqueza después de humillarlo; o Él inflamará en él un deseo que le causará perder su fortuna; o él tendrá la idea de construir un edificio en un lugar equivocado de la tierra y perderá su fortuna; o una de las calamidades de la vida de este mundo como ahogarse, quemarse, o robo, o cosas similares, tendrá lugar; o será afectado por una enfermedad permanente y gastará su riqueza en la búsqueda de una cura; o va a enterrar su riqueza en un lugar que se olvidará y por lo tanto nunca la encontrará otra vez. [191]

9. ALABANDO AL RICO
(*MADHU 'L-AGHNIYA'*)   مدح الاغنياء

El Profeta dijo:

Aquel que se humilla a sí mismo frente a un hombre rico a causa de su riqueza habrá perdido dos tercios de su religión. [192]

Alabar al rico para recolectar sus favores es otra mala característica. Olvida sus favores y las migajas que caen de sus mesas, y busca el Favor de aquél qué es Fuente de las riquezas, al-Ghani.

---

[190] Suratu 'l-Anfal [Los Botines de Guerra], 8:47.
[191] Ibn Hajar al-Asqalani.
[192] Ibn Hajar al-Asqalani.

10. DESPRECIANDO AL POBRE (*IHTIQARU 'L-FUQARA'*)

Despreciar al pobre es otra cualidad negativa. Alguna gente ignora al pobre y busca la compañía de los ricos para recoger las gotas de riqueza que caen de ellos. Es mejor tener en mente la súplica de nuestro Profeta ﷺ:

Oh Dios, déjame vivir pobre y déjame morir pobre y llévame a vivir (en el Más Allá) entre los pobres.[193]

11. ENGAÑO (*AL-GHISHSH*)

Engañar es otra característica negativa: no engañar, sino hacer trampa. Puedes hacer trampa vendiendo algo por más de lo que realmente vale.

Por ejemplo, cuando ponen algo en la balanza y afirman que es más pesado de lo que es - tal vez diciendo dos libras en vez de una. Eso es hacer trampa en los negocios, lo cual también afecta su espiritualidad. También pueden hacer trampa en espiritualidad haciéndose trampa a ustedes mismos, al Profeta ﷺ, los Compañeros, los cuatro Imanes o a Dios. Los estás estafando cuando pecan. Mirar algo prohibido, *haram*, es un ejemplo de este tipo de engaños.

EL PUNTO DE QUIEBRE: LOS OCHO NIVELES DE LA VERDAD

Cuando comienzan a ser conscientes de ustedes mismos, a arrepentirse de sus pecados y a auditarse a ustedes mismos, se encuentran en una encrucijada importante, han hecho un giro de 180 grados en su vida: cruzan de la desobediencia a la sumisión y obediencia. Después de haber entrado de lleno en el Islam, ahora se inicia el viaje a través de la Fe (*Imán*).

---

[193] Tirmidhi.

El Profeta ﷺ dijo:

Fe es creer en Dios, Sus ángeles, Sus libros, Sus mensajeros, y en el Último Día, y creer en el Destino, tanto en su bien y su mal.

Esta unión espiritual entre el Islam y la Fe lleva a las Ocho Etapas de la Verdad. En este proceso de inflexión, que es el cuarto paso del discipulado, deben avanzar a través de ocho sub-etapas. Mantengan estas ocho etapas en su mente al seguir el proceso.

1. FE EN LA VERDAD
(AL-IMANU BI 'L-HAQQ)

La verdad es la fuente de la felicidad. Tienen que creer en la Verdad. Dios es la Verdad; es uno de Sus Atributos - Haqq - por eso la conexión de este estado con el primer pilar de la fe. El atributo de la Verdad los vestirá en ese punto de inflexión, por lo que deben tener fe en que su punto de inflexión ha llegado y en que la Verdad será su guía a la realidad.

> Y di: "La Verdad ha llegado, y la Falsedad se ha desvanecido, pues la Falsedad es (por naturaleza) dada a desvanecerse.[194]

Han progresado a través de tres pasos en su viaje de auto-realización, y así han llegado a la fe en la Verdad. La Verdad los guiará a la tranquilidad, al *"Yo en Paz."*[195]

La fe en la Verdad los llevará a varias habilidades importantes que llevarán más lejos su progreso espiritual.

---

[194] Suratu 'l-Isra [El Viaje Nocturno], 17:81.
[195] Un término técnico en Sufismo, *an-Nafsu 'l-mutma'inna* (el Yo en Paz) es distinto de *an-Nafsu 'l-ammara* (el Yo que compele al mal) and *Nafsu 'l-lawwama* (El Yo Culpador).

2. DECISIÓN VERDADERA
(*QARARU 'L-HAQQ*)

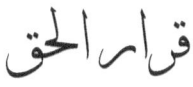

La Fe en la Verdad les dará una visión real de todo. Hasta que lleguen a este punto, están en un túnel, caminando detrás de esa excavadora que está haciendo una brecha a través de la selva.

Ahora tienen que tomar las decisiones correctas. Deben volverse tan simples y tan tranquilos que no hacen daño a ninguna criatura. Ninguna criatura debe recibir algún daño de su parte. Deben distanciar a su ego de todo daño, incluso a una hormiga o a un mosquito. Cada criatura está alabando a Dios; si la matan, detienen su alabanza. Hacen las decisiones correctas cuando están tranquilos, en sumisión a la Voluntad de Dios. Deben alejar su daño de todos, ya sea de palabra, ojos, manos o cualquier otro órgano. En los tres primeros niveles, esto no se pone de relieve, pero en el cuarto nivel se convierte en la clave de la vida.

Hasan hijo de 'Ali ibn Abi Talib ﷺ dijo:

Quiera Dios dar misericordia al servidor que duda en el momento de la evaluación, y entonces si ve que la acción es para Dios, la realiza, y si ve que es para otro aparte de Dios, evita completarla.

Las personas que logran este nivel de atención son consideradas santos por los demás. Mucha gente puede pensar: "Esta persona es un santo, uno de los Cinco Polos, Uno Cambiado, un gran sheik." Pero todavía no han llegado a ninguna de estas altas estaciones. De hecho, tal persona ni siquiera ha alcanzado el nivel de discípulo. Él o ella sólo ha alcanzado el nivel de tomar la decisión correcta.

Este estado está relacionado con el segundo pilar de la fe: creencia en los ángeles de Dios, ya que ellos son los que llevan la inspiración del reino angélico a los corazones humanos.

3. PALABRA VERDADERA
(*KALAMU 'L-HAQQ*)   كلام الحق

Cuando el buscador aprende a tomar las decisiones correctas y sabe no infligir daño alguno, entonces aprende a hablar la palabra de Verdad. Lo que dice es del Océano de la Verdad y la Realidad. Él no puede hablar lo que no es la verdad - sin mentiras, engaños, conspiraciones, odio o maledicencia. En ese momento, sólo se hablan las palabras correctas.

La palabra de la Verdad aparece cuando se distancian de la mentira, la maledicencia y otras duras palabras. Todas las palabras que hablen serán buenas, y así demostrarán que lo que dicen es la verdad.

La Palabra de la verdad se relaciona con el tercer pilar de la fe: los Santos Libros de Dios.

4. COMPORTAMIENTO VERDADERO
(*SULUKU 'L-HAQQ*)

Con fe en la Verdad, las decisiones en la Verdad y la palabra de la Verdad, llega el comportamiento verdadero. Esto significa eliminar de su comportamiento y de su carácter los pecados de robo y asesinato.

El verdadero comportamiento está relacionado con el cuarto pilar de la fe: la creencia en los profetas de Dios, ya que ellos fueron los ejemplos de conducta basados en la Palabra de la Verdad que trajeron en la revelación que recibieron de Dios. El mayor ejemplar entre todos los profetas fue el Profeta Muhammad ﷺ, de quien su esposa Aisha ؓ dijo:

Su carácter era el Corán.[196]

Como ejemplo, el pecado de "robar" incluye muchas acciones que la gente hace cada día. Si miran a alguien que no están autorizados a ver, eso es robar, por eso es que dicen "el robo de una mirada." Si van a un lugar con un letrero en la puerta que

---

[196] Ahmad.

dice, "Visitas con cita previa" pero luego van a la ventana y miran en el interior sin una cita, eso es robar. Mirar algo que no es propio es robar. Si yo tengo un libro sobre una mesa, y tú vienes y lo abres, eso es robar. Tienen que pedir mi permiso primero. En una biblioteca es aceptable, pero en una colección privada no lo es. Esto es comportamiento real.

Por "matar," queremos decir hablarle a alguien con palabras inapropiadas — eso no es aceptado.

> Y sean moderados en sus pasos, y bajen la voz;
> pues ciertamente la más áspera de las voces es el
> rebuznar del asno.[197]

Cualquier cosa que hagan que más tarde se arrepientan, deben dejar de hacerla. Ése es el comportamiento Verdadero..

5. ACCIÓN VERDADERA
('AMALU 'L-HAQQ)

Cuando su fe es verdadera, y sus decisiones, sus palabras, y su comportamiento es verdaderos, entonces establecerán la acción de Verdad. Acción verdadera significa dejar las malas acciones.

Esta etapa es preparación para la realidad del Día del Juicio, en el cual la verdad de todas sus acciones será mostrada, a ustedes mismos y a todos los demás, parados ante Dios.

La gente preguntó a alguien con muy buenos modales, "¿Cómo aprendiste la bondad?" Él respondió: "He aprendido de alguien que no es bueno. Lo que sea que haga, yo lo evito".

Muchos tipos de buenas acciones están bajo la acción verdadera y pueden ser escritas en su diario en el continuo proceso de auditarte a ustedes mismos, *muhasabah*.

---

[197] Sura Luqman, 31:19.

6. LA LUCHA POR LA VERDAD
(JUHDU 'L-HAQQ)

Después de que lleguen a la acción de Verdad, el sexto estadío es la lucha por la Verdad. Cuando quieran hacer todo bien, es una lucha interna. No todos pueden hacer lo que es bueno todo el tiempo. La lucha por la Verdad es mirar siempre para un buen propósito, por algo que beneficie a otros, y para huir de todo lo malo. Eso está relacionado con el Destino y lo que está predestinado del bien.

7. LA MEDITACIÓN DE LA VERDAD
(TA'AMULU 'L-HAQQ)

Cuando han desarrollado las primeras seis etapas del cuarto nivel, llegan a la meditación de la Verdad. Antes no eran capaces de enfocarse, ahora pueden centrarse con tranquilidad. Están tranquilos, nada los molesta.

En esta etapa, deben entregarse a los acontecimientos y aceptar cualquier momento que venga a su vida, y esto se relaciona con el pilar de la fe, el Destino y lo que trae de dificultad. Lo bueno y lo malo deben ser lo mismo para ustedes. Si alguien los daña o los alaba, será lo mismo para ustedes. No mostrarán infelicidad cuando alguien los dañe, y no mostrarán felicidad alguna cuando alguien los elogie.

Umar ibn 'Abd al-'Aziz ق dijo:

No tengo nada que me de regocijo, salvo lo que Dios decreta que pase.[198]

Cuando este estado se establece en su corazón, en ese momento, cuando contemplen, empezarán a concentrarse y enfocarse.

---

[198] Ibn Hajar al-Asqalani.

8. CONCENTRACIÓN EN LA VERDAD (*TARKIZU 'L-HAQQ*)

Miren cuidadosamente y empezarán a saber donde están mirando. Cuando están contemplando, son incapaces de mirar, ya que su enfoque es a través de su corazón. ¿Dónde van a poner sus pies, y dónde van a poner su mano?

La verdadera concentración no puede ser alcanzada excepto al completar las siete etapas mencionadas anteriormente. En ese momento, se llega a la máxima perfección en su comportamiento, el estado de Ihsan, el "Yo sosegado." Esa será su llave para el cumplimiento de las palabras de Dios:

> *Tórnense a su Señor (en arrepentimiento) y póstrense a Su (Voluntad), antes de que el Castigo venga a ustedes; después de eso no serán ayudados.*[199]

Una vez que se tornen a su Señor, no perderán. No tendrán problemas en su vida. Habrá una pena sólo si no se tornan. Los que tienen éxito en tornarse, se incluirán entre los que se les concede la seguridad y la protección de todo lo que pueda hacerles daño en el futuro.

Al llegar a este punto estarán estableciendo el bien. Cada acción que hagan tendrá vida - una forma y energía. Cuando su buena acción tiene una estructura, su vida vendrá del secreto de sinceridad que Dios pone en la acción. Entonces serán capaces de lograr lo que los buscadores están tratando de lograr.

Hay un dicho en árabe que el discípulo debe acompañar a un sheik que esté en el camino correcto. El guía debe haber completado las ocho etapas mencionadas anteriormente, tiene que haber completado el viaje, y haberse deshecho de sus malos deseos. A un sheik de este tipo, te sometes y le das tu mano. Deben obedecer siempre. No duden. La vacilación trae dudas. Se

---

[199] Suratu 'z-Zumar [Los Grupos], 39:54.

trata de un truco del ego. También se dice que quien no tiene un sheik, su sheik es Satanás, quien siempre está listo para engañar.

Abu Ali ath-Thaqafi , uno de las más significativas figuras en el Islam, dijo:

> Un hombre que reúne todo el conocimiento del mundo, y estudia y se reúne con todo tipo de gente hasta el punto que se convierte en una enciclopedia andante, nunca alcanzará el nivel de madurez, excepto en la disciplina con un verdadero sheik y sometiéndose a reclusión bajo su supervisión.

El "tornarse humilde" es el cuarto en los diez niveles que deben pasar para convertirse en un discípulo, y dentro de este nivel están las ocho etapas que hemos enumerado en relación con la Verdad. Deben ver y grabar éstos en su diario, pensando hacia delante y hacia atrás, y conocer su propio nivel en referencia a ellos. Entonces sabrán dónde están parados.

5. Contemplando profuamente
(At-Tafakkur)

(Los hemos enviado) con Signos Claros y Libros de oscuras profecías; y Nosotros les hemos enviado a ustedes el Mensaje; para que pudieras poner en claro a los hombres, y para que pudieran reflexionar.[200]

Este camino, nuestro viaje, es el Camino de los Santos. Durante toda su vida ellos centraron sus esfuerzos en alcanzar un mayor nivel de iluminación y comprensión espiritual, para alcanzar el más alto grado de realidad invisible a través del poder de la gnosis. Ese poder es superior a cualquier poder que puedan imaginar. Los gnósticos han pasado su vida haciendo lo mejor que pudieron en este camino, y sentaron las bases para que podamos seguir y aprender de lo que heredaron del Profeta ﷺ a lo largo de su camino espiritual. Dado que sentaron las bases para nosotros, debemos hacer lo mejor posible por imitarlos, porque ellos son reales y nosotros somos plástico. Las frutas de plástico parecen reales, pero no son reales. Esperamos que Dios el Poderoso nos cambie a nosotros como Él los cambió a ellos, del plástico a la realidad.

Las bases de ser un discípulo son diez, y ya hicimos una lista de cuatro de estos niveles: el primer nivel es un sentimiento general de conciencia de uno mismo, el segundo es el arrepentimiento a la luz de esta nueva conciencia, el tercero es un inventario personal de las acciones diarias, el cuarto es un giro de 180 grados en el viaje del buscador. El punto de inflexión se considera en sí mismo un nivel, que marca el final de las dos primeras secciones del recorrido: el Islam y el *Imán*.

---
[200] Suratu 'n-Nahl [La Abeja], 16:44.

El quinto paso en nuestro camino es descripto en el Sagrado Corán:

Él es Quien os muestra sus Signos, y hace descender para vosotros provisión desde el cielo; pero sólo recuerda quien en todo, se torna (a Dios)...[201]

Aquí, Dios está diciendo: "Hemos enviado a ellos el recuerdo del Sagrado Corán, después de haber provisto para ellos su vida y todo lo que quieren; y te hemos enviado a ti, Oh Muhammad, el Sagrado Corán, con el fin de que puedan reflexionar."

El quinto nivel es la contemplación profunda. Dios envió el Sagrado Corán para que podamos contemplarlo, no como algo con lo cual jugar, o para leer sin comprensión. Él quiere que reflexionemos sobre cada palabra. Quien le dé su debida consideración comprenderá el dicho del Profeta ﷺ, *"una hora de reflexión es más recompensada que setenta años de devoción."* Si siguen el Santo Comando de Dios de pasar tiempo en contemplación, Él les dará provisión para el otro mundo. Dios les ha dado sustento material en este mundo y dijo: "Mi orden y prohibición contra los pecados son provisión para su alma."

En el Sagrado Corán, Dios ha dicho todo. Si no reflexionan en él, estarán perdidos.

"Los hombres que celebran las alabanzas de Dios, de pie, sentados y acostados, y contemplan las (maravillas de la) creación de los cielos y la tierra, (con el pensamiento): "¡Señor nuestro! No en vano has creado (todo) esto! Gloria a Ti! Dános la salvación del castigo del fuego."[202]

En todo momento, Dios nos está pidiendo que lo recordemos a Él. Eso no significa sólo recordarlo con nuestras mentes, sino también llevar el nombre de Dios a nuestra lengua y mantenerla húmeda recitando sus Santos Nombres y Atributos, el *dhikr*. *"De pie,*

---

[201] Suratu 'l-Ghafir [El Perdonador], 40:13.
[202] Surat Ali 'Imran [Familia de 'Imran], 3:191.

sentados o acostados" es una frase, a la que es añadida *"y contemplando."* Tenemos que reflexionar acerca de la creación de los cielos y la tierra, porque Él quiere que constantemente demos cuenta de Su grandeza.

Para realmente saber que hay un Dios, debemos reflexionar sobre Su Existencia. El Profeta Abraham , al principio consideró una estrella como su Señor, hasta que desapareció. Entonces vió la luna y quería adorarla, hasta que también desapareció. Por último, se volvió hacia el sol, antes de darse cuenta de que también desaparecería. Dios quiere reflexionemos a fin de creer. Él no nos quiere hacer creer sólo porque hemos heredado la religión de nuestros padres. Él quiere que tengamos la alegría de creer porque hemos decidido conscientemente, "Sí, Dios es una realidad."

Este es el quinto nivel, y el comienzo de la segunda fase del viaje. Los buscadores del camino, después de haber completado la primera fase, preguntan qué tienen que hacer para prepararse para la segunda. La respuesta es dar al Sagrado Corán consideración y seria contemplación.

6. Recordando tu Subconsciente
(*At-Tadhakkur*)

Él es Quien os muestra sus Signos, y hace descender para vosotros provisión desde el cielo; pero sólo recuerda quien en todo, se torna (a Dios).[203]

El sexto nivel es el recuerdo. El recuerdo es superior a la contemplación. El recuerdo te llevará a la Divina Presencia. En recuerdo, entiendes porqué el agua desciende desde lo alto de la montaña y porqué el fuego da calor y energía. Comienzas a recurrir a tu memoria subconsciente, que puede recordar hasta el más pequeño átomo que Dios trajo a la existencia, y el propósito que sirve en la creación.

En esta etapa, el sheik les ordenará la seclusión. Esto es necesario para los discípulos en el sexto nivel. Durante la seclusión, Dios les abrirá la sabiduría de cada planta y animal, incluidos sus beneficios, para ustedes específicamente y para la humanidad en general. Es por eso que todo viene a los santos de muy alto nivel durante sus seclusiones extendidas. Esto lo aprendimos de Gransheik Abd Allah al Fa'izi-Ad-Daghestani ق y Mawlana Sheik Nazim ق, de sus largas seclusiones durante largos períodos de años y años, durante los cuales aprendieron todo lo que es beneficioso para todo ser humano. Estos santos aprenden qué tipo de plantas pueden ser utilizadas para enfermedades particulares y saben, con sólo mirar a la gente, qué clase de problemas y enfermedades espirituales están llevando. Entonces pueden recetar el medicamento exacto para aliviarlos de las dificultades que enfrentan.

---

[203] Suratu 'l-Ghafir [El Perdonador], 40:13.

En este nivel de recuerdo, aprenden la realidad de los acontecimientos. Ganarán verdadera iluminación en lo que concierne a los eventos en el mundo que los rodea y en el universo más amplio. Cuando llegan a este nivel, buenas noticias vienen a ustedes, ya que han anulado a su ego. Buenas noticias vienen a ustedes, porque han encontrado la Verdad. La Verdad, noble y hermosa, los salvará de los diablos y del mal.

Tienen que confiar en la realidad que se les abre en ese momento, no se puede volver atrás. Algunos buscadores del camino, cuando empiezan a comprender la realidad en el sexto nivel, experimentan su amargura. Al intentar cortar una rosa de su rama, puede que sean pinchados por sus espinas. Duele, es por eso que a la gente no le gusta cortarlas. Sin embargo, una vez que han cortado la flor, experimentarán su dulzura y aroma. Cuando el buscador está llegando a la estación del verdadero discipulado, y así entrando a la santidad, pronto sentirá una disminución de esta amargura.

Algunas personas se retiran porque no pueden tolerar la dificultad y la amargura del camino, pero no deben escapar. Deben aguantar el tiempo suficiente para alcanzar lo mejor que puedan, por esta vida y el más allá. Aquel que lleva el sufrimiento y persiste en la disciplina será capaz de entrar y penetrar en la orilla de la Realidad Divina. Él o ella se convertirá en un conocedor de la Vía de la Presencia Divina. Para alcanzar este rango debes tener una fuerte fe. Si siguen siendo diligentes y constantes, mientras experimentan el amargo sabor del logro, será lo mejor que pueda sucederles.

7. AFERRÁNDOSE (AL-ITISAM)

Y aferraos, todos juntos, a la cuerda que Dios (ha extendido para vosotros), y no se dividan entre vosotros, y recuerden con gratitud el favor de Dios sobre ustedes, porque vosotros erais enemigos y Él unió vuestros corazones, de modo que Su gracia os convirtió en hermanos, y estábais al borde de un abismo de fuego, y Él los salvó de él. Así habla Dios de Sus signos a ustedes: para que seáis guiados. [204]

Y luchad en su causa como debéis luchar (con sinceridad y bajo disciplina). Él te ha elegido, y no ha impuesto ninguna dificultad en la religión, la religión de vuestro padre Abraham. Es Él quién os llamó Musulmanes, tanto antes como en la presente (Revelación), para que el Enviado sea testigo entre vosotros y que vosotros seáis testigos de los hombres! Así, establezcan la oración, den caridad regularmente y aférrense a Dios. Él es vuestro Protector - el Mejor en proteger y el mejor en ayudar![205]

Una vez que hayan alcanzado el sexto nivel del recuerdo, que termina con el primer desvelamiento de la santidad, nunca querrán dar un paso atrás de nuevo. Serán uno de los que Dios describe en los versículos anteriores.

El Conocimiento de la Certeza es la Realidad de la Escucha. El Ojo de la Certeza es la Realidad de Ver. La Verdad de la Certeza es la Certeza de la Realidad.[206]

---

[204] Suratu 'n-Nisa [Mujeres], 3:103.

[205] Suratu 'l-Hajj [Peregrinación], 22:78.

[206] Estos son los términos específicos del Sufismo, respectivamente, *'Ilm al-yaqeen* (Corán Sura 't-Takaththur [La Rivalidad], 102:5), *'Ayn al-yaqeen* (Sura 't-Takaththur, 102:7), and *Haqqu 'l-yaqeen* (Sura 'l-Waqi'ah ["Lo que ha de Ocurrir"], 56:95 y Sura 'l-Haqqah [La Realidad], 69:51).

LA PRESENCIA DE LOS SANTOS

La primera de estas realidades se relaciona con el amor por el sheik, el amor por el Profeta ﷺ y el amor a Dios.[207] El Conocimiento de la Certeza o la Realidad de la Escucha, incluye escuchar acerca de su sheik, escuchar acerca del Profeta ﷺ y escuchar mucho acerca de Dios. Cuando se mantienen escuchando más y más, los sheiks los llevarán a un nivel superior en donde establecen pleno amor por el sheik, amor al Profeta ﷺ y amor a Dios. En ese nivel de amor, es como si estuviesen en su presencia, los sentirán.

Cuando amas mucho a alguien, él o ella están siempre en tu mente. Cuando un hombre ama mucho a su esposa, no puede imaginar nada más que ella. No importa a dónde torna la cara, ve la imagen de su esposa. ¿Qué pasa cuando el amor y la adoración se dirigen con inocencia y sinceridad hacia el Profeta ﷺ y al sheik? Una vez que hayan logrado esa presencia y amor, se moverán hacia la Presencia de Dios a través de la Presencia del Profeta ﷺ y la Presencia del sheik.[208] Todo esto se refiere a la Realidad de la visión espiritual, el Ojo de la Certeza.

Cuando aman a Dios, al Profeta ﷺ y a su sheik tanto que casi pueden verlos y sentir su presencia, esta devoción los llevará a través de la Realidad de la Escucha y la Realidad de la Visión hasta llegar a la Verdad de la Certeza. También conocida como la Verdad de la Realidad, la Verdad de la Certeza es la "realidad de la realidad." Es la estación en donde no hay más cambios en función de la percepción. En este nivel, entiendes la importancia del verso Coránico, *"Agárrense fuerte a la cuerda de Dios y no se separen."* Esto no se refiere simplemente a la gente, a pesar de que las traducciones de hoy se refieren a este significado literal y

---

[207] Los términos técnicos Sufis son respectivamente, *Mahabbat ash-shaykh, Mahabbat an-Nabi, Mahabbatullah.*

[208] Los términos técnicos Sufis son respectivamente, *Hudurullah, Hudur al-Habib, Hudur ash-Shaykh.*

7. AFERRÁNDOSE (AT-'ITISAM)

básico. En un nivel más profundo que puede ser traducido como "Agárrense fuerte a la existencia real y no se aparten de la Presencia de Dios, la presencia del Profeta ﷺ y la presencia de los santos."

En este nivel, saben de la importancia de permanecer aferrados a ellos, manteniendo su presencia. Estarían dispuestos a dejar todo de este mundo para permanecer en su presencia. Las buenas noticias pertenecen a aquellos que, cabalgando sobre sus egos, han entran en esa realidad. Con tal paz y tranquilidad, sus seguidores son traídos.

A veces esto puede parecer un sueño hermoso, pero no es un sueño para aquellos que están en este viaje. Aquellos que no están buscando seriamente, son como niños que tratan de subir el primer escalón y no pueden. Tratan de nuevo y no pueden, y una vez más. Aquellos que sinceramente se dedican a buscar llegarán a un nivel en el que ven, y los tesoros del sheik se les abrirán, los tesoros del Profeta ﷺ se abrirán para ellos y, por último, los tesoros de Dios se abrirán para ellos también.

Aferrarse a la cuerda de Dios es como aferrarse a un árbol fuerte, de enorme tamaño. Así como ascienden y llegan a la cima, desde la altura se puede ver todo debajo de ustedes. Deben saber que nada puede mover ese árbol, y deben tratar de emular esa condición. El otoño viene y el árbol pierde las hojas, seguido de la primavera cuando brotan las hojas nuevas. Cuando se vuelven firmes e inquebrantables como ese árbol, Dios les dará ciclos espirituales de vida similares a los de ese árbol, donde los conocimientos antiguos se van y nuevos conocimientos vienen. Tanto como suban, se les dará más y más.

> *Elevamos en grados (de sabiduría) a quién Nos place;*
> *pero por sobre todo poseedor de conocimiento hay uno, el*
> *Todo-Conocedor.*[209]

---

[209] Sura Yusuf [José], 12:76.

Este versículo también puede ser traducido como "por encima de todo conocedor hay otro conocedor." El último "conocedor" se puede interpretar como otra persona, en lugar de Dios. Por encima de todo conocedor hay un conocedor, y se puede ascender sin límites, hasta llegar a un estado de deleite. Allí llegarán a los santos, y a la presencia del Profeta Muhammad .

Recuerden la importancia de la asociación con los santos y no separarse de ellos. Cuando se separan de ellos se están separando de aquellos mencionados en el siguiente verso:

> *Todos aquellos que obedecen a Dios y al Apóstol están en compañía de aquellos en quienes está la Gracia de Dios – de los profetas (quienes enseñan), los sinceros (amantes de la verdad), los testigos (quienes testifican), y los Rectos (quienes hacen el bien): Ah! que excelentes compañeros!*[210]

Cuando se *"agarran fuerte y no se separan"* de la asociación de santos, nunca se caerán, porque ellos están allí para tirarlos para arriba. Cuando los tiran para arriba, alcanzarán el nivel de ser un discípulo, y todas las notables realidades que este nivel posee. Es la Estación del Auto-control, por lo que traten de guardarse a sí mismo de caer en pecados y errores. Aferrándose fuertemente a la asociación de santos, podrán alcanzar el octavo nivel.

---

[210] Suratu 'n-Nisa [Mujeres], 4:69.

الفرار الى الله

8. Corriendo hacia Dios (*Al-Firaru il-Allah*)

Así pues refugiaos en Dios, pues realmente yo soy,
de Su parte, un Advertidor para ustedes, claro y
abierto![211]

Vayan rápido, corran para llegar a la Presencia Divina. Ya están adentro. Están en la asociación de santos, en la Presencia Divina.

Ustedes, que todavía vienen buscando el camino, corran a Dios. Este es el verdadero camino, el camino de la felicidad, por lo que los santos piden a sus seguidores que corran con ellos. Cuando estamos en la presencia de nuestros sheiks, ellos hablan de la otra vida. De hecho, todo lo que hablan es de la otra vida.

Están tirando este mundo de su anhelo.

Dios es El Absolutamente Perfecto. Todo lo que Él crea, Él lo crea en la perfección absoluta. Este universo entero, y lo que sea que Dios haya creado aparte de este, son absolutamente impecables. Todo es simétrico hasta el más mínimo detalle, desde la galaxia más colosal a la más mínima partícula subatómica.

Él Quién creó los siete cielos uno sobre el otro: No verás
en la creación del Misericordioso falta de proporción
alguna. Vuelve la vista de nuevo: ves alguna falla?[212]

Entonces también, la creación de los seres humanos está en perfección total.

Dios grabó a cada ser humano en la mejor imagen para que encaje en su naturaleza personal. Imagínese cómo se sorprenden

---

[211] Suratu 'dh-Dhariyat [Los que Levantan un Torbellino], 51:50.
[212] Suratu 'l-Mulk [Soberanía], 67:3.

los biólogos al ver cómo todo funciona perfectamente dentro del componente más esencial del cerebro, un órgano más pequeño que una lenteja en la cabeza de cada persona, similar en su función a los chips de los microprocesadores en una computadora. Ese pequeño órgano es como un pequeño chip de computadora intrincadamente detallado, dirigiendo todos los aspectos de la mente y el cuerpo, la comunicación con todos los órganos y la coordinación de las acciones de los billones de células que componen el cuerpo.

Cuando estudian este sistema, médicos y científicos quedan asombrados. El sistema entero del cuerpo es gobernado por ese "chip" diminuto del tamaño de una lenteja incrustado en el cerebro. Y cada individuo tiene un programa diferente en el "chip" de él o ella. Para las computadoras, cada marca está programada con un tipo diferente de sistema operativo, y no hay dos computadoras iguales. La raza humana se compone de miles de millones de seres humanos apareciendo desde el tiempo del padre de la humanidad Sayyidina Adán ﷺ, hasta el Día del Juicio. Sólo en nuestro tiempo, el número de la humanidad es de seis mil millones. Eso significa que hay seis mil millones de "chips", cada uno diferente del otro, y cada chip ha sido programado para funcionar específicamente para el ser humano en el que "corre".

Ese "chip" está ubicado en la parte más vital del cuerpo - la cabeza. Nadie camina con la cabeza, porque Dios la preservó para estas funciones especiales. Él puso allí la visión, la escucha, el olfato, el gusto y el tacto. Dentro de ella puso la mente, el intelecto, el pensamiento, la razón y la imaginación.

Incluso los distintos órganos que componen la cabeza son sorprendentes en su función. Los científicos que estudian los ojos están pasmados por cómo ven, ya que su funcionamiento va totalmente más allá incluso de la increíblemente sofisticada tecnología de hoy en día; ya que el ojo no puede ser imitado. Cada ojo está lleno de cientos de miles de nervios diminutos, cada uno más fino que un cabello, con sangre que fluye a través de ellos en

8. CORRIENDO HACIA DIOS (*AL-FIRARU IL-ALLAH*)

micro-arterias paralelas, atadas juntas de manera similar a los cables ópticos. Dios colocó los ojos y los "cableó", como las naves espaciales y los satélites, que a veces contienen millones de kilómetros de cables. Dentro de nuestro cuerpo hay millones de kilómetros de vasos capilares y nervios, más finos que cabellos, y todo es controlado por ese diminuto "chip" en el cerebro. Ese "chip" es tan esencial, que si dejase de funcionar la persona entraría en coma. Cuando algunas personas entran en un estado de coma los médicos son capaces de "reiniciar" su "chip" y ellos vuelven. Otros siguen su camino hacia su Señor.

Dios dijo: "Quiero que la parte más esencial del cuerpo, ese órgano precioso, la cabeza, que contiene las orejas, los ojos, la boca, la nariz y el cerebro se dedique a Mí." "Esa cabeza," Dios, dice, "Me pertenece, toda ella. Y quiero que tú Me demuestres a Mí Mi grandeza y Mi Señorío sometiéndote a Mí y postrándote a Mí."

La cabeza está obligada a hacer reverencia al Señor. En verdad nuestro Señor nos honró con la postración, para demostrar sin lugar a dudas: "Tú eres el Señor, nuestro Maestro, y nosotros somos Tus siervos."

Es por eso que Dios hizo a los ángeles postrarse ante Adán en señal de respeto, para demostrar como Él ha honrado a los seres humanos y los ha hecho superiores a los ángeles.[xviii]

En la Noche de la Ascensión, cuando el Profeta ﷺ fue llevado a la Presencia Divina, en donde observó la Grandeza absoluta de Dios, él se vio a sí mismo como nada. Sintió que a pesar de toda la Gracia de Dios, en concederle a él ser el mensajero final y el único en ascender a la Divina Presencia en su cuerpo físico, se vio a sí mismo como "de hecho no soy más que un simple mortal como ustedes", en la presencia de su Señor.

Si el Profeta Muhammad ﷺ se sintió tan humilde, entonces ¿qué pasa con nosotros? Debemos tratar de ser así.

Lamentablemente, la arrogancia, el orgullo y la ira nos consumen. Estamos abrumados por los diecisiete rasgos destructivos y los resultados son nada más que la lucha y el abuso entre las personas: hermano contra hermano, hermano contra hermana, hermana contra hermana, marido contra mujer, hijos contra padres, tribus, naciones y continentes, todos luchan unos con otros. Los seres humanos han olvidado que son servidores del mismo Señor. Seguimos viéndonos a nosotros mismos como grandes, importantes y merecedores de alta consideración. A pesar de esto Dios nos creó para ser felices, diciendo:

> Hemos honrado a los hijos de Adán.[213]

Eso viene con una condición: buscar Su perdón y arrepentirse a Él. Eso es todo lo que Dios pide. No podemos dejar de pecar, discutir y pelear, ya que hemos sido creados débiles. "Sólo les pido", Dios dice, "cuando se den cuenta de su error, vuelvan a Mí."

Por lo tanto, cuando se den cuenta de su error, caigan postrados ante Dios y busquen Su misericordia y perdón, porque cuando entramos en oración en esa posición de sumisión a Dios, entonces Él se siente feliz con nosotros como Sus siervos fieles.

"Correr a Dios" significa correr a la perfección. Perfeccionarse es conseguir el estado de *Ihsan*, como se describe en la famosa Tradición Profética del arcángel Gabriel ﷺ que hemos citado antes:

Ihsan es alabar a Dios como si lo vieses, ya que si tú no Lo ves, sabe que Él ciertamente puede verte.

Para alcanzar ese estado de Perfección, primero hay que pasar a través de los dos estados anteriores: el Islam, la sumisión y el *Iman*, la fe.

El Islam es el estado de la aceptación de las formas externas de la religión, sus obligaciones y acciones.

---

[213] Suratu 'l-Isra [El Viaje Nocturno], 17:70.

8. CORRIENDO HACIA DIOS (*AL-FIRARU IL-ALLAH*)

Iman, la fe, es aceptar no sólo las obligaciones, sino que es creer en Dios, los ángeles, los libros de Dios y Sus profetas, el Último Día y el Destino, tanto su bien y su mal viniendo de Dios, el Altísimo.

Por último, *Ihsan*, es perfeccionar su habilidad de armonizar con otras personas, con la comunidad, con sus hermanos y hermanas, hijos e hijas, padre y madre, parientes, amigos y vecinos, con los de la misma creencia y con aquellos que poseen diferentes creencias. Esto significa extender su mano a aquellos que son diferentes, ayudándolos a que los entiendan a ustedes y al Camino del Islam. El perfeccionado es un diplomático, llevando la bandera de la espiritualidad de la mejor manera para demostrar los niveles más altos de la iluminación y la buena conducta a todos los que encuentra.

Entonces, correr hacia la perfección es, como el Profeta ﷺ mencionó en la Tradición Profética del Arcángel Gabriel ؑ, correr hacia Dios adorándolo como si Lo vieran. Para poder ver, deben correr. Tanto como corran, llegarán a saborear del gnosticismo celestial, *ma'rifah*, sintiendo luces, poderes angelicales y aromas celestiales, y serán adornados con todo tipo de maneras celestiales y formas de comportamiento que harán que corran aún más rápidamente hacia la Presencia Divina.

El Profeta ﷺ dijo: "*Si no pueden verlo, sabe que Él ciertamente los ve*" porque siempre están bajo la Misericordia y Protección de Dios. Cuando alcancen este nivel, el apoyo y la guía de Dios, *inayah*, los alcanzará. Éste es conocido como el viento suave del Este, *reeh as-siba*, también conocido como el Aliento de la Juventud, mencionado por el Imán al-Busayri en su famoso poema *La Capa (Qasidatu 'l-Burda)*. A medida que avancen en los niveles gnósticos, acercándose a Dios y al Profeta, ellos los llevarán, como en una alfombra mágica, de la depresión de las cargas terrenales a un ilimitado universo de perfección. Entonces se convertirán en un faro de luz, brillando con toda variedad de colores, penetrando velos de infinito conocimiento. Entonces otros pueden venir a ustedes y saborear la dulzura que viene a las infinitas diferentes estrellas celestiales que están conectadas con la luz que se les concede a través del Aliento de la Juventud.

Dios dijo:

> *Dios es la luz de los cielos y la tierra. El ejemplo de Su luz es como una lámpara; la lámpara está en un vidrio y el vidrio es como si fuese una estrella brillante.*[214]

Estos son ramos de conocimiento gnóstico, *ma'rifah*. "Correr hacia Dios" significa correr a Sus infinitos Océanos de Perfección; correr a infinitos Océanos de la Belleza; correr a infinitos Océanos de Misericordia, correr a infinitos Océanos de amor; correr a los infinitos Océanos de la Fuente de todas las fuentes.

---

[214] Suratu 'n-Nur [La Luz], 24:35.

9. Entrenando (*At-Tamrinu wa 't-Tadbir*)

Y aquellos quienes dispensan su caridad con sus corazones llenos de temor, porque retornarán a su Señor.[215]

Así como domestican un caballo salvaje, tienen que domesticar y dominar a su ego. Este es el noveno nivel, controlar y montar a su ego totalmente. En este nivel, no los puede montar a ustedes. Aquí los santos los observan. En este nivel, debe observarse una gran precaución; por haber alcanzado altos niveles y recibido enormes aperturas, en este punto Satanás puede comenzar a jugar con el buscador cuando se acerca a su objetivo.

Una de las primeras trampas que Satanás usará es decirle al buscador, "Sos un sheik ahora. Estás libre de hacer lo que la inspiración te traiga."

Ahora pueden pretender ser un sheik. Sin embargo, aunque cuarenta sheiks estén de acuerdo en que alguien es un sheik, esa persona no tiene derecho a traer una innovación en la religión. Si lo hace, no es un sheik. Alguien que dice ser un sheik o un erudito - y un sheik es mayor debido a que el sheik primero debe ser un erudito - que afirma estar siguiendo la guía de un maestro, y que se considera a sí mismo como un asceta y una de las personas del Sufismo, una persona tal debe tener cuidado de evitar caer en las manos de Satanás.

Satanás puede aprovechar los malos deseos de ese sheik de manera que incluso empiece a pensar en cómo casarse con sus discípulas. No está permitido ir hasta ese grado, aunque podrán ver algunos sheiks que se consideran sufíes caer en esta trampa,

---

[215] Suratu 'l-Muminun [Los Creyentes], 23:60.

sin preocuparse por la ley Islámica. Según la ley Islámica hay permiso para acercarse a una mujer con una propuesta de matrimonio. Hoy, sin embargo, hay sheiks que están cayendo, dejando de seguir las vías legales, porque Satanás está jugando con ellos. Sheiks y académicos tienen derecho a casarse con quien quieran, pero no deben tener el deseo debido a inspiraciones Satánicas. Cuando se entregan a ese camino, están cayendo completamente en la innovación. Tal sheik debe tener conciencia de sí mismo, de lo que está haciendo.

Dios dijo:

> *Y aquellos que dispensan su caridad con sus corazones llenos de temor, porque retornarán a su Señor...*[216]

En este nivel, los discípulos sienten temor de Dios. Ellos están volviendo a Él y están entrenando a sus egos, entrenándolos para no desobedecer a su Señor, acorde con este verso también:

> *Oh ustedes que creen! Obedezcan a Dios, y obedezcan al Mensajero, y a aquellos con autoridad entre ustedes. Si difieren en algo entre ustedes, refiéranlo a Dios y a su Mensajero, si crees en Dios y en el Último Día: eso es mejor, más apropiado y tendrá mejor conclusión.*[217]

La mayoría de las personas pasa más tiempo haciendo felices a sus egos que haciendo feliz a Dios. El ego es feliz con cualquier cosa de este mundo, y no es feliz con nada del otro mundo.

El Profeta ﷺ dijo:

Todo aquello con lo que el hombre juega es ilusorio, excepto la arquería, aprender a nadar y montar a caballo, porque estos son de la Verdad.

---

[216] Suratu 'l-Muminun [Los creyentes], 23:60.
[217] Suratu 'n-Nisa [Mujeres], 4:59, also Cf. Suratu 'l-Ma'ida [La Mesa Servida], 5:92, Suratu 'n-Nur [La Luz], 24:54, Sura Muhammad, 47:33, Suratu 't-Taghabun [Desengaño], 64:12.

9. ENTRENANDO (*AT-TAMRINU W' AT-TADBIR*)

Según esta Tradición, tenemos permiso para participar en deportes. Tengan cuidado, sin embargo, de los trucos del ego. Dirá en relación a cualquier deporte, "No hay problema - esto es para entrenar." Pero esto puede ser una trampa para involucrarlos en algo que, de hecho, los detiene y los retrasa, sacándoles el tiempo para el entrenamiento de su ego y la realización de sus obligaciones religiosas. Como resultado, el deporte puede dar al ego una excusa para hacer lo que le gusta de la actividad física, en lugar de lo que se requiere. Puede que no haya pecado en el deporte, pero este los retrasa de hacer lo que tienen que hacer.

Su ego no reconoce a su sheik, o a los académicos o a cualquier otra persona en ese sentido. Tenemos que luchar contra el ego entrenándolo para que haga lo que es esencial. Así, comenzamos a entrenar al ego a hablar verazmente, porque eso es lo más importante. Si no hablan la verdad, entonces están perdidos.

Yahya bin Yahya pidió al Imán Malik un consejo. Imán Malik le dijo:

Te daré tres consejos. Si los sigues estarás seguro. Mi primer consejo es hablar con la verdad, y si no sabes algo admitirlo, y decir, "no sé".

Imán Malik le dijo a Yahya bin Yahya que todos los conocimientos que heredó de sus 900 profesores - 600 Sufí del Sufismo y 300 de la ley Islámica - se reducen a esto. Es la misma verdad a la que nos hemos referido en el noveno nivel. Esta parte esencial, la de decir: "no sé", lleva al ego abajo, y entrena a su ego a hablar verazmente.

Entre los estudiosos, todo el mundo quiere demostrar que tiene el mayor conocimiento. Una vez, estaba con Mawlana Sheik Nazim ق y mi tío, que era extremadamente culto en enseñanza de jurisprudencia Maliki, Shafi'i y Hanafi. Estábamos sentados con algunos estudiosos, y le pedí a mi tío que dejara hablar a Sheik Nazim ق. Mi tío miró a Mawlana Sheik Nazim ق y él miró a mi tío.

Mawlana Sheik Nazim ق no habló. Más tarde explicó diciendo: "No arrojes diamantes a los pies de los niños. No tiene sentido hablar acerca de sabiduría allí, porque todos quieren mostrar su ego y orgullo, y nadie va a escuchar lo que tengo para decir. Por lo tanto, no es necesario hablar".

Retornando a las enseñanzas del Imán Malik, él luego dijo:

El segundo consejo que te doy reduce todo el conocimiento de los médicos y todos los frutos de la medicina, en una oración: No comas hasta que estés demasiado lleno.[218]

Esto se refiere a la enseñanza del Profeta ﷺ de que el estómago es la "casa de la enfermedad." Él también dijo: "Somos un pueblo que no come hasta que tiene hambre, y cuando comemos no comemos hasta estar llenos." Si siguen estos consejos, nunca verán la enfermedad en su vida.

Imán Malik continuó:

El tercer consejo que te daré es la esencia de toda sabiduría: Si estás entre la gente, guarda silencio. Si llegan a una decisión, es como si fuera tu decisión y como si hubieses dicho lo que era necesario; y si cometen un error y te quedaste callado, nadie te culpará.

Imán Malik dio estas tres sabidurías en tres frases: habla la verdad (diciendo "Yo no sé", si eso es correcto), no comas demasiado, y guarda silencio. Haciendo estas cosas entrenarán a su ego como un hombre entrena a un caballo para montar. Cuando montan el ego, no los controla. Cuando le dicen, "Yo no voy a comer", dirá: "Escucho y obedezco." Sin embargo, si no están entrenando a su ego, este los vencerá.

Por otro lado, si les doy sopa cuando no quieren comer, esto también va en contra del deseo del ego. El Camino, *Tariqah*, significa la oposición a la totalidad de los deseos del ego. Por lo tanto, deben comer si el sheik les ordena hacerlo. Si el sheik dice:

---

[218] literalmente, "hasta tu nariz."

9. ENTRENANDO (*AT-TAMRINU W' AT-TADBIR*)

"Come todo el plato de sopa," deben terminarlo. ¿Cuántas veces Gransheik Abd Allah ق nos hacía comer y comer y comer, hasta que teníamos que hacer más espacio para nosotros mismos? En tales situaciones, no digan "¡Suficiente!", Él está haciendo a los alimentos con sus súplicas y oraciones, y están mostrando desobediencia si dicen: "No, no puedo comer más, es suficiente." Esa es una prueba. La comida no va a matarlos. ¿Y si les ordenase un verdadero reto? Si su sheik les indica comer, coman, no digan: "No."

Nunca he olvidado el tiempo en que Gransheik Abd Allah al-ad-Fa'iz Daghestani ق nos dio carne vieja a mi hermano y a mí. En los viejos tiempos, no había refrigeradores. La gente solía colgar la carne al sol y en gabinetes, y cuando la querían comer se la hervía. Así que una vez que estábamos con él, a punto de regresar al Líbano, dijo: "No se vayan hasta que coman." Entonces le dijo a su esposa que vaya a buscar un poco de carne. Toda la casa y la cocina se llenó del hedor de la carne que había traído. ¿Puedes levantar la cabeza en un momento así? No.

Ellos trajeron la olla y la pusieron delante de Gransheik Abd Allah ق. Tomó toda la carne en trozos grandes y la puso en un cuenco. ¡Oh, cómo olía! ¿Quién sabe cuántos años esa carne se había sentado en el armario? Eso fue una prueba. Parecía que él iba a envenenarnos. Luego nos dijo que comiéramos. Nos miramos, y no podíamos comerlo. Veíamos a miles de gusanos saliendo de la carne y de los huesos. Mawlana Sheik Nazim ق estaba mirando y diciendo: "¡Coman!" Pero, ¿cómo íbamos a comer?

Nos daba náuseas hasta el punto de casi vomitar. Todo nos tentaba a salir corriendo, pero sabíamos que si vomitábamos seríamos expulsados de la *tariqah*. Gransheik Abd Allah ق se llevó una gran porción a la boca y se la comió, y otro trozo -comido. Habíamos preparado el agua para tragar rápidamente esta horrible, carne podrida, y luego con "Bismillahi 'r-Rahmani'r-

Rahim," empezamos a comer. Tan pronto como nos pusimos la carne en la boca, el olor se había ido y los gusanos desaparecieron.

Los sheiks quieren examinarlos. Ellos crean toda una escena delante de sus ojos para entrenarlos. Los perfeccionan, y luego les dan de la confianza que guardan para ustedes.

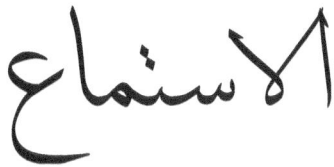

10. Escuchando (*Al-Istima'*)

Si Dios hubiese encontrado en ellos algún bien, Él ciertamente los hubiese hecho escuchar; pero si Él les hubiese hecho escuchar, se habrían desentendido y apartado (de la Fe).[219]

Cuando su ego está entrenado para obedecer; en el décimo y último paso, ¿cómo obedecer? A través de la audición. Si el ego es bueno, escuchará, pero Dios sabe que el ego malo nunca escucha a menos que esté entrenado y controlado.

Cuando el ego los está montando, nunca escuchará. Más bien, ustedes lo escucharán a él, a pesar de que puede decirles que dejen a su familia, sus amigos o aún su comunidad. No escuchan nada más. Por eso el versículo dice que Dios los hubiera hecho escuchar si hubiese algo bueno en ellos. Dios sabe que no van a escuchar, ya que el ego está montado en ellos. Cuando el ego está en control, no escucharán.

Sin embargo, en el último nivel, cuando lo han dejado todo y alcanzado el nivel de "escuchar y obedecer", habrán capacitado a su ego para ser montado. Entonces ustedes dirán:

"Escuchamos y obedecemos; perdónanos, Oh Señor, hacia Ti es nuestro retorno".[220]

Ese es el más alto nivel, el poder de escuchar. El Profeta ﷺ ejemplifica dos niveles: escuchar y obedecer. Él escuchó a Gabriel ؑ, que trajo el mensaje, y lo entregó. El nivel más alto del Islam se

---

[219] Suratu 'l-Anfal [Los Botines de Guerra], 8:23.
[220] Suratu 'l-Baqara [La Vaca], 2:285.

encuentra en la *tariqah*. Eso es encontrado después de que los nueve niveles que hemos descrito han sido pasados. Ese nivel es escuchar, aceptando todo, obedeciendo, arrepintiéndose y yendo a nuestro Señor.

Hay cuatro etapas diferentes para la audición:

La primera etapa de este décimo nivel es pasar de la incredulidad a la fe. Esa es el objetivo más alto - no asociar nada a Dios y creer en Él.

La segunda etapa es pasar de la desobediencia y el pecado a la obediencia.

La tercera etapa es dejar la innovación por la práctica del Profeta ﷺ, la Sunnah.

La cuarta etapa es dejar la negligencia por la conciencia. Estas cuatro fases son las subcategorías del escuchar.

El Profeta ﷺ dijo: *"Lamentarse es arrepentirse."*[221] Aunque prohibida en el Islam, en las comunidades de los profetas anteriores, Dios nunca aceptó el arrepentimiento de los Hijos de Israel a menos que se suicidaran. Por eso, el Profeta Moisés ﷺ ordenó a los seguidores de as-Samiri que se maten a sí mismos. Volvió de su reclusión y los encontró adorando al Becerro de Oro y siguiendo a as-Samiri, y para poder arrepentirse tenían que morir.

> *Y recuerda a Moisés cuando dijo a su gente: "Oh mi gente! Ciertamente han sido injustos con ustedes mismos al adorar el becerro: Arrepiéntanse a su Creador, y maten a los (injustos); eso será mejor para ustedes a la mirada de su Creador." Luego Él se volvió a ustedes con Su perdón: Pues Él es el Compasivo, Más Misericordioso.*[222] xix

---

[221] Ahmad y al-Hakim en su *Mustadrak*.
[222] Suratu 'l-Baqara [La Vaca], 2:54.

10. ESCUCHANDO (*AL-ISTIMA'*)

Para la comunidad del Profeta Muhammad ﷺ, esto es distinto. Dios dijo:

> ... *Oh ustedes Creyentes! Vuélvanse todos juntos hacia Dios, así podrán tener éxito.*[223]

El Profeta ﷺ dijo, "*Arrepiéntanse, pues Yo pido perdón setenta veces todos los días.*"[224] En algunas versiones, el dijo, "cien veces." Ese es el porqué en la práctica diaria Naqshbandi repetimos "Dios perdónanos - *Astaghfirullah*" setenta veces. El Profeta ﷺ también dijo:

> *Aquel que se arrepiente de sus pecados se vuelve como alguien que no hubiera pecado en absoluto.*[225]

El arrepentimiento es obligatorio para todo Musulmán y no Musulmán, hombre, mujer, persona enferma y persona sana, esté quieto o de viaje. No hay ninguna duda al respecto, es obligatorio para todos.

Ustedes pueden trabajar en algunos de estos niveles al mismo tiempo, pero deben completar el primer paso para tener el segundo, y así sucesivamente. Por eso los santos ordenan reclusión a sus discípulos. En aislamiento, pueden progresar a través de los niveles del uno al décimo, sin saltar arriba y abajo. Si saltan arriba y abajo puede que se rompan una pierna.

---

[223] Suratu 'n-Nur [La Luz], 24:31.
[224] Bukhari.
[225] Ibn Majah.

الحقائق القلبية الست

Los Seis Poderes del Corazón
AL-HAQA'IQ AL-QALBIYYAH AS-SITT

La Apertura del Corazón

Habiendo alcanzado el nivel de discípulo, el buscador conoce la Verdad de la Certeza. Cuando los Santos de Dios atestiguan que el buscador ha alcanzado la iluminación al pasar por los diez pasos al discipulado, ellos lo o la vestirán con seis poderes. Estos no son poderes que vienen de una fuente externa, sino que son desvelados desde dentro del corazón del discípulo. Cuando son abiertos, él se encontrará vestido por ellos.

Una luz puede estar completamente oculta en una habitación que no tiene abertura al exterior. Sin embargo, si una puerta o ventana es abierta, la luz brillará. Si la habitación está llena de luz, la luz saldrá. Si está llena de humo, el humo saldrá.

Imaginen que un trozo de carbón ardiendo es colocado junto con una gran cantidad de incienso en el interior de un contenedor. Si el contenedor es pequeño y el calor muy intenso, la fragancia del perfume entra en erupción como un volcán cuando el contenedor es abierto. Cuando un volcán entra en erupción, explota en el aire a cientos de pies, esparciendo lava y ceniza a todas partes, tiñendo todo con ellas. Una reacción similar se produce en el corazón del discípulo después de que pasa los diez niveles. Su corazón es ese recipiente pequeño con un fuego quemando en su interior. La lava perfumada es el amor que se elevó en él por el Amor a Dios, al Profeta ﷺ y al sheik - ese amor que viene de la aniquilación en ellos. La intensidad del amor en su corazón y la inmensidad de los seis poderes en su corazón explotan a su entorno, liberando esa lava de amor sobre todo lo que él toca.

Con permiso de los Santos de Dios, y especialmente de los sheiks de la distinguida Orden Naqshbandi, estos poderes aparecen y así muchos milagros pueden ser realizados. Sin embargo, los sheiks no aprueban de mostrar milagros. No les gusta presumir. Ellos conservan bendiciones divinas a fin de ayudar a otros, ya sea de forma indirecta, o en la tumba durante el interrogatorio angelical. En ese momento, cuando los ángeles hacen preguntas como "¿Quién es tu Señor?" y "¿Quién es tu profeta?" el discípulo tiembla de miedo. Entonces, el sheik Naqshbandi utiliza el Poder Divino que Dios le ha concedido para soltar la lengua del estudiante, para que pueda dar la respuesta correcta. Aquí es cuando el estudiante más necesita al sheik. También lo necesitará al sheik para que lo presente al Profeta Muhammad ﷺ como su seguidor, y para pedir la intercesión del Profeta por él. Sólo los verdaderos santos tienen acceso al Profeta ﷺ. No todos tienen acceso. Aquellos que tienen acceso al Profeta ﷺ llevan sus milagros a él, y así a los discípulos de los sheiks Naqshbandis se les impide mostrar al exterior su poder. Otras órdenes sufíes son diferentes, tienen su propia manera .

Si estos seis poderes del corazón son reprimidos por las malas características del ego, nunca serán liberados. El egoísmo del ego no acepta a nadie excepto a sí mismo, ni siquiera al sheik.

Diciendo, "Yo soy tu Señor, Más elevado".[226]

El último anhelo del ego es quitar el dominio de Dios del corazón y para el ego proclamarse a sí mismo como señor. El ego quiere montarlos y controlarlos, y esto puede reprimir los seis poderes en tu corazón. No los pueden liberar hasta que no pasen por los diez pasos al discipulado. Luego es como si se les hubiese dado el más alto grado de autorización, ya que cada uno de los diez pasos es como un nuevo nivel de autorización de seguridad.

Para ciertos servicios gubernamentales, uno necesita código de seguridad. Por ejemplo, mientras que la mayoría de la gente que trabaja en el Departamento de Trabajo no necesita un código así porque la tarea que efectúan no lo requiere, muchos del

---

[226] Suratu 'n-Nazi´at [De Los que Arrancan], 79:24.

Departamento de Defensa si lo requieren. Sin tal código, sólo pueden acceder a áreas sin clasificación. Los trabajos del gobierno de alto nivel requieren autorizaciones de alto nivel. Los solicitantes deben ser examinados muy cuidadosamente antes de recibir esta autorización de alto nivel. Su historia familiar y registro criminal son examinados, junto con cualquier cosa que pueda hacer del candidato un riesgo. Esta información afecta el nivel de autorización que ellos pueden recibir. Dependiendo del nivel de autorización, esta investigación puede remontarse hasta la edad de cinco años.

Lo mismo ocurre en la espiritualidad. Cuando el discípulo ha logrado estos diez niveles, se le despeja el acceso al material confidencial. En ese momento, el discípulo puede acceder a los seis poderes del corazón, los poderes que se encuentran en el corazón de todo ser humano, sin discriminación. Hasta que accedan a ellos, estos seis poderes están presurizados por el ego. La tiranía del yo es capaz de oprimirlos. Todo este poder que Dios puso en su corazón se ve suprimido en un lugar pequeño y estrecho, debido a la altísima presión del egoísmo y la influencia satánica. El lugar presurizado que sujeta estos poderes es un coágulo negro en el corazón. [xx] Cuando han logrado autorización a través del proceso, el lugar se convierte en fácil de abrir. Cuando ese coágulo presurizado es abierto, es como liberar aerosoles con una fragancia agradable. Al igual que un volcán, el corazón que contiene estos poderes estalla, difundiendo amor.

Los seis poderes del corazón son:

- ❖ La Realidad de Atracción (*Haqiqatu 'l-jadhbah*)
- ❖ La Realidad del Derramamiento (*Haqiqatu 'l-fayd*)
- ❖ La Realidad de Enfocar (*Haqiqatu 't-tawajjuh*)
- ❖ La Realidad de la Intercesión (*Haqiqatu 't-tawassul*)
- ❖ La Realidad de Guiar (*Haqiqatu 'l-irshad*)
- ❖ La Realidad del Plegamiento (*Haqiqatu 't-tayy*)

Todo niño recién nacido tiene estos seis poderes, porque todo niño nace inocente. La luz de la inocencia se pierde a lo largo de la vida. Dios no la quita; esta es suprimida y apagada en tanto el niño crece progresivamente lejos de su divina realidad. Un niño puede ser criado por sus padres en una situación contraria a su inherente inocencia (*fitrah*). Cuán severa es la supresión de esta luz dependerá de cómo el niño es criado y qué tanto el niño es arruinado. En tanto el niño pasa a la adultez, él o ella pueden repentinamente percatarse de la importancia de equilibrar la dimensión interna y externa de la vida, en orden de liberar ese poder espiritual enterrado dentro suyo.

Mantener el equilibrio se convierte en una parte integral de la disciplina del buscador. Es muy importante tener el interior y lo exterior en armonía. El comportamiento externo de una persona debe coincidir con su realidad interna, o bien los seis poderes no pueden ser abiertos. En ese caso, seguirán en lucha.

Cuando alguien trata de ocultar la disparidad entre su interior y exterior, la realidad hace que su actitud hacia el exterior parezca noble a los demás. Esa persona puede pretender tener permiso para representar a un santo y dar orientación, o pueden afirmar que han tenido un sueño y recibido permiso del Profeta ﷺ para guiar a las personas. Otros pueden decir: "Yo no necesito un sueño. He recibido el permiso por telepatía directa del Profeta para dar orientación a las personas." Estas son personas cuyas fuerzas de orgullo y arrogancia los hacen pretender que son líderes. Todo el mundo tiene un problema de ego diferente, pero estos son ejemplos de pulir el exterior, mientras que el interior sigue siendo malo. Esa persona es un hipócrita y un mentiroso. Es como alguien cuyo núcleo interno es de hierro, completamente oscuro y frío, pero que lo recubre con plata. Esa persona tiene un corazón que es plateado. Si ustedes lo supieran, nunca comprarían lo que está vendiendo. Se desprenderían de él porque entonces sabrían que han sido engañados. Otros miran y lo compran porque se han dejado engañar y piensan que lo que sólo es plateado es realmente de plata.

¿Cuántos sheiks así tenemos en el mundo de hoy, que pretenden ser algo que no son? Ellos van a ser interrogados por Dios sobre cómo engañaron y mintieron a la gente. Por eso, un sheik debe ser muy cuidadoso de decir siempre: "Yo no soy nada." Si no sabes acerca de algo, admite que no lo sabes.

Había una vez un hijo de un gransheik que, cuando murió su padre, también comenzó a ponerse el traje de sheik para que todos vinieran a él a pedirle consejo. Nunca admitió: "Yo no soy un erudito." Cuando la gente venía a él con un problema, él asentía con la cabeza como si estuviera contemplando la respuesta y decía, "hmmm." El estudiante esperaba y luego preguntaba, "¿Cuál es la respuesta, oh sheik?" Por lo general respondía: "Hay dos opiniones al respecto." Todo el mundo quedaba impresionado por esta respuesta y nunca se molestaba en averiguar cuáles eran esas dos opiniones. Oían esto y se iban. Sin embargo, uno de los listos sabía que el hombre era un charlatán. Le hizo una pregunta delante de los demás, a la que dió su respuesta habitual, al decir de nuevo: "Hay dos opiniones." Esta vez, sin embargo, la respuesta lo había expuesto, pues la pregunta que se la había hecho fue, "¿Hay alguna duda sobre la existencia de Dios?"

Este es un ejemplo de la situación de los estudiosos de hoy. No caigan en la trampa de la mentira, o seremos de los hipócritas. No sean plateados, o se perderán. No den conferencias sobre el amor al Profeta o el recuerdo de lo Divino, cuando, en realidad, no saben nada acerca de estas cosas. Tantos son así, no se dejen engañar.

Mientras que la persona plateada tiene una identidad interna que es fea, pero mantiene un agradable exterior, hay también personas que hacen todo lo posible para limpiar su interior, pero que no logran mejorar su apariencia externa. Tal persona puede decir: "Sé que mi aspecto es feo, pero ¿qué puedo hacer? Al menos mi carácter interno es bueno. Yo no miento. Puedo cometer errores, pero tengo cuidado de no hacer nada malo." Esta persona tiene un interior que es de plata, y un exterior que es el hierro. Él es de hierro cromado. Es humilde, y no hace trampas. Él dice, "Yo pertenezco con los zapatos que se dejan en la puerta. Yo no sé nada."

Sin embargo, los mejores son los que han pulido su interior y su exterior completamente. Una persona así es uno de los Veraces (*siddiq*). Esa persona no es ni siquiera como la plata, es como el oro - interna y externamente inmutable. Ése es el perfecto. Eso es lo que logran cuando se mueven a través de estos diez pasos al discipulado, y pasan de un nivel a otro, y consiguen hacer sus realidades internas y externas iguales. En ese momento, el volcán del corazón hace erupción dando la liberación a los seis poderes, y la fragancia de ellos sale. Tan pronto como huelen esta fragancia, empiezan a ver lo que la gente no puede ver y a oír lo que la gente no puede oír. Por el olor de la fragancia de una flor, la abeja puede viajar grandes distancias para llegar a lo que necesita y volver. Lo que hace que la abeja sea única es que recibe inspiración, a diferencia de cualquier otra criatura.[227] Cuando la fragancia de los seis poderes se abre, todo tipo de inspiración vendrá a ustedes, y todos estos poderes vestirán su realidad externa.

---

[227] *Y hemos inspirado a la abeja...* Suratu 'n-Nahl [La Abeja], 16:68.

Decodificando las Realidades

Los seis poderes en el corazón del discípulo deben ser decodificados pasando por los diez niveles. Un mensaje debe ser decodificado antes de que su información pueda ser leída. En espiritualidad, hay muchos mensajes en código, porque siempre estamos confundiendo mensajes a través de nuestras malas acciones. Para alcanzar la realidad de estos mensajes necesitamos decodificarlos. Estos mensajes están dentro del corazón, pero tenemos que ser capaces de desbloquearlos.

Una vez vino un estudiante a Sayyidina Bayazid ق y dijo, "Oh mi sheik. Estuve siguiéndote toda mi vida. Estuve aprendiendo de ti toda mi vida. Nunca me perdí una asociación (*suhbat*). Nunca me perdí una sesión para el recuerdo (*dhikr*). Nunca perdí una oración. Serví con sinceridad y piedad, pero no soy capaz de comprender acerca de estas seis realidades da las que está hablando. No estoy viéndolas y no estoy sintiéndolas".

Sayyidina Bayazid ق, dijo: "Hijo mío, si adoras 300 años - deja sólo cincuenta años - nunca llegarás a estas realidades, en tanto lleves a tu ego contigo."

El discípulo le preguntó: "Oh, mi sheik, ¿hay una cura para desprenderse de ese ego?"

El sheik dijo: "Por supuesto, si estás dispuesto a seguir esa cura".

Él dijo: "Por favor, dime con rapidez a fin de que sea capaz de curarme a mí mismo."

Sayyidina Bayazid al-Bistami ق lo miró y dijo: "Hijo mío, con el fin de librarse de esta enfermedad - y no hay nadie sin ella - tienes que colgar una bolsa alrededor de tu cuello y llenarla con nueces. Ir a donde todo el mundo te conozca, en el centro donde se reúnen los académicos. Ve con estas nueces y di, 'Oh, hijos de la comunidad, los quiero tanto. Vengan. A cualquier persona que golpee mi cara, le daré una nuez. Cualquiera que me golpee dos veces obtendrá dos nueces.'

Esto era para humillarlo, para tirar abajo su ego. Este discípulo era un gran erudito, y estaba actuando de acuerdo a lo que sabía. Pero hay dos tipos diferentes de conocimiento: el conocimiento del papel y el conocimiento del saborear. Son muy diferentes uno de otro, la diferencia entre leer acerca de algo y realmente saborearlo. Como los estudiantes de medicina, deben tener prácticas, a fin de entender lo que han aprendido de los libros.

El discípulo miró al sheik, sin creer lo que estaba oyendo. Le dijo a su sheik, "*Subhanallah*! ¡Gloria a Dios! ¿Puedes tú decirle algo como esto a alguien como yo?" Mediante esta declaración, quería decir, "Yo soy un gran erudito, todo el mundo me conoce." El sheik dijo, "¡Alto! Estás cometiendo idolatría (*shirk*), asociando, al alabar a Dios en referencia a tí mismo." Para el estudioso, fue como si la idea de humillarse a sí mismo fuese como una sorpresa más allá de la imaginación - comparable al poder maravilloso de Dios y la creación.

¡Qué lejos estamos de la Verdad! ¡Qué lejos estamos de conocernos a nosotros mismos! El Profeta ﷺ dijo:

Quien se conoce a sí mismo, conoce a su Señor.[228]

Hagan una revisión de ustedes mismos y vean si tienen esta enfermedad o no. ¡Cuánto ego todo el mundo está llevando! Nadie puede aceptar nada de nadie. El ego es difícil, dándose excusas a sí mismo.

Había una vez un estudiante de Sayyidina Jamaluddin al-Ghumuqi al-Husayni ق llamado Orkallisa Muhammad quién estuvo toda su vida tratando de complacer a su sheik y ser un buen seguidor. El aprendió cómo comportarse con su sheik de la historia de Sayyidina Bayazid al-Bistami ق y su discípulo.

---

[228] al-Zarkashi en *al-Tadhkira*, y al-Suyuti en *al-Durar al-Muntathira*.

1. LA REALIDAD DE ATRACCIÓN (*HAQIQATU 'L-JADHBAH*)

Una noche, después de hacer *dhikr* y la oración de la noche, todo el mundo se fue y la mezquita fue cerrada. Pero Orkallisa Muhammad se había escondido en el interior, detrás de un pilar. Él estaba hablándose a sí mismo, como alguien que habla a su reflejo en un espejo. En este diálogo, era como si el cuerpo tuviese una voz y el espíritu otra.

Él dijo: "Oh Orkallisa Muhammad, que nunca fuiste capaz de hacer nada. Tú siempre fallas en lo que tocas. Has fallado y fallado, hasta que finalmente el sheik tuvo lástima de ti y te dió dinero para comprar un rebaño de ovejas. Tú compraste tantas ovejas y las criaste hasta que los meses sagrados llegaron, pero con cada festividad en esos meses las sacrificaste en el Camino de Dios hasta que no quedó ninguna. El sheik te dió dinero para las ovejas en orden de que puedas obtener un ingreso para ayudar a la comunidad, pero tú fuiste y las sacrificaste a todas, y así lo arruinaste. Cualquier cosa que sea que el sheik te dió por hacer, fallaste."

Estaba aprendiendo. Sabía que su yo puede destruir a los seres humanos. Nunca confíen en sí mismos y dejen que el ego viaje con ustedes. No dejen que su ego los monte, ustedes deben montar a su ego.

Él continuó, "Oh Orkallisa Muhammad, hago un juramento de que tú eres el peor de los seres humanos, el más bajo que cualquiera puede imaginar." Para demostrar la sinceridad de su juramento, agregó, "Si yo no estoy diciendo con plena convicción que soy el peor de los seres humanos, entonces que mi amada esposa se divorcie de mí."

Con este juramento, estaba experimentando la realidad de la humildad. Estaba realmente aceptando que él era el peor de los seres humanos. En ese momento, oyó a su sheik riéndose, y miró hacia arriba y lo vio. Él dijo: "¡Oh mi sheik, ¿estás aquí?"

Sayyidina Jamaluddin ق respondió, "Estuve aquí desde el principio, Oh mi hijo. Ahora puedo abrir para ti los seis poderes que están en tu corazón."

Hoy, tienen el Palm, y con su lápiz son capaces de descargar la información que posee. Tal lápiz no es el mismo instrumento que Sayyidina Jamaluddin al-Ghumuqi al-Husayni ق estaba usando, pero la tecnología imita las habilidades de los maestros espirituales. Al mover el Dedo del Atestiguamiento frente al corazón del discípulo, el sheik abrió las seis realidades para él. El estaba cargando esa información dentro de la conciencia del discípulo. En tanto esa información estaba siendo decodificada, el discípulo fue ascendiendo y descendiendo en la mezquita. Era tan liviano, ya que los poderes del cielo lo estaban elevando.

El discípulo dijo: "¿Es esto parte del camino espiritual?"

El sheik respondió: "Sí lo es, pero esto no viene a alguien hasta que se humilla a sí mismo. Si sigue pensando que es algo, entonces no se llega a la realidad que está pidiendo aprender."

El sabor de este mundo va a desaparecer. Cuando alguien está en la tumba, después de algún tiempo el cuerpo se descompone. Así, el sabor de este mundo tampoco va a quedarse para siempre. Los que buscan el sabor de este mundo se mueven por sus dificultades y sus placeres temporales. En realidad, son sólo un cadáver en descomposición del cual cada perro está tratando de tomar un bocado. Esta es nuestra situación. Todo el mundo ahora está luchando por este mundo.

Los santos de Dios están luchando para llegar al otro mundo. En este mundo, quieren la satisfacción de Dios. Otros quieren el placer de la otra vida, pero quieren obtenerla en este mundo. En vez de prepararse para el próximo mundo, están persiguiendo este mundo y encontrando sus dificultades. Cuando corramos tras el otro mundo, estos seis poderes se abrirán en nuestros corazones. Sin embargo, mientras corramos tras este mundo, las realidades permanecen encerradas en el corazón y nunca abiertas, ya que no han sido decodificadas.

1. La Realidad de Atracción
(*Haqiqatu 'l-Jadhbah*)

"Cuando el siervo de Dios se pone a invocarlo a Él, se juntan alrededor suyo en multitud para escucharlo." [229]

La Realidad de Atracción es como un magneto, y el poder magnético depende de cuánto oro ha conseguido su corazón, cuánta fragancia fue contenida en su corazón y cuánto de ella son capaces de liberar. Algunos discípulos pueden llevar más y algunos llevar menos, pero a todos les será dada esa energía. Sayyidina Muhammad al-Busiri ق dijo que o están tomando de las aguas del Profeta ﷺ con su palma o con una jarra. Esta energía de atracción no es realmente cuánta gente es atraída a ustedes, sino cuánto ustedes están atraídos al Profeta ﷺ, y si están tomando puñados de conocimiento o jarras de conocimiento de él como un gnóstico verdadero. Así como su atracción por ese conocimiento aumente, también lo harán sus esfuerzos por traerlo del corazón del Profeta ﷺ al suyo. Este conocimiento nunca termina; mientras los santos están tomando del océano del Profeta ﷺ, el Profeta ﷺ está tomando del nombre Divino el Conocedor (*al-Alim*).

Y sobre cada conocedor hay otro conocedor más alto. [230]

Antes de la apertura de esta energía, ¿por qué la gente debería ser atraída a ustedes? ¿Deben ser atraídos porque tú eres éste o tú eres aquel, llevando una posición de este mundo? La atracción de tal gente no es la Realidad de la Atracción; es una imitación de la

---

[229] Suratu 'l-Jinn [Los Genios], 72:19.
[230] Sura Yusuf [José], 12:76.

energía verdadera que Dios da a sus siervos para sus seguidores. La atracción dada a las figuras mundanas es como una fruta plástica, sin gusto. Lo que ven puede ser atractivo, pero es insípido.

La atracción de los santos de Dios es por el Profeta ﷺ, que los viste con una fragancia hermosa. Porque participan de esa fragancia, los ojos del Profeta ﷺ estarán sobre ustedes. La mezquita debe ser un lugar para los mejores ornamentos, y uno de los ornamentos más importantes que utilizan cuando van a la mezquita es el perfume. El Profeta ﷺ dijo:

Encantadoras a mí son tres cosas del mundo: las mujeres, la fragancia hermosa, y el refresco de mis ojos en el rezo.[231]

Con el amor del Profeta ﷺ por ellas, Dios ha honrado a las mujeres. Están experimentando tanta dificultad en esta vida, y son las primeras en entrar al paraíso en la vida futura por intercesión del Profeta ﷺ. Éste no es el lugar de ir profundamente en la interpretación, porque los dichos del Profeta ﷺ pueden llevar a millones de significados, así como en el Santo Corán, cada verso puede llevar mil millones de significados. La comprensión depende de cuánto ustedes están heredando del conocimiento del Profeta ﷺ.

El "rezo" no es de este mundo; es del Mundo Siguiente. Pero el Profeta ﷺ lo incluyó en este mundo para demostrar que es el medio para que su comunidad esté en una posición mejor el Día de Juicio.

¿Qué es lo que las "mujeres" simbolizan, sino belleza? Cuando el Profeta ﷺ incluye a las mujeres, está describiendo la Manifestación de la belleza (*tajalli al-jamal*). Dios vistió al Profeta ﷺ con la Realidad de la belleza (*Haqiqatu' l-jamal*), un aspecto de Sus Atributos.

El Profeta ﷺ dijo:

Dios es bello y Ama la belleza.[232]

---

[231] Ahmad Ibn Hanbal, an-Nasa'ee, *Tabaqat* de Ibn Sa'd.

1. LA REALIDAD DE ATRACCIÓN (*HAQIQATU 'L-JADHBAH*)

Cuando el Profeta ﷺ dice, "amo a las mujeres" significa que él ama la belleza. Eso es por lo qué los santos a menudo ruegan, "Oh Dios, permítenos casarnos con las mujeres del Paraíso." Están pidiendo ser vestidos por la Belleza de Dios, a la cual la belleza de los habitantes del paraíso no se puede comparar. El Profeta iba a la mezquita vestido por Sus Hermosos Atributos, con características hermosas.

La fragancia hermosa es de una fuente divina, y la fragancia más alta está en el corazón. El perfume que está presurizado en el corazón es hermoso, y ésa es la fragancia con la que el Profeta fue vestido cuando iba a la mezquita a rezar.

Cuando la Realidad de la Estación de la Atracción es abierta, esta belleza comenzará a aparecer en ustedes; la fragancia soplando del corazón como un volcán los adornará, y entonces atraerán la mirada del Profeta ﷺ. Decimos, *"Danos un poco de tu visión, (Oh Mensajero de Dios)"*[233] Un vistazo de él convierte al pecador en uno que se arrepiente, y lo eleva más alto y más alto. El Profeta ﷺ puede hacer esto porque le fue dada Intercesión. Si él ve bondad, él alaba a Dios, y si él ve de otra manera, él pide perdón.

Cuando traen un imán a un clavo, el clavo es atraído. Ustedes son un clavo, nada más que eso. Hay clavos plateados hoy, como profesores y conferenciantes plásticos, y los hay ni plateados ni dorados, sino de oro puro; aunque todos son clavos. Cuando pasan los diez niveles, se convierten en un imán, así como el clavo que ha sido frotado por un imán se convierte en un imán.

El Profeta Muhammad ﷺ dijo:

Cuando un grupo de gente se sienta en una reunión a recordar a Dios, entonces Su misericordia los cubre.[234]

---

[232] Muslim.
[233] Suratu 'n-Nisa [Mujeres], 4:46.
[234] Muslim.

Quién es Su Misericordia, mencionado en esta Tradición Profética? Dios llamó a Sayyidina Muhammad el Perdonador, el Misericordioso, *Ra'ufun, Rahim*.[235] Él le dió el poder de mirar a la gente, y esa es la razón por la cual los santos se paran cuando Sayyidina Muhammad es mencionado en una reunión. Mientras alguna gente dice de no pararse, en realidad estamos obligados a pararnos en todo momento, como si estuviéramos en la presencia de su Noble Tumba. Su descripción de misericordia como cubriendo a la gente significa que ésta no sólo los rodea y abarca, sino también que son imantados. Cuando la gente está recordando a Dios, los ángeles los están imantando y vistiendo con su vestido angelical, como un magneto imantando a un clavo. Entonces, por su fragancia y belleza, el Profeta los mirará y los vestirá con su misericordia. Cuando él los viste, ustedes se vuelven alguien que atrae a otros. Se vuelven como un punto focal donde todos confluyen, como un foco o proyector. Se vuelven un faro para que la gente pueda ver. Como un faro que guía a los buques en el mar y en el aire, una luz en la noche obscura.

---

[235] Suratu 't-Tawbah, [Arrepentimiento] 9:108.

2. La Realidad del Derramamiento
(*Haqiqatu 'l-Fayd*)

Y cuando ellos escuchan la revelación recibida por el Mensajero, sus ojos se llenan de lágrimas.[236]

Cuándo se vuelven un faro, deben ser llenados de conocimiento, o bien ¿qué clase de faro son? Deben ser llenados por la realidad del Derramamiento, *Fayd*. La niebla viene a veces encima de una montaña y es algo que se mueve continuamente, cubriéndolo todo. Tal niebla no es algo que para; es algo siempre envolvente y en movimiento, envuelve y se muda. Algo se va y viene más. En Sudáfrica hay una montaña alta en Ciudad del Cabo en donde esto puede ser visto. Esto es lo que se llama *Fayd*, una energía en movimiento que desciende de los cielos.

Si alguien posee la Realidad del Derramamiento Divino (*Fayd al-ilahi*), hay más que viene de lo que está presente, y siempre está viniendo. El conocimiento (*'ilm*) está viniendo siempre. Dios dio conocimiento al Profeta ﷺ - el Sagrado Corán. Del corazón del Profeta ﷺ al corazón del discípulo será enviado el Derramamiento Divino; a través de su sheik lo estará vistiendo, y será elevado más alto y más alto en conocimiento. *"Y sobre cada conocedor hay otro conocedor más alto."* A dónde el discípulo es elevado depende de su nivel.

El Derramamiento aumenta nuestros poderes, y los lleva, como dijera Abu al-Hasan al-Shadhili ق, al nivel de alguien que ha dejado caer este mundo de sus ojos, y mira solamente el Próximo Mundo. Pero el Derramamiento no viene a menos que cuatro maneras estén presentes:

---

[236] Suratu 'l-Ma'idah [La Mesa Servida], 5:83.

1. Respeto por de los ancianos (*al-hurmat li 'l-akabir'*). Aquí "ancianos" significa los Santos de Dios, aquellos que se les concedió ser sabios. Tienen que respetarlos. El significado literal de "ancianos" está también presente.

2. Misericordia por el más joven (*ar-rahmat li'l-asaghir*). Tienen que tener misericordia por quienes son principiantes, quienes son amantes. No tengan la mirada de la superioridad. Recuerden cuando Bayazid al-Bistami ق probó a sus discípulos y todos corrieron, excepto uno. Cuando Bayazid ق se aproximó a él, le dijo, "Oh mi sheik, he preparado agua para ti." Sayyidina Bayazid ق dijo, "¿Donde están tus compañeros discípulos?" Él dijo, "Oh mi sheik, estaba ocupado en ti; no me dí cuenta." No empequeñezcas a aquellos que tienen amor, o los mires con disgusto, sino respétalos.

3. Sean justos con ustedes mismos (*al-insaf min nafsih*). Sean justos en maldecirse a ustedes mismos. Si su ego hizo algo equivocado, deben castigarse a ustedes mismos. Si su ego cometió un error, deben hacerlo irse sin comer ni beber, como para que al otro día no cometa el mismo error.

4. Nunca se den excusas a sí mismos (*Adm al-intisari laha*). No hay excusa para el ego. Deben poner a su ego abajo siempre, estar seguro de que no pueda dominarlos.

Para alcanzar el Derramamiento Divino tienen que llevar estas cuatro maneras.

Dios dijo al Profeta David ﷺ, "Oh David, dile a Mis sirvientes sinceros no verse a sí mismos como grandes o conocedores o sabihondos, ya que si los juzgo con Mi Balanza, los castigaría sin estar siendo injusto."

El Profeta ﷺ dijo:

Si tus pecados llegan al cielo y te arrepientes, Dios te perdonará.

3. La Realidad de Enfocar
(Haqiqatu 't-Tawajjuh)

La Realidad de Enfocar es el secreto de estos versos:

En cualquier dirección por la que salgas, vuelve Tu rostro a la Mezquita inviolable. Esta es la verdad procedente de tu Señor. Y Dios no esta inadvertido de lo que hacéis.[237]

Donde sea que estén, deben dirigir su rostro hacia la Ka'ba; pero esto puede ser entendido junto con el verso:

A Dios pertenece el Este y el Oeste: Donde sea que te tornes, ahí está la presencia de Dios. Dios es El que todo Lo abarca, El todo Conocedor.[238]

Entonces la Ka'ba está donde dirigen su rostro, y donde Dios está presente. Es la mezquita más sagrada, en donde se prohíben los pecados. El secreto de dirigir su cara (*sirru 't-tawajjuh*) consiste en centrarse en ese lugar adonde ningún pecado es aceptado. La Realidad de Enfocarse significa que solamente dirigen su cara a donde nadie puede cometer pecados. Está prohibido dirigir su cara a cualquier otro lugar.

Deben estar en un viaje sagrado en todo momento, como si estuviesen frente a la Ka'ba, frente a Dios. Su viaje no puede ser por televisión; no puede ser en películas; no puede ser logrado perdiendo el tiempo. Si desean alcanzar esa realidad, si desean decir, "Yo soy un discípulo," entonces deben seguir el camino del discípulo. No pueden decir, "soy un estudiante," y después hacer lo que sea que tengan ganas de hacer. Entonces son un estudiante

---

[237] Suratu 'l-Baqara [La Vaca], 2:149, 2:150.
[238] Suratu 'l-Baqara, 2:115.

que es ignorante (*jahl*), y el conocimiento (*'ilm*) es lo contrario de la ignorancia.

En este mundo están enfrentados a elegir entre interés simple o interés compuesto. Los grandes prestamistas, todos, los están engañando. Ustedes están comprando casas con interés compuesto, y así pueden pagar el interés solamente por muchos años. Hay también ignorancia simple e ignorancia compuesta. La ignorancia simple es cuando son ignorantes de las cosas, cuando son ignorantes de los asuntos de la vida. Si los juzgan por ser ignorante en los negocios, en la ciencia, o en plantar campos, ¿realmente importa? La ignorancia compuesta es cuando son ignorantes en el camino de Dios, y eso es peligroso. La ignorancia compuesta se acumula, cuando pecados sobre pecados son escritos para ustedes. Cuando tienen ignorancia compuesta, saben que están haciendo algo mal, pero todavía insisten en hacerlo. La ignorancia simple se relaciona solamente con este mundo. La ignorancia de cómo hacer una silla no cuenta contra ustedes, pero es peligroso no saber cómo rezar.

Cuando han alcanzado los diez niveles del discipulado, y las Realidades de Atracción y del Derramamiento les son concedidas, son vestidos con decoraciones divinas como un arco iris de colores hermosos. Entonces Dios los dirige a Su Rostro. Desde cualquier lugar, los Santos de Dios están viendo la Divina Presencia, a diferencia de la gente común.

Con la Realidad de Enfocarse, una persona se convierte en un signo entre los Signos de Dios, un Signo de Dios moviéndose sobre la tierra. Cuando se mueven con ese poder, dirigiéndose al Rostro de Dios, con Su permiso y poder y el poder y el permiso del Profeta, puedes alcanzar cualquier persona por telepatía, de corazón a corazón. Ahora, vestidos por Dios con esa energía, pueden cuidar de sus seguidores, y guiarlos a través de sus vidas. Los santos son ordenados por una orden celestial viniendo del Profeta que miren a sus discípulos por lo menos tres veces por día, y cuando los miran tienen que navegar. Hoy ustedes navegan en

3. LA REALIDAD DE ENFOCAR (*HAQIQATU 'T-TAWAJJUH*)

Internet. Hay también santos navegando un Internet celestial, dirigiendo a sus discípulos dondequiera que deseen.

Hay ejemplos más altos y más altos de esta energía. Cuando éramos jóvenes, mi hermano y yo habíamos viajando de Beirut a Damasco visitando a Gransheik 'Abd Allah al-Fa'izi Daghestani ق sin el permiso de nuestra madre, y el sheik abrió la puerta antes de que golpeáramos, nos paró y nos ordenó volver. Corrimos de su majestuosidad. Volvimos el día siguiente con permiso, y Grandsheik ق envió a su servidor para abrirnos la puerta. El día anterior él nos demostró que sabía que estábamos llegando. Cuando entramos, él explicó que cuando los santos miran a sus discípulos, no les dan dulces para hacerlos sentir felices. Hacer a alguien feliz es fácil. Los miran para crearles dificultades. Cuando los discípulos llevan dificultades, los santos toman de ellos sus cargas y los limpian. Si no las llevan, los santos piden perdón en su favor para limpiarlos.

Cada vez que ustedes hacen frente a una dificultad, es como un rompecabezas. Estén seguros de decir, "Mi sheik me está probando ahora, mi Profeta ﷺ me está probando ahora, Dios me está probando ahora. Ahora que mi sheik me está mirando, ¿cómo me guardaré a mi mismo?" No se muevan como un molino de viento, que da vueltas cuando el viento viene. Sean como un pino; en invierno y verano es verde.

La habilidad de alcanzar el primer nivel de santidad es dada con la Realidad de Enfocarse. En ese momento la Verdad de los Espíritus (*Haqiqatu 'l-arwah*) puede ser alcanzada, más allá de la Verdad de los Corazones (*Haqiqatu' l-qulub*) y de la Verdad de los Secretos (*Haqiqatu' l-asrar*). Cuando la fragancia viene con la Realidad del Derramamiento, pueden dirigir esa fragancia hermosa. El sheik puede comunicarse con su discípulo. El discípulo comenzará a tener un receptor, y él irá donde el sheik lo está dirigiendo, y emprender su viaje *"a la presencia de Dios"* y *"en la dirección de la Mezquita sagrada."* Cuando alcanzan la Realidad de Enfocarse, pueden comunicarse con cualquier persona que deseen - sin un teléfono portátil.

Cincuenta años atrás, antes de que los teléfonos fueran tan fácilmente accesibles, atestigüé al famoso Sheik Ahmad Harun de Damasco usar este poder. Él estaba con sus seguidores, y necesitaba algo de uno de sus discípulos en Aleppo, a centenares de millas de allí. Sheik Ahmad Harun se desató el cinturón y lo puso en su boca, y dijo, "Hola, te deseo aquí. Trae el libro que necesito." Después colgó su cinturón. Cinco horas más tarde alguien golpeó. Cuando la puerta se abrió, ese discípulo estaba allí. Él dijo, "O mi sheik, usted me llamó y le traje el libro."

¿Cómo hizo eso Sheik Ahmad Harun? El discípulo puede escuchar al sheik, y para los sheiks esta comunicación es simple, como para nosotros gente normal comunicarnos por teléfono es algo común. La tecnología de hoy sigue a la tecnología espiritual que está presente en todos los seres humanos, pero es manifestada en aquellos que están entrenados y se les ha dado permiso de utilizarla. Pueden tener un teléfono móvil pero necesitas de un proveedor de la compañía que les dé acceso a la red, de otra manera su teléfono es un pedazo de plástico sin utilidad. Una vez que tienen un acuerdo con estas grandes compañías pueden empezar a usar el servicio. De manera similar, cuando al estudiante le es dada iniciación por el sheik, su chip está ahora ligado al del sheik. Cuando el sheik activa el código, más y más poderes del corazón pueden ser abiertos. Tales maravillosos poderes pueden ser vistos a través de los siglos aún hasta la época de los Compañeros del Profeta (como es ilustrado en el incidente de Umar ibn al-Khattab – mirando y hablando todo el camino desde Medina hasta Damasco en el capítulo de la Realidad de Desplazamiento descripto en la página 231**Error! Reference source not found.**)-. Sin embargo, los santos no valoran tales cosas más que el conocimiento. El conocimiento es más importante.

4. La Realidad de la Intercesión
(*Haqiqatu 't-Tawassul*)

Quién es aquel que puede interceder en Su presencia sino es con Su permiso?[239]

Ninguno tendrá el poder de intercesión, sino aquel que ha recibido permiso del Más Agraciado (Dios).[240]

Cuando están establecidos en la Realidad de Enfocar, los santos de Dios los visten con un poder más alto, la Realidad de Intercesión. Con esta Realidad pueden interceder por la gente, heredando tanto de este secreto como puedan del Profeta ﷺ. Su herencia depende de su contenedor. Pueden tomar tanto como su corazón pueda llevar, pero todos los santos pueden tomar de una simple gota. La intercesión del Profeta ﷺ es tan extensa que una gota es como un océano. Es suficiente para ahogar al mundo entero. Todos los santos están nadando en una sola gota de su intercesión. Piensen en cuánto poder Dios dio al Profeta ﷺ para interceder en el Día del Juicio. Somos como bebés en pañales.

Ustedes no pueden entender el conocimiento de los Santos de Dios, cómo están nadando en esa gota. ¿Cómo van a entender la realidad del Profeta Muhammad ﷺ? Hoy, libros son escritos sobre el Profeta ﷺ, pero contienen solamente el "conocimiento de los papeles" (*'ilm al-awraq*).

Es la Misericordia abrumadora de Dios la que será suficiente para la salvación de la humanidad en el día más temido. Y la encarnación de la Misericordia de Dios es el Mensajero de Dios

---

[239] Suratu 'l-Baqara [La Vaca], 2:255.
[240] Sura Maryam [María], 19:87.

Sayyidina Muhammad ﷺ, quien es descripto en el Sagrado Corán como:

> *una Misericordia para todas las criaturas.* [241]

Es por lo tanto nuestra esperanza en la intercesión del Profeta, nuestro paso más firme en el Más Allá, no la dependencia en hechos, cuya sinceridad y perfección están careciendo sin duda. Es solamente a través de la Misericordia de Dios, perfectamente corporizada en la persona de Su Amado Profeta ﷺ que podemos descansar asegurados de estar a salvo y liberados:

> en el Día en el cual corazones y ojos serán dados vuelta. [242]

El Profeta ﷺ dijo:

*Soy el Más Amado de Dios (**habibullah**) y lo digo sin orgullo, llevo la bandera de la gloria en el Día del Juicio y soy el primer intercesor y el primero cuya intercesión será aceptada...* [243]

Y el Mensajero de Dios ﷺ dijo:

Mi intercesión es para los pecadores graves de mi comunidad. [244]

Ese poder concedido al Profeta ﷺ es heredado por sus sucesores espirituales, los santos (*awliyaullah*). La Realidad de la Intercesión significa que, al hacer postración, el santo no levantará su cabeza hasta que su seguidor se vuelva "confiable". Una persona que trabaja en el gobierno no puede ver material clasificado sin autorización. En espiritualidad, necesitas "confiabilidad" o "autorización" para acceder a material "clasificado". Esa "autorización" viene de estar limpio, y el sheik los limpia en esa postración. En esa postración, ellos llevan a todos sus seguidores y los presentan limpios al Profeta ﷺ. Para los santos de Dios, ésta es la realidad de interceder por sus seguidores.

---

[241] **Suratu 'l-Anbiya** [Los Profetas], 21:107
[242] Suratu 'n-Nur [La Luz], 24:37.
[243] Tirmidhi.
[244] Tirmidhi.

4. LA REALIDAD DE LA INTERCESIÓN (*HAQIQATU 'T- TAWASSUL*)

El Mensajero de Dios ﷺ dijo:

Ningunos entre ustedes puede conseguir el Paraíso en virtud de sus acciones solamente.[245]

Incluso los buenos hechos de los buscadores en el Camino requieren intercesión, ya que debido a nuestra ignorancia, lo que sea que realicemos de buenas acciones es estropeado por muchas formas mal intencionadas, escondidas dentro de ellas. Es por eso que la intercesión también es necesitada por el seguidor de un santo por cada hecho que él o ella realice. Así, en cada postración nocturna, con el Poder de la Realidad de Intercesión, los santos interceden por sus seguidores buscando no sólo el perdón de sus malas acciones, sino también intercediendo para que sus buenas acciones y su adoración sea purificada, "perfumada" y presentada a la presencia espiritual del Profeta ﷺ. En ese momento - habiendo sido adornado con el poder espiritual del sheik - las acciones del seguidor y su alabanza se vuelven aceptables en la Divina Presencia.

Uno de los grandes santos, Khwaja Ubaydullah al-Ahrar ق, tenía un seguidor que alcanzó tal nivel. Él pasó los diez pasos y así se convirtió en más que un amante (*muhib*), más que un principiante en el Camino (*mubtadi*) y más que uno de los preparados (*musta'id*). Los primeros tres poderes ya habían sido abiertos para él. Él experimentaba la Realidad de Intercesión, y en esa realidad vió que su sheik estaba escrito entre la gente del Infierno. Estaba sorprendido. Pensó, "Puede ser que esté haciendo algo mal que yo no sepa."

¿Cómo podía ser que el Infierno estuviese escrito para su sheik? En la primera oportunidad, Satán viene a la mente. A causa de esto, el discípulo puede ver algo que ha hecho su sheik y pensar que es una innovación desdeñable. Si no entienden algo que hace el sheik, admitan que no están todavía en una posición de entender, porque Satán siempre está cavando en nuestras mentes para traer un mal olor.

---

[245] Bukhari.

Ese discípulo vió en la Tabla Preservada (*Lawh al-Mahfoudh*) que su querido sheik estaba destinado al Infierno. Entonces, el discípulo entró en postración cada noche y cada día, rogando, "Oh mi señor, sácalo del Infierno y llévalo al Paraíso." Después de un año, él levantó su cabeza y vió que el nombre de su sheik fue cambiado del Infierno al Paraíso. Estaba muy feliz de haber alcanzado su meta, y fue a su sheik a decirle las buenas noticias. ¡Miren su arrogancia! Fue a la puerta del sheik, y todos los discípulos estaban allí, sentados con disciplina, majestuosos. Hoy no nos sentamos así, ya que somos niños malcriados. Tan pronto como entró, el sheik - sentado con majestuosidad - lo miró y dijo, "Si no te vas y vuelves mi nombre a donde estaba antes, te quebraré al medio y no serás más mi seguidor. No vuelvas hasta que lo cambies de vuelta." Él vio su enfermedad. El discípulo, cuando le fue dado un poco de poder milagroso, se imaginó a sí mismo estando más alto que su sheik.

Por un año él hizo postración por la mañana y por la tarde. Le tomó un año traer el nombre de su sheik de nuevo al Infierno, y estaba tan feliz de verlo allí. Fue de nuevo al sheik que se sentaba con sus discípulos, y estaban todos en disciplina perfecta, a diferencia de hoy. El sheik le dijo, "Hace veinticinco años alcancé el nivel que tú alcanzaste hoy, y ví mi nombre en el Infierno. Vi mi nombre allí, pero seguí adorando. El Infierno es el Paraíso para mí si Él desea ponerme allí. Cada movimiento es por Su Voluntad. He entrenado discípulos por veinticinco años, lo he visto allí y nunca pedí que sea cambiado, aún cuando soy capaz de hacerlo.".

Bayazid al-Bistami ق pidió a Dios que lo ponga en el Infierno con un cuerpo lo suficientemente grande como para llenarlo todo, y su pedido fue aceptado. Quiso sacrificarse a sí mismo por el bien de toda la humanidad ocupando todo el Infierno y bloqueando a todos su entrada. Con su amor por toda la creación, los santos de Dios pueden usar la realidad de Intercesión para salvar a la gente de las dificultades y el castigo.

5. LA REALIDAD DEL PLEGAMIENTO
(*HAQIQATU 'T-TAYY*)

PLEGANDO LAS DIMENSIONES DEL ESPACIO

El Día en que enrollemos los cielos como un manuscrito, igual que comenzamos por vez primera la creación, haremos una nueva: es una promesa a la que Nos comprometemos.[246]

La realidad de *tayy*, literalmente "plegar" y reducir, es una joya. Cuando es dada, es un adorno que permite a los discípulos moverse por todo el mundo por medio de la fórmula sagrada, "en el nombre de Dios, el más Beneficiente, el más Munificiente" (*bismillahi 'r-rahmani 'r-rahim*). Cuando los discípulos reciben esa joya, pueden moverse tanto como gusten en las dimensiones del espacio. Porque sufrieron tanto, Dios es generoso con ellos. El espíritu llega a ser libre de la jaula del cuerpo. La jaula corporal es pesada, tirada por la gravedad; el espíritu es ligero, porque es divino. Con esa joya, se libera el alma, y el cuerpo se pone dentro del espíritu.[247] Entonces, como un cohete, el espíritu puede transportar el cuerpo.

El espíritu se mueve más rápidamente que la velocidad de la luz. La luz se mueve a 300.000 kilómetros por segundo. Cuando el uso del pensamiento (*tafkir, muraqabah*) es purificado, sin nada que lo interrumpa, se mueve a una mayor velocidad. La mente puede alcanzar el sol en un segundo. La velocidad del corazón es aún más rápida; la manera de moverse a través del corazón es mucho más fuerte. La energía puede mover cualquier cosa. Un motor

---

[246] Suratu 'l-Anbiya [Los Profetas], 21:104.

[247] Este proceso evoca a la formula mística en el Sufísmo, "Nuestros espíritus se han vuelto nuestros cuerpos y nuestros cuerpos se han vuelto nuestros espíritus."

pequeño puede levantar las cargas más pesadas. Ahora los vehículos utilizan combustibles referentes a la tierra que son transformados por su seclusión en las profundidades de la tierra. El espíritu se relaciona con los cielos. Dios sabe qué es esa energía.

¿Por qué miramos la energía del espíritu como no funcional? Pueden hacer uso de ella, usando el poder desarrollado por los santos. Cuando ellos viajan, el espíritu contiene al cuerpo hasta que llegan, y el cuerpo emerge. Podemos aceptar este proceso con un avión, aún cuando hace siglos no habría parecido posible. Aceptar este proceso espiritual requiere una fundación de creencia en el No visto.

Usando la energía del espíritu, una persona puede estar en su hogar y puede trasladarse al mismo tiempo a Meca. Testigos pueden reportar su presencia en Meca, aunque ellos pueden responder, "No, yo estaba aquí en casa." Otros pueden decir, "Usted estaba en la India." Los santos de alto nivel pueden estar en 12.000 lugares simultáneamente. Los santos más bajos pueden moverse y aparecer en dos o tres lugares al mismo tiempo.

Cuando los santos se mueven a través de los Océanos de conocimiento, también mueven a sus seguidores. Los gansos salvajes emigran en multitudes, y se mueven por meses, de un continente a otro. Así se moverá el sheik, moviendo a sus discípulos con él en multitudes. Él no puede dejar a sus discípulos atrás cuando se acerca a la presencia del Profeta ﷺ. Si lo hiciera, el Profeta ﷺ diría, "¿Dónde están tus discípulos? Te dí a ti por aquellos que te seguían." El santo sin su gente no es un santo. ¿Quién es Profeta ﷺ sin su comunidad? Una persona debe traer a su rebaño con él, por lo que el Profeta ﷺ dijo:

Cada uno de ustedes es un pastor, y cada uno es responsable de su rebaño: El líder es pastor de su nación y responsable por ellos; el hombre es pastor de la familia de su casa y responsable de ellos; el criado es responsable de la riqueza de su amo y responsable de ella; y la mujer es pastora del hogar de su marido y responsable de ello.[248]

Para el Profeta ﷺ, no sólo su comunidad viene por la Intercesión, sino también todos los profetas desde Adán ؑ van a él también. Cada ser humano pertenece a su Comunidad.

La Realidad del Plegamiento mueve las montañas de lugar. No duden de eso. Con una lanzadera de cohetes al espacio, unas 2.500 toneladas de metal van para arriba y se mueven en el espacio. Si esto es por el poder de gente normal, ¿qué hay acerca del poder de los Amigos de Dios? A ellos pertenece la realidad del movimiento de los universos, universos de conocimiento

La primera orden al Profeta Muhammad ﷺ fue *"Lee!"*[249] El Profeta ﷺ preguntó, "¿Qué es lo que voy a leer?" *Iqra*, "lee," esto puede ser entendido como "lee estas vibraciones." *"Lee en el nombre de tu Señor quien creó,"*[250] significa, "Yo creé desde el Océano de Poder, *Bahr al-Qudrah*. Lee eso, Oh Muhammad. Te estoy dando la manera secreta de leer la creación. Léela y aprende. Te estoy dando ese permiso. Te estoy dando una lengua que abarca todas las lenguas." Es por eso que el Profeta ﷺ podía oír al ángel Gabriel ؑ cuando le reveló el Corán. Lo qué Gabriel ؑ dió al Profeta ﷺ, nadie lo sabe. Lo qué Dios dió a Gabriel ؑ, nadie lo sabe.

Esta tierra es un planeta pequeño en este universo, aún así está emitiendo frecuencias. De manera similar, el sol está emitiendo frecuencias. Los científicos dicen que hay 80 mil millones de estrellas en nuestra galaxia solamente, y que hay seis mil millones de galaxias en este universo. Todas están emitiendo diversas frecuencias y vibraciones. Sin embargo, como Dios dijo en el Sagrado Corán, *"tú no puedes entender su alabanza."*[251]

---

[248] *Musnad* Ahmad y en una similar narración es relatada en Bukhari.
[249] Suratu 'l-'Alaq [El Coágulo], 96:1.
[250] *Ibid.*
[251] Suratu 'l-Isra [El Viaje Nocturno], 17:44.

Como ejemplo, supongan que golpeteo ligeramente en un micrófono. Ese golpeteo crea un sonido que tiene una longitud de onda y la longitud de onda se mueve a través del espacio, a través del universo, y nunca muere. Los físicos y los ingenieros saben este hecho. Si ustedes tienen un receptor, pueden tomar esa onda. Si no tienen uno, no la oyen.

Estamos oyendo desde hace billones de años, voces que vienen del universo, porque tenemos receptores grandes. Estamos oyendo algunas cosas, pero hay otras que no podemos oír. Si tienen el equipo correcto, cada voz puede ser oída, porque las ondas se mueven alrededor del universo entero.

Cuando el Profeta Muhammad ﷺ recitó del Santo Corán, esa recitación se convirtió en una onda siempre-viva que no termina. Esto es verdad, incluso desde el punto de vista de la física. Entonces, si esa voz está allí, ¿por qué no podemos escucharla? Porque hay algo mal con nuestro equipo.

Dios y Sus Ángeles envían bendiciones al Profeta.[252]

Están alabando al Profeta ﷺ. ¿Pueden oírlo? No. ¿Con qué clase de sonido están alabando? Dios dijo que todo lo está alabando a Él, pero ustedes no pueden entenderlo. Eso significa que esta alabanza es por medio de voces, y voces significa que hay una lengua. Debe haber una lengua de alabanza entonces.

Las computadoras también "hablan" muchos diversos idiomas, con todo a menudo necesitan comunicarse unas con otras. Para facilitar esto, los programadores desarrollaron un software que traduce un lenguaje de programación a otro, permitiendo a las computadoras que hablan diversos idiomas comunicarse entre sí.

Si una computadora necesita comunicarse, ¿qué sobre este universo? ¿Cómo pueden los incontables elementos del universo entrar en contacto y comunicarse entre sí? Debe haber un "software" para esto, no terrenal, sino un "software divino" que pueda entender todas las diversas frecuencias y vibraciones que

---

[252] Suratu 'l-Ahzab [Los Confederados], 33:56.

5. LA REALIDAD DEL PLEGAMIENTO (*HAQIQATU 'T-TAYY*)

Dios ha dado a cada creación para que puedan entender y comunicarse.

Es por eso que el Profeta Muhammad ﷺ solía escuchar las alabanzas de las montañas cuando pasaba junto a ellas. Eso significa que Dios le dió al Profeta Muhammad ﷺ ese "software." Sabemos por el Corán que las montañas elogiaban al unísono con el Profeta David ؑ:

> ...*fue Nuestro poder el que hizo que las montañas y los pájaros celebren Nuestras alabanzas con David.*[253]

Esto quiere decir que Dios dió a los que son elegibles de recibir tal comprensión un muy alto nivel de inteligencia. Para los poderes intelectuales hablamos del "coeficiente de la inteligencia," o del CI. En espiritualidad, no hablamos de un coeficiente de inteligencia en este sentido, sino de un coeficiente de inteligencia espiritual, *ma'rifatullah*: gnosis, o conciencia de Dios. Dios dió a algunos de sus sirvientes esta comprensión de modo que pudieran comprender qué ocurría alrededor de ellos y cómo las partes del universo se comunican entre sí unas con otras. Es por eso que en una santa Tradición Profética, Dios dijo:

> *Mi sirviente no se acerca a Mí con cualquier cosa sino con lo más amado por Mí, a saber, las obligaciones religiosas que he impuesto sobre él, y mi sirviente continúa viniendo hacia Mí con trabajos superogatorios de modo que Yo lo ame. Cuando Lo amo Yo soy sus oídos con los cuales él escucha, sus ojos por los que él ve, su mano con la cual él actúa, su pie con el cual él camina. Cuando él Me pida algo, Yo se lo daré seguramente.*[254]

"Yo seré los oídos con los que escuche," quiere decir, "Yo le daré el "software" por el cuál podrá entender lo que no puede ser entendido por otros, que le permitirá ver lo que no puede ser visto." Él podrá discernir diversas frecuencias, no sólo las frecuencias ultravioletas o infrarrojas, sino otras que los científicos

---

[253] Suratu 'l-Anbiya [Los Profetas], 21:79.
[254] Bukhari.

no saben que existen. Dios le concederá la vista y el poder por las cuales él puede ver y oír estas cosas. Significa, "Yo le daré un receptor especial para oír, con el cual él oirá lo que solamente puede oír un santo." Él oirá la voz que la gente no puede oír porque no tiene esa apertura en sus oídos. Dios le dará de Su Atributo Divino el Oyente, as-Sam'i, así como Sariyya escuchó la voz de Sayyidina 'Umar ؓ desde Sham.

> *Ibn 'Umar ؓ dijo que su padre, Sayyidina 'Umar ؓ, estaba dando un sermón el Viernes. En medio de su sermón, él gritó, "Ya Sariyya, al-jabal! Oh Sariyya! [mira hacia] la montaña!" Después reanudó su sermón y dijo, "Aquel que robó un lobo, ha oprimido," lo que significa, "aquel que alimentó y dio de beber al enemigo, cometió un acto de opresión."*
> *Alguna gente se miraba entre sí en consternación. Sayyidina Ali ؓ les dijo, "Él seguramente dirá (algo) sobre esta declaración."*
> *Cuando la gente terminó la oración, le preguntó a Sayyidina 'Umar ؓ acerca del incidente. Él dijo, "La idea cruzó mi mente, que los agresores enemigos habían derrotado a nuestros hermanos y que debían correr hacia la montaña. Así, si los musulmanes se movían hacia la montaña, tendrían que luchar en un lado solamente, mientras que si avanzaban, serían destruidos. Entonces, esas palabras escaparon de mi boca."*
> *Después de un mes, un mensajero vino con buenas noticias. Él dijo, "La gente del ejercito escuchó la voz de Sayyidina 'Umar ؓ ese día. Todos fuimos hacia la montaña y Dios nos hizo victoriosos."*[xxi]

Ese milagro (*karama*) era una muestra de que Sayyidina 'Umar ؓ tenía dos características de la fe verdadera: La Realidad de la Escucha, *Ilmu' l-Yaqin* y la Realidad de Ver, *Aynu' l-Yaqin*. La primera característica es como alguien que tiene una cinta de audio. Pero cuando tienes un video eso es más fuerte - esto te trae a la Realidad de la Certeza, *Haqqu l-Yaqin*. Sariyya y sus tropas podían solamente oír de lejos. No eran capaces de ver a Sayyidina 'Umar ؓ, mientras que Sayyidina 'Umar ؓ veía, escuchaba y hablaba a través de la extensa distancia de Medina a Sham.

5. LA REALIDAD DEL PLEGAMIENTO (*HAQIQATU 'T- TAYY*)

Esta gente obedeció a Dios y obedeció al Profeta ﷺ. Siguieron la Sunnah verdaderamente. Esa "tecnología" es de hace 1.400 años, del tiempo del Profeta ﷺ. Este poder se basa en la Tradición Profética en la cual Dios dice, *"Yo seré la visión con la cual él ve."* Si se les concede este poder, pueden ver al Profeta ﷺ. Pueden ver cómo se está moviendo, cómo está hablando, cómo está actuando y entonces pueden seguir su ejemplo. Si no pueden hacer eso, entonces sigan a aquellos que si pueden. No todos pueden hacer eso, sólo algunos Santos de Dios pueden hacerlo, como Sayyidina Abd al-Qadir Jilani ق.

Mawlana Sheik Nazim ق dice que quienquiera mantiene los verdaderos ejercicios espirituales, si puede completarlos, puede que aparezcan de sí mismo muchas formas como sí mismo. Primero, puede que haya tres, luego siete, cada uno con la misma forma y poderes corporales, pero cada uno capaz de estar en un lugar diferente. Cada uno es independiente, mirando, actuando y sabiendo. Este poder viene de terminar los ejercicios espirituales ya mencionados bajo la supervisión de un Maestro Perfecto (*Murshidun Kamil*).

Mawlana Sheik Nazim ق relata:

Bayazid ق una vez rezó la oración del Viernes en congregación en 24,000 lugares diferentes. Dijo a las autoridades religiosas en un lugar: "Yo estaba rezando en 12,000 diferentes casas de oración hoy."

Ellos preguntaron, "¿Cómo?"

Él dijo, "Por el poder del Señor Todopoderoso. Si ustedes no me creen, manden gente a los alrededores a preguntar."

Se sentaron y esperaron hasta que los mensajeros volvieron diciendo que había sido visto en muchos lugares. Bayazid ق luego dijo, "Estaba apenado de decir 24,000, entonces sólo dije 12,000."

Dios dice que, cuando uno planta un solo grano de trigo, éste desaparece en la tierra y se convierte en siete espigas, cada espiga con cientos de granos, 700 granos vienen a partir de uno. Si una persona entrega su cuerpo, aceptando no ser nada, Dios le concederá un cuerpo de su Divina Presencia. No estén sorprendidos sobre las acciones de Dios; Él es *al-Qadir*, el Todo-Poderoso. Pero nadie quiere ser nada. Cada uno está pidiendo ser algo, ser, ser, ser, incluso en la religión.

En el camino Sufi, también, la gente desea milagros y visiones divinas. A nadie le gusta ser nada. Cuando acuerden ser nada, serán todas las cosas. El Palacio de la Unidad no está abierto a ésos que dicen, "Somos algo." Deben entrar en *khalwah*, seclusión, no pensando en salir terminados, dirigiéndose a su ego y diciendo "No pienses que estás saliendo capaz de hacer milagros. Voy a enterrarte. Mi sheik enviará el Ángel de la Muerte para tomar tu alma." Entonces será una seclusión verdadera. Si no, están solamente entrenando. Para la primera condición, el sheik mira al discípulo para ver si los deseos del ego todavía están funcionando en su corazón. El ego debe ser acabado allí. Entonces tal persona está lista para la muerte y todas las llaves de los tesoros le pueden ser confiadas.

Este cuerpo debe ser tomado. Todos morirán. Algunos pueden ofrecerse a la muerte con su poder de voluntad. Esto no significa matarse a uno mismo, sino matar los deseos del ego. Entonces estarán listos para los poderes Divinos.

Tomemos el ejemplo de la magia. Hay magos de escenario que sacan conejos de sus sombreros y utilizan la destreza de la mano e ilusiones ópticas para engañar a la gente. Pero hay también magos verdaderos, que utilizan magia verdadera. ¿No han oído que Dios dijo en el Santo Corán que Él envió dos ángeles enseñando magia a la gente? ¿Cuál es esa magia; cómo trabaja?

Primero de todo, debe ser entendido que todo tiene una frecuencia o una longitud de onda. Dependiendo de su frecuencia, es visible o invisible. Cuando cambian esa frecuencia, desaparece. Eso es lo que hacen los magos. Pueden cambiar la frecuencia de un objeto para hacer que aparezca o desaparezca a voluntad.

> *Moisés dijo, "Arrojad vosotros primero." Entonces cuando la arrojaron, hechizaron los ojos de la gente, los llenaron de miedo y produjeron una magia prodigiosa.*[255]

Si un mago puede hacer eso, ¿qué acerca de los Amigos de Dios? ¿Acaso no pueden hacer más que eso? Ciertamente, Dios dará a un piadoso, sincero sirviente que encomendó su vida a Dios y al Profeta incluso más maravillosos poderes.

Los físicos dicen que la luz del sol está compuesta de siete colores primarios. En realidad, sin embargo, hay más de siete colores. Puede ser que puedan identificar veinte colores o a lo más treinta, pero la luz del sol consiste en un número infinito de colores.

Todas las noches los Santos de Dios se sientan en la asociación llamada el Círculo de los Santos (*Diwan al-awliya*) en presencia del alma del Profeta Muhammad ﷺ y de todos los otros profetas y mensajeros. Hay jerarquías entre los Santos de Dios que no percibimos. Dios dió a esta nación herederos de los profetas. Dios envió 124.000 profetas, y cada Profeta tiene un heredero. Por lo tanto, hay 124.000 santos en cada tiempo. Cuando uno muere, otro toma su lugar.

El número de profetas, 124.000, nos fue dicho por el primo del Profeta ﷺ, Ibn 'Abbas ؓ, que era conocido como el más grande comentarista del Corán.

> *Cuando Moisés vino al lugar apuntado por Nosotros, y su Señor le habló, el dijo: "Oh mi Señor! Muéstrate a mí, para que pueda verte."*[256]

---

[255] Suratu 'l-'Araf [Las Alturas], 7:116.
[256] Suratu 'l-'Araf, 7:143.

El Profeta Moisés ﷺ creyó que estaba tan cerca de Dios, porque es conocido en la Divina Presencia como *Kalimullah*—aquél que habla con Dios. Él estaba en total concentración y meditación, y en ese estado podía escuchar la voz divina[257], escuchaba a Dios.

> *El dijo: "Oh mi Señor! Muéstrate ante mí, para que te pueda ver." Dios dijo: "No me verás pero mira la montaña y si permanece en su sitio, entonces me verás"*[258]

Significa, "Oh Moisés ﷺ! Si deseas venir a Mí debes mirar a esa montaña." Ibn al-Arabi ق dijo en *Futuhat al-Makkiyya*, que la montaña representa al ego del Profeta Moisés, significando que nadie puede venir a la Presencia de Dios con su ego. Por esa razón, Dios primero envió al Profeta Moisés ﷺ y a su sirviente y sucesor Josué ﷺ, a Sayyidina Khidr ﷺ para aprender un conocimiento especializado que incluso él, como uno de los cinco profetas más grandes, no sabía.

> *Entonces ellos encontraron a uno de nuestros sirvientes, a quién le habíamos dado de Nuestra Misericordia y que le habíamos enseñado conocimiento desde Nuestra Presencia.*[259]

El dijo, "Ven a Mi arrojando afuera el ego. Mira la montaña, si todavía permanece en su lugar entonces Me verás."

> *Cuando su señor manifestó Su gloria en la montaña, Él la hizo como polvo. Y Moisés cayó desmayado. Cuando recuperó sus sentidos dijo: ¡Gloria a Tí! A Tí me torno en arrepentimiento y soy el primero en creer."*[260]

---

[257] árabe: *hatif rabbani*.
[258] Suratu 'l-'Araf [Las Alturas], 7:143.
[259] Suratu 'l-Kahf [La Caverna] 18:65.
[260] Suratu 'l-Kahf, 18:65.

Al explicar este verso Ibn Abbas ﷺ, dijo, "Cuando se despertó, la montaña desapareció, y en su lugar ante él había una gran montaña hecha de 124,000 profetas."[261]

Los profetas tienen herederos en cada era que son sheiks vivos. Ellos pueden decirle a una montaña, "Muévete!" y se moverá. Pueden aparecer como una atracción, como un reflector en un estadio, un faro o un arco iris. Cuando la gente los ve, cae en estados de éxtasis.

Cuando los Santos de Dios dicen, "Estamos viendo esto," ustedes no pueden decir, "No." Ellos están viendo frecuencias que sus ojos no pueden.

Después de que el Profeta Muhammad ﷺ fuera en el Viaje Nocturno y la Ascensión, él volvió y vió que todo lo que había pasado ocurrió en el parpadeo de un ojo. Fue con cuerpo y alma, aún así cuando volvió su cama seguía estando caliente.

Imam Sharawi relató que Imam Nawawi dijo, "El Profeta ﷺ vió a su Señor con los ojos de su cabeza."[262] Dios lo elevó con un cuerpo que podía discernir las frecuencias que llenan este universo. Estas vibraciones o signos pueden ser conocidos, pero necesitan tener el software. Si pueden establecer el software en su corazón entonces pueden ver lo que otros no pueden ver.

Consideren lo que dice Dios sobre el Profeta Salomón ﷺ:

> *Dijo (a su gente): "Mis nobles! cuál de vosotros me*
> *traerá su trono antes de que vengan a mi sometidos?"*
> *Dijo un 'Ifrit, de los Jinns: "Yo te lo traeré antes de que*
> *te levantes de tu asiento: ciertamente tengo fuerza para*
> *ello y soy digno de confianza."* [263]

El Jinn dijo, "Puedo traer el Trono de Saba, pero no inmediatamente. Necesito tiempo, y para eso vuestra reunión habrá terminado."

---

[261] Ismael Haqqi's *Ruh al-Bayan*.
[262] Árabe *ra'rabbihi bi aynay rasih*.
[263] Suratu 'n-Naml [La Hormiga], 27:38-39.

> *Y dijo el que tenía conocimiento del Libro: "Yo te lo traeré antes de que vuelva a ti tu Mirada, en el parpeadar de un ojo!" Y cuando (Salomón) lo vió ubicado frente a él, dijo: "Esto es parte de la Gracia de Mi Señor!"* [264]

Aquél "que tiene conocimiento del Libro" [xxii] dijo, "te lo traeré en el parpadeo de un ojo." Lo trajo allí usando el conocimiento de estas frecuencias. El trono de Saba apareció delante de sus ojos. Él utilizó un poder similar al de la televisión satelital de hoy.

Mucha gente habla hoy de la necesidad de un camino a la transformación. Los Santos de Dios son ellos mismos un camino a la transformación. Son los que dedicaron sus vidas al amor de Dios, amor al Profeta, amor de la fe. Conocen el camino a la transformación. Si uno está en el este, pueden traerlo al oeste, y si uno está en el oeste ellos pueden traerlo al este para ser vistos.

Nuestro maestro Sheik Nazim ق dice:

Volar a través del espacio es tan fácil; con el parpadeo de un ojo una persona puede alcanzar los Cielos, lo que tomarían físicamente mil millones de años. Nuestra luz no es como la que viene del sol; nuestra luz pertenece a los Océanos de Luces Divinas, este es el porqué la velocidad de nuestra alma es tan rápida. Es como comparar una persona montando en un burro a alguien que se monta en un cohete. Eso es una analogía de la diferencia entre la velocidad de la luz y la velocidad de nuestras Luces Divinas.

Si deseas una prueba sale y mira, ¿cuánto tiempo te toma ver la galaxia más lejana? ¡En el momento que miras, tus ojos están allí! La galaxia de Andrómeda está a millones de años de distancia pero con el ojo desnudo es un punto pequeño que ustedes pueden ver. Dicen que hay 300 millones de estrellas pero para nosotros parece un punto

---

[264] Suratu 'n-Naml, 27:40.

minúsculo dentro de la grandeza del espacio. Eso es parte del poder del alma, apenas una parte pequeña de él. ¡Si la energía entera de su alma estuviese encendida, podrían ver el universo entero en su existencia verdadera! No verían a Andrómeda como un punto, verían la galaxia enorme en su grandeza. Significa que verán cada una de las 300 millones de estrellas en ella. Hoy, incluso con el telescopio Hubble, uno puede ver las estrellas de Andrómeda - ¿qué hay entonces del poder del alma? Las Luces Divinas son Luces de Dios. Pero ahora están apagadas porque nuestros deseos físicos lo previenen. Estamos solamente interesados en lo que estamos comiendo, bebiendo, o el disfrute, nada más. Estamos simplemente perdiendo nuestros enormes poderes.

Ahora la mayoría de la gente está bajo el comando de su ego; por lo tanto el mundo entero está fuera de control. Por otra parte, si la gente controlara a su ego con el poder de voluntad entonces estaría libre de la gravedad de uno mismo. ¡En ese momento podrían viajar alrededor de todo el universo y más allá!

Nosotros, la Humanidad, tenemos almas y el alma desea estar en Cielo; no está interesada en comer, beber, o el disfrute físico. Tales deseos pertenecen a nuestro ser físico, y son interminables. Ese es el porqué nos sentimos hambrientos y sedientos físicamente. Si no controlamos estos deseos, serán el problema más grande. Intenten controlarlos. No podemos vivir sin ellos, pero si no los controlamos, serán la destrucción más grande.

El Profeta Muhammad ﷺ dijo:

Quien me de garantías de lo que hay entre sus labios y entre sus piernas, yo le garantizaré el Paraíso.[265]

---

[265] Bukhari.

La humanidad necesita un equilibrio para sus deseos, aprender cómo controlarlos. Por ejemplo, si ustedes me dan un coche no sabría controlarlo, porque nunca me han entrenado para eso. No es fácil, pero pueden aprender, y entonces es simple. El ego es la fuerza más fuerte de la existencia y necesita ser controlado. ¡Un coche o un avión que esté fuera de control, no puede ser salvado por nadie! Nuestro ego es mucho más complicado y poderoso que un avión.

Si cualquiera desea aprender a conducir un vehículo hay montones de escuelas para hacerlo. Pero ¿qué hay acerca del ego? ¿Piensan que pueden hacerlo por ustedes mismos? ¡No! Si ese fuese el caso no habría sido necesario enviar a todos esos profetas, y después de ellos a los santos. La gente santa puede controlarse a sí misma; enseñan a la gente cómo hacerlo, cómo mantener sus deseos físicos en límites. Si pueden controlar ese poder enorme pueden volar, y remontarse a los Cielos sin alas, apenas con su poder de voluntad, pueden ir donde quieran, incluso más allá de este universo. El Cielo no pertenece a este mundo; las almas de los seres humanos fueron hechas de Luces Divinas.

A fines de los '80, el primer ministro y el alcalde de Beirut invitaron a Mawlana Sheik Nazim ق a ir a la Peregrinación a la Meca, al Hajj. El no dijo ni si ni no, sino que dijo, "Lo veré."

El primer ministro insistió. Una vez más Mawlana no dijo, "No," ni dijo "Sí." Él mantuvo su respuesta vaga.

Pasamos el resto del mes con Mawlana, en Trípoli, y la celebración del Id del Sacrificio vino y pasó. Entonces los peregrinos comenzaron a volver de Hajj. Al día siguiente fuimos a ver al alcalde y al primer ministro para felicitarlos por haber terminado el Peregrinaje. Contrariados, miraban a Mawlana Sheik Nazim ق. Ellos dijeron, "Mawlana Sheik Nazim, te invitamos a

5. LA REALIDAD DEL PLEGAMIENTO (*HAQIQATU 'T- TAYY*)

venir con nosotros, pero no viniste con nosotros y en vez te fuiste con otra persona."

Éramos jóvenes, entonces éramos problemáticos. Les preguntamos, "Porque están diciendo esto?" Ellos dijeron, "Nos encontramos con Mawlana Sheik Nazim en la Ka'ba, durante la circunvalación, *tawaf*.[266] El hizo la circunvalación con nosotros allí, y cuando terminó, él se fue y nosotros nos fuimos."

Mawlana Sheik Nazim ق nunca dejó el Líbano. Estuvo en nuestra casa por todo el tiempo que dura el Peregrinaje. Así es como los Santos de Dios se mueven en el espacio. Ellos transforman sus frecuencias y aparecen en otro lugar.

ENROLLANDO EN LA DIMENSIÓN DEL TIEMPO

El sheik tiene el poder de dar a sus seguidores sueños verdaderos. Mucha gente viene a mí y dice, "Vi a un sheik en un sueño. Se veía de esta manera y me dió esto para recitar." Más adelante encuentran al sheik físicamente y se dan cuenta de que era él con quien se encontraron en el sueño. Un guía puede alcanzar a cualquier persona en el mundo mediante sueños y visiones. La gente puede volverse seguidores devotos e incluso tomar órdenes del sheik en sueños y visiones. Él tiene ese poder.

El guía da atención (*yaqaza*) a su seguidor, de modo que no sean distraído. Entonces él respira con la conciencia de que, en cualquier momento, Dios puede detenerlo de inhalar o exhalar. Esto significa que, en cada momento, con la gracia del guía que él toma del Profeta Muhammad ﷺ, el seguidor recordará a su Señor en su respiración.

Para muchos de nosotros, la respiración es algo que hace el cuerpo automáticamente. Cuando están hablando, puede que no sean conscientes de que están respirando hacia adentro y hacia afuera, pero zambúllanse en el mar y recordarán su respiración. Un Sheik de Purificación (*shaykhu t-tazkiyya*) te hace conciente de

---

[266] Circunvalación de la Ka'ba, se hace siete veces.

que, en cada momento, estás sumergido en un océano, que la energía que ustedes toman o dan hacia fuera pertenece al Poder de Dios.

Hay un *dhikr* para cuando exhalan y cuando inhalan, y Nombres Divinos para recitar dependiendo del tiempo y las condiciones del día. Cada inhalación y cada exhalación pertenecen a un Nombre de Dios. Hay diez ángeles que acompañan cada inhalación, y diez ángeles que acompañan cada exhalación. Cada ángel es creado de una luz diferente que pertenece a Dios. El Gransheik 'Abd Allah ق dijo que nueve partes de cada luz son de Sayyidina Muhammad ﷺ y una es del Océano de Poder. Estas luces no son la Luz de Dios. Somos servidores de Dios y no podemos compartir Su Luz. Los Santos de Dios dicen que los seres humanos toman 24.000 respiraciones en 24 horas. Solamente un Sheik de Purificación puede poner en su lengua el recuerdo de Dios con cada respiración. En realidad, cada respiración es recuerdo, pero ustedes son desatentos de ello.

Una vez que alcanzan la conciencia de las 24.000 respiraciones, la conciencia aumenta al nivel de 700.000 por día. En esta etapa, el tiempo es extendido para permitir que ustedes llamen a su Señor 700.000 veces. El tiempo se desenrolla sin que se haga más largo, así como Dios puede hacer que el mundo entero pase a través del ojo de una aguja sin hacer el mundo más pequeño o la aguja más grande. [xxiii] Este es un poder de la lengua (*ta'i al-lisan*), y es de la Realidad del Desenrollar. Es la habilidad de recitar más utilizando la energía del espíritu.

¿Cómo es esto posible? Dios creó una vena debajo de la lengua que alcanza directamente al corazón. Siguiendo la guía, el discípulo progresa y la oscuridad es quitada de la lengua y del corazón. En aquel momento ustedes se vuelven luminosos (*nurani*), puesto que no están confiando más en el cuerpo, o la lengua, sino en esa luz divina. Lo que sea que esté relacionado con lo Divino puede hacer cualquier cosa. La mente se relaciona con la tierra. Cuando la gente se vuelve luminosa, la siguiente santa Tradición Profética se aplica a ellos, Dios dice:

5. LA REALIDAD DEL PLEGAMIENTO (*HAQIQATU 'T- TAYY*)

Ni los cielos ni la tierra pueden contenerme, pero el corazón del creyente puede contenerme. [xxiv]

Ese corazón puede hacer milagros, alcanzando siete millones de repeticiones de *dhikr*, incluso 70 millones. Tanto es dado a cualquier ser humano que sigue a los Santos de Dios.

حقيقة الارشاد

6. LA REALIDAD DE LA GUÍA
(*HAQIQATU 'L-IRSHAD*)

Por Su Gracia Dios guió a los creyentes a la Verdad, concerniendo a aquello en lo que diferían. Pues Dios guía a quien Él quiere a un camino recto.[267]

Cuando son vestidos con todas estas realidades, les dan el sexto poder: la capacidad de guiar a la gente. Ahora ustedes hablan y es su ego el que habla. La gente viene y se sienta y escucha a los conferenciantes, pero solamente sus egos están hablando. Después de que se hayan vestido con estas realidades, pueden dirigir a alguien a su vida eterna.

Cada uno tiene una vida eterna diferente. Lo que sea que Dios ha planeado para el individuo, el sheik lo guiará de la mano, paso a paso, para moverlo hacia adelante. Alguien en un laberinto que no puede descubrir la puerta está perdido. El guía los llevará a la izquierda, a la derecha, a la derecha, a la izquierda, después derecho hasta que salgan fuera. No todos saben salir de este laberinto. Ustedes necesitan tener un guía para poder escaparse. Para salir del túnel, uno debe tener toda clase de luces para pasar a salvo.

La Realidad de la Guía es conocimiento de la espiritualidad. El santo sabe curarlos de toda clase de apegos mundanos, y así elevarlos hasta los apegos divinos para que ustedes puedan penetrar a través del espacio a su destino final.

En el Día de las Promesas, cuando Dios preguntó a las almas reunidas, "¿Acaso no Soy su Señor?" ellas contestaron, "¡Sí!" El sheik los dirige a esa afirmación. Ustedes ahora no lo recuerdan.

---

[267] Suratu 'l-Baqara [La Vaca], 2:213.

Dios tomó de nosotros un convenio, un juramento. Aquello que ustedes aceptaron ese día fue registrado. Un día será abierto para ustedes, lo que aceptaron en el Día de las Promesas en la Presencia de Dios. Hasta entonces, tienen que cumplir sus requisitos, como una persona que estudia para ser doctor. Así, seguimos la guía para cumplir lo que prometimos a nuestro Señor.

> *"Ciertamente! Hemos ofrecido nuestra confianza a los cielos, la tierra y las montañas, pero ellos se negaron a llevar ese peso y tenían miedo de hacerlo. Y el hombre la asumió. Ciertamente! Es un tirano declarado y un tonto."*[268]

Los cielos y la tierra y las montañas no aceptaron, pero debido a su ignorancia, el hombre se volvió un opresor de sí mismo.

Cuando ustedes escalan hasta alcanzar la Realidad de la Guía, pueden ver qué clase de juramento tomaron. Ése será su viaje a su realidad. Entonces los vestirán con la guía, y les darán el permiso. Hasta entonces, son como un juguete que habla, como un loro, al igual que los eruditos y los conferenciantes de hoy. Ésa no es guía. La guía es solamente para los santos de Dios.

Hay realmente siete poderes ocultos dentro del ser humano, pero esta explicación de estas realidades es suficiente.

---

[268] Suratu 'l-Ahzab [Los Confederados], 33:72.

Notas Finales

i Acerca de las palabras, "Mi Señor vino a mí en la mejor imagen (*surah*)," Mullah Ali al-Qari observó, "Dios es Exaltado de poseer un cuerpo, una forma (*surah*), y direcciones en lo que respecta a Su esencia," cuando escribió acerca de esta Tradición Profética en el capítulo del turbante del Profeta ﷺ en su libro *Jam al-wasa'il fi sharh al-shama'il*, un comentario del *Shama'il* de Tirmidhi o *Características del Profeta*. También dijo:

> Sea que el Profeta ﷺ veía a su Señor mientras dormía o sea que Allah Glorioso y Exaltado se manifestaba a Sí Mismo a él con una forma (*bi al-tajalli al-suwari*), este tipo de manifestación es conocida entre los maestros de los estados espirituales y estaciones (*arbab al-hal wa al-maqam*), y consiste en recordar Sus cualidades (*hayatihi*) y reflexionar sobre Su visión (*ruyatihi*), lo cual es el resultado del perfeccionamiento de la objetividad interna (*takhliyatihi*) y el adorno de uno mismo (*tahliyatihi*).

ii Una versión similar a ésta es relatada en *Lore of Light*, Vol. 1, Hajjah Amina Hattun, y aún otra versión es relatada por as-Sufuri en *Nuzhat al-Majalis* así:

> Cuando Dios creó la Pluma, Él dijo, "Escribe Mi Unicidad: 'No hay dios excepto Dios.'" Después Él dijo: "Escribe, 'Muhammad es el Mensajero de Dios.'"
> Cuando la Pluma escuchó el nombre "Muhammad", se postró y dijo en su postración, "Gloria a Aquel que está caracterizado por la generosidad; Gloria sea al Bondadoso, el Más Compasivo. He conocido tu Nombre Más Grande, entonces quién es este Muhammad cuyo nombre has unido al Tuyo?"
> Después Dios dijo, "Guarda buenas maneras Oh Pluma! Pues por Mi Gloria y Mi Majestad, no He creado la creación sino por el amor de Muhammad ﷺ." La pluma entonces se dividió debido a la dulzura de Muhammad ﷺ y dijo, "La paz sea contigo, Oh Mensajero de Allah." Pero no encontró a nadie que respondiera a su saludo, por lo que Dios dijo, "Y la paz sea contigo, y Mi misericordia y Mis bendiciones,"

iii La primera parte es una Tradición Profética, pero la segunda, aunque frecuentemente atribuida al Profeta ﷺ, es de hecho como ha notado as-Sakhawi en su *Maqasid*, "no atribuida al Profeta ﷺ, sino que mejor dicho son las palabras de Harith bin Kaldah, un físico de los árabes o de algún otro." Al-Hafiz as-Suyuti dijo lo mismo en su *al-Hawi* y su propio comentario de las Tradiciones Proféticas el usó en su exégesis *ad-Durar*, atribuyéndolo a un *Tabi'* o a un *hakim* (físico) o a una tradición Israelita y agregó al final del dicho, "y la cabeza de toda falla es el amor por el mundo." Ibn 'Arabi ق lo mencionó en su *Futuhat*, Ibn 'Ata-Allah en su *Hikam*.

iv As-Sufuri en *Nuzhat al-majalis*. Otra versión es: "Contemplación por una hora en la alteración de la noche y el día es mejor que ochenta años de alabanza," (ad-Daylamī). Aún otra versión está relatada: "Contemplación por una hora es mejor que sesenta años de alabanza," (Abu ash-Shaykh en su *Azamah*).

v Al-Ajlouni dice, "Al-Ghazali lo mencionó en *Ihya 'ulum ad-din*." Al-Sakhawi dijo en *al-Maqasid*, siguiendo a su sheik al-Suyuti en *al-La'ali*, "No hay cadena del Profeta conocida para él, y su significado es que su corazón puede contener creencia en Mí, amor por Mí y gnosis de Mí." Y es similar a la Tradición Israelí que Ahmad ha relatado en al-*Zuhd* a partir de Wahb bin Munabbih quien dijo que Dios abrió los cielos para Ezequiel ﷺ hasta que vió el Trono, entonces Ezequiel ﷺ dijo, 'Cuán Perfecto eres Tú! Que Poderoso eres Tú, Oh Señor!' Entonces Dios dijo, 'Verdaderamente, los cielos y la tierra estaban demasiado débiles para contenerme a mí, pero el suave, humilde corazón de Mi creyente servidor puede contenerme.'"

vi "Este lugar es llamado Magharat al-dam, La Cueva de Sangre, en el Monte Qasiyun, arriba de la actual Damasco. Y la sangre corrió colina abajo a la piedra en donde se congeló y permanece hasta este día, porque la tierra se rehusó a absorber esta sangre. Puede ser vista allí hoy, como signo del primer crimen en la tierra."
Hajjah Amina Adil, *Lore of Light*, Volumen 1, Arafat Publishing, Sri Lanka, 1989, p. 36.

vii Ubicado en la Estación de los Cuarenta, Maqam al-Arba'in es una mezquita que contiene cuarenta nichos de oración, uno por cada uno de los santos especiales de la Gran Siria (Sham), conocidos como los Abdal o Budala.
'Ali ibn Abi Talib ﷺ dijo, "…Escuché al Mensajero de Dios ﷺ decir, 'Los Substitutos (*al-abdal*) están en Siria y son cuarenta hombres, cada vez que

uno de ellos muere, Dios sustituye otro en su lugar. Por medio de ellos Dios trae la lluvia..." (*Musnad* Ahmad).

Un número de otras narraciones acerca de este tópico están citadas en *The Approach of Armageddon, An Islamic Perspective*, de Sheikh Muhammad Hisham Kabbani, Islamic Supreme Council of America, 2003, en el capítulo "Sham y el Abdal."

[viii] El Profeta ﷺ dijo, "No hay ninguno entre ustedes en quien no haya un demonio." Ellos dijeron, "Aún en ti, Oh Mensajero de Allah?" El dijo,"Aún en mí, pero Dios me ayudó a superarlo y él se ha sometido a mí, por lo que no ordena nada excepto el bien."*Sahih Muslim*.

[ix] De un hadith narrado por al-Hakim en su *Mustadrak*, ibn Hibban en su *Sahih*, at-Tabarani en su *al-Kabir* y al-Bazzar. En una Tradición similar, el Profeta ﷺ dijo "Quien diga *La ilaha illa-Allah*, será su salvación algún día, no importa lo que le ocurra antes de eso." (Bayhaqi). Otra Tradición relatada por Abu Dharr quien dijo, el Profeta ﷺ dijo, "Quien diga 'No hay dios excepto Dios,' entra al Paraíso aún si comete adulterio y aún si roba," (Nasa'i, at-Tabarani y otros, *sahih*) Y aún en otra Tradición, el Profeta ﷺ dijo, "Nadie nunca atestigua que no hay dios excepto Dios y que yo soy el Mensajero de Dios y después entra al Fuego ni es consumido por él." Anas dijo, "Este hadith me impresionó tanto que ordené a mi hijo que lo anotase y él lo hizo," (Muslim). Hay muchas otras Tradiciones de significado similar." (Muslim).

[x] Eva dió a Adán ﷺ su primer hijo Caín y a su hermana melliza, mientras estaban en el Jardín. Cuando Adán y Eva fueron sacados del Jardín, ella tuvo a Abel y a su hermana melliza. De acuerdo con el biógrafo del Profeta ﷺ, Ibn Ishaq:

> Cuando crecieron, Adán ﷺ comandó a su hijo Caín casarse con la melliza de Abel y ordenó a Abel casarse con la melliza de Caín. Abel estuvo de acuerdo con eso y contento, pero Caín se rehusó...La hermana de Caín era de una las personas más hermosas, y Caín envidiaba a su hermano y la quería para el mismo...Su padre le dijo, "Oh mi hijo, ella no es lícita para ti." Pero Caín rechazó aceptar eso en la autoridad de su padre, por lo que su padre le dijo, "Oh mi hijo, ofrece un sacrificio, y tu hermano Abel ofrecerá un sacrificio, Aquel cuyo sacrificio Dios acepte, él tendrá mayor derecho para ella." Caín era un sembrador de la tierra y Abel un cuidador de rebaños; Caín ofreció trigo, y Abel ofreció las mejores de sus ovejas y cabras, y

algunos dicen que incluso sacrificó una vaca. Dios, el Poderoso, envió un fuego blanco que consumió el sacrificio de Abel, dejando el sacrificio de Caín. Así es como Dios, el Todopoderoso, aceptaba sacrificios. Cuando Dios aceptó el sacrificio de Abel, juzgando a su favor acerca de la hermana de Caín, Caín se enojó. El orgullo lo venció y el Demonio lo impulsó. Entonces siguió a su hermano Abel mientras estaba caminando y lo mató..

Ibn Ishaq, *The Making of the Last Prophet* (Sirah Ibn Ishaq), recontruido por D. Newby, University of South Carolina Press, 1989, p. 38-40.

[xi] El Profeta ﷺ dijo, "No temo que se conviertan en politeístas después de mí, sino que temo que a causa de intereses mundanos peleen unos con otros, y así destruirse como la gente antigua." Bukhari y Muslim.

[xii] Estos dos tiempos se relacionan a través de la fórmula de Dilatación del Tiempo:

$$t' = t/(\sqrt{1 - v^2/c^2})$$

Aquí, tenemos:

- t' es el tiempo de la estructura estacionaria, por lo tanto es el tiempo normal de alabanza (70 años).
- t es el tiempo de la estructura en movimiento, entonces es el tiempo de meditación (1 hora).

Entonces, lo único desconocido es v, la velocidad del alma viajando. Por lo tanto, podemos resolver esta v, y el resultado nos dará la velocidad mínima en la cual uno debe moverse para poder ganar 70 años de devoción a través de 1 hora de meditación de acuerdo a nuestro amado Profeta. Entonces, usando los números dados por el Profeta Muhammad, descubrimos un valor mínimo para la velocidad del alma en *muraqabah*, y el valor está extremadamente cerca de c, la Luz de Muhammad, exactamente como la Teoría Especial de la Relatividad de Einstein predijo. Matemáticamente hablando, este resultado implica de que en orden de ganar 70 años de devoción a través de 1 hora de *muraqabah*, uno necesita viajar a por lo menos al 99.9999999999% de la velocidad de la Luz.. Espiritualmente hablando, esta es una prueba de que alcanzar la velocidad de la Luz "abrirá" la puerta de la Eternidad, que es el Reino en donde habita la Luz del Profeta.

El resultado matemático que hemos encontrado puede ser resumido de la siguiente manera: cuando un alma está haciendo *muraqabah*, se está acercando a la Luz del Profeta, y este proceso está manifestado en la ciencia como el valor de la velocidad del alma viajando que se acerca al valor de la velocidad de la Luz, c.

xiii Todo el sufrimiento de Sayyidina Bayazid ق fue porque hizo una declaración controvertida que causó que todos se opusieran a él. A veces los santos quieren chequear quien está con ellos y quien está en contra, entonces lanzan un tema controvertido y observan los corazones de aquellos presentes. Aquellos que permanecen 'con' el santo serán elevados, y el rezará y pedirá perdón por aquellos que lo maldicen y hablan en contra de él "porque han mencionado mi nombre." Esa es la sabiduría de hacer declaraciones controvertidas. La declaración controvertida que hizo fue que dijo, "Póstrense todos ante mí", aunque al decir esto él no pedía que se inclinen ante él, sino más bien a la Luz Divina dentro de él. Eso fue suficiente para llevarlo a prisión.
De manera similar, el gran santo Ibn 'Arabi ق fue acusado de politeísmo e incredulidad y matado cuando dijo "Aquello que ustedes adoran está bajo mis pies." Muchos años después el Sultán Otomano Suleimán excavó ese sitio y encontró un gran tesoro de oro. El verdadero significado de la declaración de Ibn 'Arabi ق fue 'Ustedes están demasiado absortos con el dinero y el materialismo, haciéndolo más importante que Allah Todopoderoso'. En vez de negar a Dios y cometer abierto politeísmo, él estaba señalando el oculto politeísmo materialista de la gente.

xiv Esta narración no tiene fundamento, pero un *hadith* que da a entender lo mismo es hallado en Ibn Majah, "Verdaderamente a Dios pertenecen los receptáculos de la gente en la tierra; y los receptáculos de su Señor son los corazones de Sus creyentes sinceros, y los más amados de ellos son los más indulgentes y los más suaves."

xv Sheik Shamsuddin Habibullah Jan-i-Janan Mazhar al-(١٧٠١-١٧٨١ ق), el maestro vigésimo noveno del linaje Naqshbandi, fue un sucesor en la India del linaje Mujaddadi remonta a Ahmad al-Faruqi, el maestro vigésimo quinto, y es una de la Cadena de Oro de los maestros.

xvi Para traer tú corazón de vuelta a su pureza original el guía espiritual "reformateará tu disco duro." Los datos de viejos pecados serán purgados, pero en el proceso éstos cruzarán la pantalla de tu conciencia. Para que no quedes enredado por estas imágenes negativas del pasado, el estudiante debe permanecer recitando "Busco el perdón de Dios (*astaghfirullah*)" por el tiempo que duren los pensamientos siniestros.

xvii Muslim lo ha narrado. La última porción es:
> El hombre dijo, "Ahora dime acerca de la Hora." El Profeta respondió, "Aquel que está siendo preguntado no sabe más acerca de eso que aquel que pregunta." Él dijo, "Dime acerca de

sus signos." El respondió, "La chica esclava dará a luz a su señora, y verás a los descalzos, desnudos e indigentes pastores superarse unos a otros en erigir altos edificios." Después se fue y el tiempo pasó. Más tarde me dijo, "Oh Umar ¿sabes quién era ese que hacía preguntas?" Yo dije, "Dios y su Mensajero saben mejor." Él dijo, "Él no era otro que Gabriel. Vino a ustedes para enseñarles su religión."

[xvii] En Ley Divina, *Shari'ah*, esta postración (*sajda*) no es la postración de alabanza, sino que es llamada *sajdat al-ihtiram*, la postración del respeto. Antes de la venida del Profeta Muhammad, era una acción permitida.

[xiv] Aunque el suicidio, incluso en penitencia, está estrictamente prohibido en el Islam, el significado espiritual de este verso no debe ser pasado por alto. La orden de decir "Dénse muerte a ustedes mismos" se aplica a extinguir los tratos y características censurables de tal manera que uno se convierta en un perfecto ser humano, alcanzando así un estado de perfecta sumisión a la voluntad de Dios mientras uno aún está en este mundo. Como el Profeta Muhammad ﷺ dijo, "Si alguien quiere ver a alguien que haya muerto antes de morir, debería mirar a Abu Bakr as-Siddiq."

[xx] "Hay joyas en el hombre que tienen influencia sobre él. La joya del temor y la maravilla, la más fina de estas joyas, está en el centro del corazón humano. Está en donde la esencia del ser está escondida, un receptáculo de energía y poder. En ese oscuro y escondido lugar muchos secretos se guardan…Ese lugar en el centro del ser humano, en su corazón, es…una mancha negra." (Ibn Arabi, *Divino Gobierno del Reino Humano*, traducido por Sheik Tosun Bayrak, Fons Vitae, 1997, página 180).

[xxi] Está reportado por su hijo Abd Allah que su padre Sayyidina Umar ﷺ [que era califa en ese tiempo] envió un ejército, designando a un hombre llamado Sariyya ﷺ como líder (*amir*) de él. Está dicho que un día Sayyidina Umar ﷺ estaba dando el sermón del Viernes [en Medina]. Durante el sermón dijo en voz alta "*Ya Sariyya al-jabal!* Oh Sariyya! [hacia] la montaña." Entonces [más tarde] un mensajero del ejército vino y dijo, "Oh Comandante de los Fieles! Estábamos al borde de ser derrotados cuando escuchamos una voz decir tres veces: '*Ya Sariyya al-jabal!*' Entonces movimos al ejercito cerca de la montaña y Allah el Más Santo los derrotó." Ibn Umar ﷺ dice que a Sayyidina Umar ﷺ le fue dicho que fue él quien gritó.

Es dicho en una tradición que la gente dijo a Sayyidina 'Ali ﷺ, "No escuchaste acaso a Sayyidina Umar, al dar el sermón desde el púlpito, decir, '*Ya Sariyya al-jabal!*' Sayyidina Ali ﷺ dijo, "Mil penas para ti! Deja a Sayyidina Umar en paz! Donde sea que él haya entrado, por cierto que ha sido declarado sin culpa alguna."
Ambas narraciones están en *Las vidas de los Compañeros*, de Sheik Zakariyya Kandhalvi.

xxii El "libro" en el tiempo de Salomón eran los Salmos de David (Zabur). Si tales poderes eran para alguien con conocimiento de los Salmos, entonces que de aquel que tiene conocimiento del Corán?

xxiiiEn referencia al verso:

> *Es cierto que a los que tachan de mentira Nuestros signos y se muestran soberbios ante ellos, no se les abrirán las puertas del cielo ni entrarán al jardín, hasta que no pase el camello por el ojo de una aguja: Tal es nuestra recompensa para los que están en pecado.* (Suratu 'l Araf [Las Alturas], 7:40)

xxivAl-Ghazali lo mencionó en su *Revival de las ciencias Religiosas*. Esto es similar a la tradición Israelita que Ahmad relató en *al-Zuhd* de Wahb bin Munabbih quien dijo que Dios abrió los cielos para Ezequiel hasta que vió el Trono, entonces Ezequiel dijo, "Cuán perfecto eres Tú! Cuán poderoso eres Tú, Oh Señor!" Entonces Dios dijo, "Verdaderamente, los cielos y la tierra eran muy débiles para contenerme, pero el suave, humilde corazón de mi siervo creyente puede contenerme."

N0TAS FINALES

www.ingramcontent.com/pod-product-compliance
Lightning Source LLC
Chambersburg PA
CBHW030309080526
44584CB00012B/501